壽險經代人考試用書

人身保險
行銷與經營

郝慈惠、廖勇誠 著

◆ 一本讓您學習/工作/考試都好用的工具書！

◆ 實用教材：壽險經營+壽險行銷+實務+法規！

◆ 考題解析+考試重點：考試及格更EASY！

◆ 由經營到行銷：讓您融會貫通！

本書為市面上少有的實用壽險經營與行銷教材，
更涵蓋經紀人與代理人 壽險經營 與 壽險行銷 重點與考題解析，
希望讀者朋友們更容易駕輕就熟。
本書涵蓋壽險經營、壽險行銷、監理法規與經營行銷實務等面向；
擁有它可讓您超前部署！讓您考試得心應手！讓您快速了解保險實務！

作者序

　　為了讓學生、考生與金融保險從業人員更進一步了解人身保險經營與人身保險行銷，本書透過重點系統化、項目化與圖表化的模式，結合作者們實務經驗進行撰寫編輯。本書結合考試院人身保險經紀人與代理人的人身保險經營概要與人身保險行銷概要範圍，加上實務議題與考題解析編撰而成。本書為市面上少有的實用壽險行銷與經營教材及考試用書。

　　壽險經營範圍廣泛，包含精算財會企劃、保單行政服務、資訊人事、公關總務、法遵風管、投資、稽核與行銷體系、保險監理等各個環節；壽險行銷是其中重要的一環。壽險行銷仰賴多元通路且壽險行銷不僅止於銷售。壽險行銷涵蓋銷售通路管理、佣獎制度與晉升考核、人事管理與獎勵考核、訓練與法令宣導遵循、商品策略與上下市機制、行銷通路系統支援與服務、行銷活動規劃、重要績效指標(KPI)追蹤管理、客戶關係管理與行政支援等各層面。壽險行銷與壽險經營管理、監理環環相扣，壽險經營與行銷絕非簡單的銷售流程，涉及多元專業，各專業部門間又相互依存及相互監督。

　　最後，作者雖案牘勞形、竭思戮力多年方能完成本書出版，惟能力有限且見解亦有不一，恐有疏漏不周，敬祈海內外宏達、專家前輩與讀者指正與見諒！尤其保險系列書籍出版後，受到很多讀者朋友們的選購、支持與鼓勵，在此特別向讀者好友們致上衷心的感謝！

目錄

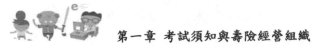
第一章 考試須知與壽險經營概況

- 第一節 考試須知

- 第二節 命題大綱與應考要訣

- 第三節 壽險業經營組織與內控三道防線

- 第四節 考題解析

第一章 考試須知與壽險經營組織

第一節 考試須知

1. 主辦單位：考試院（國家考試）
2. 網址：http：//www.moex.gov.tw
3. 考試資訊：
(1)考試院主辦：保險特種考試（相當於普考等級）
(2)報考學歷要求：高中以上學歷
(3)報名方式：採網路線上報名
(4)考試時間：每年五月或六月
(5)申論題(問答題)、簡答題與選擇題
(6)及格標準：四科平均60分及格，但總成績滿60分及格人數未達各該類科全程到考人數16%時，以錄取各該類科全程到考人數16%為及格。總成績之計算，以各科目成績平均計算。各該類科考試應試科目如有一科成績為0分或總成績未滿50分者，均不予及格。

4. 考取後效益
(1)得開設代理人或經紀人公司並得擔任經紀人或代理人公司簽署人，加薪幅度達1~2萬。
(2)部分代理人或經紀人公司為鼓勵業務員參加經紀人或代理人考試，另發放獎勵金鼓勵員工。
(3)銀行保險蓬勃發展，各銀行與證券公司皆已成立產壽險代理公司或經紀公司或保險部門，考取後有助於投入銀行保險職務。
(4)通過考試後，擁有國家考試(普考資格)的專業認證，於面試求職時錄取機會迅速攀升。

5. 考試科目：

證照種類	考試科目
人身保險 代理人	保險法規概要、保險學概要、 人身保險實務概要、**人身保險經營概要**
人身保險 經紀人	保險法規概要、保險學概要、 人身風險管理概要、**人身保險行銷概要**

6. 報考人數趨勢

　　就考選部 106~109 年報考人數趨勢分析，人身保經明顯攀高 (848 人)，人身保代則下降後持平(453 人)。

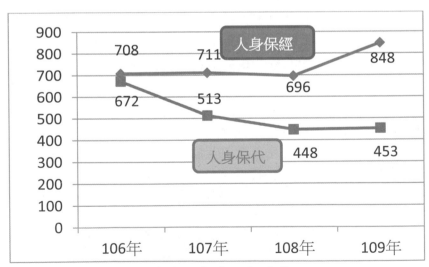

圖 1.1 報考人數趨勢

7. 及格率趨勢

就考選部 106~109 年及格率觀察，及格率大約 16%~38%間。

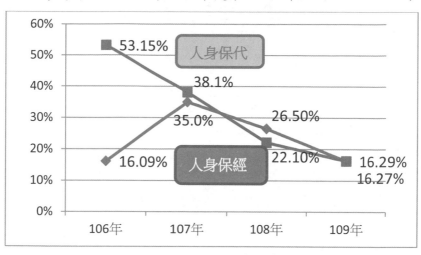

圖 1.2 及格比率趨勢

第二節　命題大綱與應考要訣

一、人身保險經營概要命題大綱

1. 人身保險經營基本概念：本質、內容、原則、範圍、保險市場分析等。

2. 人身保險經營：經營政策、經營組織、人力資源、商品設計、費率釐訂、行銷、核保、再保、理賠、資金運用等。

3. 人身保險經營績效評估：業務績效評估指標、財務績效評估指標、保險經營評鑑等。

4. 人身保險經營風險控管與未來潮流趨勢：內部控制、內部稽核、風險基礎資本（RBC）、保險國際化、保險自由化等。

二、人身保險行銷概要命題大綱

1. 人身保險行銷基本概念：意義、功能、型態、體系、保險商品生命週期、保險商品差異化等。

2. 人身保險行銷策略：考慮因素、行銷策略管理、行銷極大化、利潤極大化等。

3. 人身保險行銷制度：傳統行銷制度、多元行銷制度（直效行銷、網路行銷、電視行銷、電話行銷、銀行保險）、職團行銷等。

4. 人身保險行銷績效評估及未來潮流趨勢：業績預算與執行、行銷成本績效評估、行銷人員績效評估、客戶關係管理等。

三、問答題答題技巧分享

1. 大題大答、小題小答，切忌小題大作、大題小作

　　25 分的問答題，一定要比 10 分的問答題回答內容更完整。同樣的道理，千萬別將 5 分或 10 分的解釋名詞或簡答題，以 25 分的問答題或申論題答題內容應答，否則只是浪費時間。

2. 勿就壽險銷售下筆，應先審題與構思後再下筆

　　方向正確後，才能得到高分，否則一步錯步步錯，白忙一場。建議先以鉛筆在題目卷上構思重要答題架構後，再進一步下筆。另外，答題內容如果有多項，建議重要的答題內容寫在前面，次要或輔助的答題內容擺在後面。

3. 分項逐一列舉答題且有條理地摘要重點答題

　　◇ 別忘了每個問項依序回答，而且篇幅有限，一定要切入核心且有條理地針對重點答題，可不要風花雪月作文章！另外，建議以逐項列舉方式答題，相對而言，比較方便閱卷

10

老師批閱分數，也可以避免漏寫或批閱疏忽，而造成分數落差。

◇ 答題架構須從壽險經營管理、壽險行銷、保險商品規範與條款、監理法規與保險理論實務切入發揮

4. 精選一本書熟讀並加入其他書籍內容優點，避免答題內容精確度或範圍不足

　　每一本書或每一位作者，對於某些主題，常存在明顯差異。例如：投資型保險的特質，各有學說與觀點。另外，專有名詞或解釋名詞，每一本書也多有不同說法。建議考生可以熟讀一本書籍，並針對該書籍內容不足之處，透過其他書籍內容進一步補充與加強，則精確度與範圍將更加提升。

5. 上課講授內容並非答題內容

　　許多學生把老師上課講授內容，包含舉例、個案、圖示等，全部列入答題內容，並認為應該得到滿分，其實是有偏差的。教學講授內容，為了學生便於了解，通常要透過範例說明或結合生活點滴，但答題內容卻不宜納入。例如：提及社會新鮮人的人壽保險規劃建議，不應單純建議投保定期保險 200 萬。

6. 留意時事、新商品與新頒法規

　　從歷屆考古題發現時事、新商品與新頒法規列入考題的比重頗多，務必留意。例如：投資型商品與利變型商品成為主流之一、具外溢效果的健康管理保單、小額終老保險、外幣保單、失能扶助保險、新冠肺炎、全民健保保費調整、年金改革、國際財務會計準則、淨值比率、洗錢防制、貸款投保、解約投保及不當招攬、高齡電訪等。

7. 其他
  ◇ 答題內容盡量列舉式撰寫，千萬不要空白，也應避免長篇大論、卻未能切入核心重點。
  ◇ 不要有錯別字、簡體字或自行造字；字要工整、少用修正液或修正帶。
  ◇ 針對解釋名詞或重要題目，建議自己整理筆記。
  ◇ 答題內容或舉例說明，建議以保險經營理論、保險行銷與商品要點或規範切入答題。

四、選擇題答題技巧分享

1. 善用統一歸納法，增加答對機率
  歸納後更容易記憶，可避免死背硬記。例如：可針對不同壽險或年金商品分類比較，更容易了解彼此特質差異。

2. 留意數值，增加答對機率
  選擇題很多都與數值有關，特別需要留意。諸如：10 日契約撤銷權、每年壽險業務員需要參與的教育訓練時數 30 小時(第 1 年度)或 12 小時(第 2 年度後)、相關文件紀錄至少保存 5 年。

3. 留意關鍵字，增加答對機率
  選擇題需多留意關鍵字，諸如：即期年金保險、投資型保險、實物給付、長期照護、重大疾病等。

4. **針對限制事項或禁止事項需要特別留意**：諸如：須符合的資格條件、招攬行為獎懲等。

5. 刪除錯誤解答、刪除不合理解答、刪除對保戶顯失公平解答，可增加答對機率。

6. 多練習，加快答題速度：選擇題考試題目很多，答題劃卡速度務必掌握，不要耽誤太久。

第三節 壽險業經營組織與內控三道防線

一、壽險經營與產險經營之差異

壽險經營與產險經營差異頗多，就保險事故、商品、費率計算基礎與監理等方面，可列舉比較如下表：

表 1.1 壽險經營與產險經營之差異

項目/險種	人身保險經營	財產保險經營
保險事故	● 人身危險事故 ● 包含生老病死傷殘等事故	● 財產危險事故 ● 包含財產損失、責任補償、意外傷殘與醫療等
商品期間	● 終身或定期	● 一年期
商品功能	● 保障、儲蓄、投資與節稅 ● 儲蓄或投資功能較強	● 主要為保障功能 ● 不具備儲蓄或投資功能
契約性質	● 壽險契約為定額保險契約	● 產險契約多為損害補償契約
保險利益	● 親屬或家屬關係或經濟上利害關係等	● 經濟上利害關係，例如：財產所有權
保險費率計算基礎	● 與死亡率、生存率、利率、費用率、罹病率、意外死亡率、失能發生率等統計數據攸關 ● 保險費受利率影響大	● 預期損失率、平均損失金額、費用率、加減費因素等 ● 保險費受利率影響非常小

二、社會保險與商業人身保險之差異比較

　　相較之下，商業人身保險商品為營利性質，經營主體為壽險公司，且保險給付主要為現金給付、投保額度視保戶財力而定，與社會保險差異頗多。可列舉比較如下表：

表1.2　社會保險與商業人身保險之差異比較

項目/險種	商業人身保險	社會保險
經營目的	營利	社會政策(非營利)
經營機構	壽險公司	政府單位，諸如健保局、勞保局等機構
承保對象	自然人	特定身分之自然人
保險給付	主要為現金給付	現金給付+醫療服務
保費負擔	要保人自行負擔	雇主、政府與投保人共同負擔
投保要求	自由投保	強制投保
保障原則	保障內容與額度多元，隨保戶需求而定	基本保障，保戶無從選擇
保費折扣與繳費方式	● 可能有集體彙繳折扣、轉帳或信用卡折扣 ● 可以選擇年繳、半年繳、季繳、月繳等繳費方式	無保費折扣且通常為每月繳納模式

參考資料來源：廖勇誠(2013)，謝淑慧、黃美玲(2012)與柯木興(1993)。

三、壽險業經營的組織型態

1. 個人保險組織：台灣壽險公司並無個人組織型態，但保險經紀人或代理人可以個人執業，成立個人執業代理人或經紀人，即為個人事務所型態[1]。

2. 股份有限公司：台灣所有的商業保險公司都是股份有限公司型態。

3. 保險合作社：台灣較少有保險合作社的組織型態，僅有諸如：漁船產物保險合作社採取合作社組織經營，壽險部分也無保險合作社組織。

4. 相互保險公司：台灣尚未核准保險業以相互保險公司的組織型態設立。相較之下國外有較多的相互保險公司組織型態。

四、股份有限公司與相互保險公司經營比較

就股份有限公司與相互保險公司之異同比較如下：

表 1.3 股份有限公司與相互保險公司經營比較

構面/公司別	股份有限公司	相互保險公司
營利/非營利目的	以營利為目的	非營利，以會員利益為目的
所有權組織	● 股東為公司的投資人，與公司保戶不同。 ● 最高組織：股東大會	● 相互公司由保戶組成，保戶投保保險後成為會員。 ● 最高組織：會員大會

---

[1] 英國的勞依茲協會組織，透過個人會員組織一起承保，為典型的個人營利性保險組織。

構面/公司別	股份有限公司	相互保險公司
籌資	● 向股東(投資人)募資,稱為股本。 ● 籌資容易,由股東募資即可,股東可以自由轉換股權。	● 向保戶募資,稱為基金。 ● 籌資不易,須向會員或保戶募資;會員間之權益轉讓,需經相互公司同意。
薪酬制度	薪酬福利較有彈性	薪酬相對僵化
人才聘用	人才聘用容易	人才招聘不易
主力商品	不分紅保單為主軸	分紅保單為主軸

資料來源:袁宗蔚(1993),壽險管理學會(2011),廖勇誠(2005)

五、保險業內部控制及內部稽核的三道防線

　　完整的內部控制制度涵蓋三道防線,各單位為第一道防線,可透過日常業務控管,直接管理疏失及弊端等風險。第二道防線為法令遵循、風險管理與專職(專責)單位,依其特性協助及監督第一道防線辨識及管理風險。第三道防線為稽核單位,透過定期實施稽核稽查並提出改善要求運作。

1. 第一道防線:保險業各單位就其功能及業務範圍,對於各自日常事務進行風險管理。

2. 第二道防線—法令遵循、風險管理及專職(專責)單位:第二道防線包含風險管理、法令遵循及其他專職(專責)單位;依其特性協助及監督第一道防線辨識及管理風險。

3. 第三道防線—內部稽核:協助董事會及高階管理階層查核與評估風險管理及內部控制制度是否有效運作。

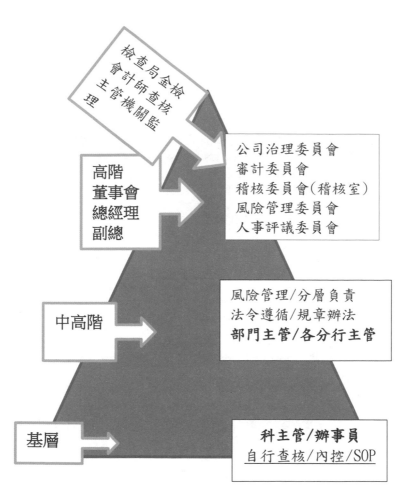

圖 1.3 保險業內部控制架構示意圖

第四節 考題解析

一、請說明人壽保險股份公司與相互人壽保險公司在公司組織以及經營上的差異，及其對於保單持有人可能產生的影響。

參考解答：

1. 組織以及經營上的差異

構面/公司別	股份有限公司	相互保險公司
營利或非營利	以營利為目的	非營利，以會員利益為目的
所有權組織	● 股東為公司的投資人，與公司保戶不同。 ● 最高組織：股東大會	● 相互公司由保戶組成，保戶投保保險後成為會員。 ● 最高組織：會員大會
籌資	● 向股東(投資人)募資，稱為股本。 ● 籌資容易，由股東募資即可，股東可以自由轉換股權。	● 向保戶募資，稱為基金。 ● 籌資不易，須向會員或保戶募資；會員間之權益轉讓，需經相互公司同意。
薪酬制度	薪酬福利較有彈性	薪酬相對僵化
人才聘用	人才聘用容易	人才招聘不易
主力商品	不分紅保單為主軸	分紅保單為主軸

2.對於保單持有人可能產生的影響：

(1)商品型態限制：相互保險公司所銷售的商品為分紅保單，保單持有人通常無法選擇不分紅保單。另一方面，股份有限公司則主要銷售不分紅保單，商品選擇差異明顯存在。

(2)所有權與社員利益概念：相互保險公司社員投保後，有機會參與公司經營，公司經營目的也以社員利益為主要目的；相較之下，股份有限公司的保戶，只是客戶，不具備所有權，無法參與公司經營，而且公司經營的目的也是以營利為目的。

二、請說明何謂保險業內部控制及內部稽核的三道防線。

參考解答：

1. 第一道防線：保險業各單位就其功能及業務範圍，對於各自日常事務進行風險管理。

2. 第二道防線-法令遵循、風險管理及專職(專責)單位：第二道防線包含風險管理、法令遵循及其他專職(專責)單位；依其特性協助及監督第一道防線辨識及管理風險。

3. 第三道防線-內部稽核：協助董事會及高階管理階層查核與評估風險管理及內部控制制度是否有效運作。

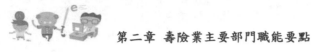

第二章 壽險業主要部門職能要點與

　　　　考題解析

- 第一節 壽險業部門職能組織
- 第二節 核保職能要點
- 第三節 理賠與保服職能要點
- 第四節 商品精算與財會投資職能要點
- 第五節 考題解析

第二章 壽險業主要部門職能要點

第一節 壽險業部門職能組織

一、壽險公司部門職能組織

　　壽險公司的部門職能可大概區分為行銷通路、保單行政、精算商品企劃、財會投資風管、資訊網路與一般行政管理等體系。行銷通路方面，壽險公司已走向多元化行銷通路；主要行銷通路包含銀行保險通路、業務員通路、一般經代通路、團體保險通路與其他通路。其他通路可包含關係企業行銷、VIP 客戶行銷、電話行銷、媒體行銷、櫃台行銷與網路行銷等各種方式。保單行政方面，包含新契約核保、保戶服務、保費、理賠、客服中心與申訴等各項行政作業。精算企劃商品體系負責商品開發、精算統計、準備金、經驗率與成本利潤預估、經營企劃、商品企劃與再保事務。

　　其次，隨著財務會計準則變更、種類繁雜的財務業務報表、壽險業資產規模與保費規模的攀升，財會與投資扮演著十分關鍵的角色，涉及公司重要經營數據與利差獲利金額。另外，風險管理、稽核與法令遵循等部室，隨著實施企業風險管理監理規範，企業的風險管理、公司治理、內部控制、稽核與法令遵循，已經是不可或缺的例行要務。另外，資訊系統、網路與 E 化是壽險公司經營的成功關鍵，重要性極高，影響壽險公司的經營效率頗大。最後，人事行政、總務或國外事務部門等一般行政管理部室則是管理與執行壽險公司的人事管理、職位調整或調薪、財產管理與國外單位的管理等事務，也各有其專業性。

　　整體來說，壽險公司的各體系、各部門或各職能間，如同人體器官需要彼此緊密相互配合，才能健康地發揮功能並運作。實務上，無論業務推展、資訊系統上線、商品、制度或活動推出、法規或專案的推動，都需要納入許多部室的同心協力與分工[2]，才能完成各項業務或專案。另外部門間或許可能存在衝突，但也彼此互相依賴著，例如：行銷通路體系、保單行政體系與精算商品體系，時常有部門間的業務配合，但也偶有業務衝突。

表 2.1 壽險公司各部門主要負責職掌範例

部門	主要職掌
業務管理部	業務人員人事行政管理、業績指標統計與業務推動、業務員通路行銷策略研擬等事項
經紀代理部	保代公司業務推廣及行政事務等事項
團險營業部	團險業務拓展、核保、保全與客戶服務
銀行保險部	銀行保險業務之開發、訓練與推廣
直效行銷部	電話行銷、郵件行銷、網路行銷與電視行銷等業務推廣。
教育訓練部	內外勤人員教育訓練與刊物編輯等事項
CRM 與技術支援部	客戶關係管理制度推動與業務支援軟體之維護開發
業務控管部	業務品質控管、業務管理與法令遵循
行銷企劃部	行銷獎勵活動規劃與執行、行銷策略推動、行銷專案規劃與執行

---

[2]例如：新商品推動，同時需要商品部門、精算部門、契約部、保服部、保費部、理賠部、各業務通路、教育訓練部、資訊部、人事公關部與財務會計部的長期投入與合作，才能順利將商品上市銷售。商品上市後，陸續又需要風險管理部、法令遵循部門與投資部門的職能發揮與配合，實是缺一不可。

部門	主要職掌
契約部	新契約之登載、核保與出單等事項
保費部	續期保費收繳與帳務管理等事項
保戶服務部	契約保全、保戶服務作業與申訴作業等事項
理賠部	保險理賠、調查與統計等事項
商品企劃部	商品構想提出，商品上下市管理作業管理、商品審查與協調。
商品開發部	保險商品設計、商品精算、條款與報局、商品企劃事項
精算企劃部	準備金與利源分析、簽證精算事務、統計分析、經營策略與再保等事項
會計部	會計事務、財務報表製作、預算、出納等事項
財務投資部	國內外固定收益投資、有價證券投資、外匯管理與投資管理等事項
放款部	公司房屋放款與企業擔保放款業務之推動
風險管理部	公司整體風險管理制度與事項之規劃、協調與執行
資訊部	資訊處理與網路服務、電腦主機與硬體管理、行政事務電腦化等事項
人事總務及公關部	人事、文書、廣告、公關與總務等事項
國外事務部	海外據點之評估、設立、協調與國際事務處理
法律事務與法遵部	公司法律事務之執行與法令遵循事務之規劃、協調與執行
稽核部	各部室業務與財務之稽核檢查等事項

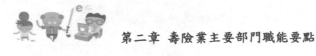
二、保險代理人或保險經紀人之分類

1. 依據保險代理人管理規則或保險經紀人管理規則，可依照個
   人職業或設立公司分為個人執業代理人/經紀人、代理人公司
   /經紀人公司或銀行兼營保代/保經業務。

   ✧ 個人執業代理人/經紀人，指以個人名義執行保險代理業務
     或經紀業務之人。

   ✧ 代理人/經紀人公司，指以公司組織經營保險代理業務或保
     險經紀業務之公司。

   ✧ 銀行經核准，得設立專責單位兼營保代/保經業務。

2. 依照經營的險種，代理人可區分為財產保險代理人及人身保
   險代理人。經紀人區分為財產保險經紀人及人身保險經紀
   人。

3. 依照代理商品的保險公司家數區分，代理人可區分為專屬代
   理人及普通(獨立)代理人。依照銷售商品的公司家數區分，
   經紀人可區分為專屬經紀人或普通(獨立)經紀人。專屬代理
   人僅代理一家壽險公司或一家產險公司的商品。專屬經紀人
   僅販售一家壽險公司或一家產險公司的商品。

三、壽險經紀人或代理人公司部門職能架構

　　壽險經紀人或代理人公司之主要部門與職能，相較於壽險
公司單純，因為壽險經紀人或代理人公司規模與業務範疇相對
較窄，而且以業務推動為核心，可列舉如下表供參：

表 2.2 壽險經紀人或代理人公司各部門主要負責職掌範例

部門	主要職務
北區業務部	北區業務推展與單位管理
中區業務部	中區業務推展與單位管理
南區業務部	南區業務推展與單位管理
業務支援部	全省業務管理、統計、人事管理與訓練
行政管理部	全省新契約與保服理賠作業管理與聯繫
資訊服務部	資訊系統與 E 化平台管理與維護
法務與法令遵循室	法律事務與法令遵循事務
稽核室	稽核業務

表 2.3 銀行保經代主要負責職掌範例

部門	主要職務
保險經代部	負責契約行政受理、商品及佣獎管理、佣獎核對、行銷訓練資訊及活動、法令遵循等
財富管理處	理財人員管理、教育訓練、行銷訓練資訊及活動、獎金核對與管理等。
各分行	招攬作業、客戶管理及內部控制 (台北分行、民生分行、信義分行、板橋分行、市府分行……………)
法務與法令遵循部	法律事務與法令遵循事務
稽核室	稽核業務
其他相關部門	資訊開發部、管理部、人事部、財會部、業務部、風管部、放款部、信託部、信用卡部、企劃部、投資部等。

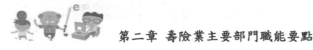

第二節 核保職能要點[3]

一、壽險核保介紹

　　壽險業核保人員，指為壽險業依核保處理制度及程序，從事評估危險並簽署應否承保之人[4]。保戶簽妥要保文件後，透過業務人員或公司送件後，壽險公司新契約部門先行將保單資料登載、掃描或連結，以利後續由核保人員進行核保事務，審查投保文件是否完整無誤、是否需要補繳保費、是否照會補全、客戶適合度是否無誤、客戶收入資產來源是否填寫正確、保費來源是否確實填寫、確認是否需要要求客戶體檢、是否進行生存調查、錄音控管作業內容是否完備及是否加費承保或拒保等相關事項。

　　確認新契約案件填寫完整而且被保險人體況符合核保規範時，才進行發單作業。核保作業十分重要，核保制度健全、業務招攬才能順利，後續理賠、保服與保費等作業才能順利進行。壽險公司的核保部門須配合主管機關規範及內部作業規範進行抽樣要求體檢、生存調查、電訪，或針對中高齡被保險人、告知既有疾病，或投保金額較高被保險人要求客戶或業務員辦理體檢或額外提供資料。

　　核保作業除了與被保險人健康或疾病攸關，並且涉及客戶財務收入與資產以及保費負擔能力的財務核保作業。另外，也

---

[3] 參風險管理學會，人身風險管理與理財，P.48-49；呂廣盛，個人壽險核保概論，P.73、壽險公會，業務員資格測驗統一教材第六章，壽險管理學會，人身保險，第二十六章；廖勇誠(2017)
[4] 摘錄自保險業招攬及核保理賠辦法

包含業務人員招攬過程檢核作業及業務員報告書之填寫內容確認等。

二、危險選擇三階段

　　就壽險公司角度，健全的核保制度可以做好危險選擇與評估、避免逆選擇或道德危險及減少不當銷售之情形，使得公司死差益增加，費率也相對公平合理。就業務人員角度，若核保制度不健全，則長期來說公司商品保費需調高或商品佣金需調降，以反映營運成本。

　　核保人員的主要職責為危險選擇，以確保費率之公平合理。壽險公司危險選擇，可分為以下三階段：

1. 第一次危險選擇：由壽險業務人員負責，透過親晤保戶、填寫業務人員報告書與客戶填寫告知事項等要保文件或資訊。
2. 第二次危險選擇：主要由體檢醫師負責，針對抽檢案件、超過免體檢額度或體況件，透過體檢與病歷等文件與資訊，作進一步的危險選擇。
3. 第三次危險選擇：主要由核保人員負責，針對要保文件、健康告知、病歷、體檢報告、健康問卷、額外風險數據或體檢醫師意見，對於被保險人進一步採取適宜的核保措施。

三、核保體況分類與核保措施

　　就人壽保險而言，壽險公司承擔被保險人死亡危險程度高低之評估基準為淨危險保額(Net Amount at Risk)。核保人員若評估潛在死亡危險符合適當標準，則以標準保費承保；若被保險人的死亡率危險超過標準區間，就屬於次標準體。

　　壽險公司通常使用數理審查制度或稱量化審查制(Numerical Rating System)作為壽險商品危險高低評定之基準，以便能客觀公平又快速地評估被保險人之危險高低。量化審查

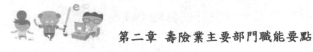

制需考量被保險人體重、身高、家族病史、個人疾病與既往症、生活習慣與環境等因素予以加減分，以綜合評定被保險人風險數值，決定被保險人屬於標準體、優良體(優體)或次標準體(弱體)。例如：評等後低於 125% 皆為優體或標準體，評等後高於 125% 為次標準體。

　　另外，假若評等後被保險人屬於次標準體，亦即被保險人存在額外死亡危險，此時壽險公司就須進一步評估額外危險的型態，並採取特別條件承保。一般來說，額外危險之型態可區分為遞增型、遞減型或固定型，不同的額外危險類型，採取的核保措施將有差異；另外針對評等後危險過高個案，壽險公司仍可能採取其他方式處理，例如婉拒投保。分項說明如後：

1. 遞增型額外危險：隨著年齡的提高，額外危險逐漸增高。諸如：血管疾病或糖尿病。如果額外風險屬於遞增型，則核保人員可採取特別保險費加費法，在保險期間內加收一定數額的保費，諸如加收 50% 的保費。

2. 遞減型額外危險：隨著年齡的提高，額外危險逐漸降低。諸如：消化性潰瘍疾病。對於遞減型危險，許多壽險公司採取年齡增加法加費或透過削額給付方式因應。

3. 固定型額外危險：隨著年齡的提高，額外危險持續維持，並不會增高或降低。諸如：特定職業危險。對於固定型危險，許多壽險公司採取年齡增加法加費。

4. 其他：改換險種、拒保、延期承保、列為除外事項、限制理賠金額或限制理賠次數等。

四、特別條件承保之數種方式[56]

　　核保人員在審核契約時，若採用特別條件承保，通常有以下數種方式，列述如下：

1. 削額給付：針對遞減性質的承保危險，壽險公司可約定被保險人在契約訂立後的特定期間內身故，身故保險金依契約約定的削減後金額給付。諸如：前 2 年身故，給付保險金額的 50% 或 75% 或僅退還所繳保費。

2. 加費承保：對於遞增型承保危險或固定型危險，可以透過提高保費的方式反應額外危險；諸如：針對體重過重或有血管疾病的保戶，可收取特別保費，例如：每期額外收取保費的 50% 金額。對於固定型危險，可考慮透過年齡加費的方式加收保費。

3. 改換險種：對於特定承保案件，若投保特定傷病保險、多倍型保險或危險保額過高的保險，壽險公司承擔的危險過高；此時壽險公司會建議保戶更換投保的險種，改為危險保額較低，儲蓄功能較強的儲蓄型保險商品。

4. 其他方式：延期承保、列為除外事項、限制理賠金額或限制理賠次數等。

五、核保作業風險管理要點[7]

　　核保風險係指壽險業因執行保險業務招攬、承保業務審查與相關費用支出等作業，所產生之非預期損失風險。壽險業對於

---

[5]核保理賠配套措施：篩選潛在客戶後，可避免許多保險犯罪或濫用保險理賠之情事。許多公司透過資訊系統進行客戶分析，對於風險控制與理賠控制或行銷活動推動頗有幫助。

[6]參風險管理學會，人身風險管理與理財，P.48-49；呂廣盛，個人壽險核保概論，P.77-81 及廖勇誠(2017)

[7]摘錄及修訂自保險業風險管理實務守則文字

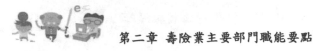

核保風險應訂定適當之風險管理機制,並落實執行;其風險管理機制至少應包含下列項目:

1. 核保制度及程序之建立

　　壽險業經營各項保險業務時,應建立其內部之招攬、核保等處理制度及程序,包含下列項目:

(1)保險代理人、保險經紀人、保險業務員與保險業之法律關係。

(2)聘用核保人員之資格、職掌範圍、在職訓練及獎懲。

(3)招攬作業、核保作業之處理制度及程序。

(4)受理要保書至同意承保出單之程序及流程圖,其中至少應包含核保準則、分層負責授權權限、再保險安排等。

(5)瞭解並評估保戶保險需求及適合度之政策。

(6)不得有下列情事:

　a.未具核保人員之資格執行核保簽署作業。

　b.未依保險商品內容予以評估並簽署承保。

　c.對特定承保對象施以不公平待遇,或僅因被保險人為身心障礙者而有不公平待遇。

　d.以保單追溯生效方式承保。

　e.未確實審閱要保人或被保險人及保險業招攬人員之簽章、簽署或填報內容。

　f.未落實要保人財務核保程序、保險通報機制或適合度政策。

　g.壽險代理人公司或壽險經紀人公司之業務,若由其所屬保險業務員招攬者,保險業務員未於要保書上簽章或未由合格保險代理人或保險經紀人簽署。

　h.其他損害保戶權益之情事或其他經主管機關規定應遵行之事項。

2. 核保手冊或準則之制訂

　　為求有效維護承保業務品質及降低潛在核保風險,壽險業應就所經營之各項保險業務,分別制定相關之核保手冊,以資

遵循。核保手冊中，應包括下列項目：

(1)承保業務種類及範圍、簽單條件與額度。

(2)拒限保業務之種類及其判核層級與額度。

(3)每一危險單位淨自留額度及分保標準。

(4)訂立各級核保人員分層授權範圍及額度。

3. 核保風險管理指標之設定

　　為有效評估及檢測各項險種核保作業績效，壽險業應制定相關管理指標以供管理階層參考。

4. 建置完善的新契約核保系統

　　因應新契約與核保作業 E 化，並達到即時監控核保作業風險目標，實有賴於完善的新契約核保系統，才能發揮效率並評估與監控風險。

六、壽險公司管理道德風險因素之方法

1. 公會通報制度：針對同一被保險人之新契約案件，各壽險公司皆須向壽險公會通報，以便對於高額承保案件加以監控，減少道德風險故事發生。

2. 核保：透過要保文件審查與核保規範，限制與減少道德危險之發生。諸如：要求業務人員填寫業務人員報告書、要求客戶的所得與投保額度相當等限制。

3. 理賠：透過每月統計分析，監控新契約或理賠之異常情形；另針對可疑之道德風險個案，透過理賠調查或訴訟的手段處理。

4. 列為除外不保事項：對於保險犯罪行為直接列為除外事項，例如：在契約條款將二年內的自殺列為除外。

5. 安排再保險：透過再保險的安排與危險移轉，可以分散壽險
   公司的核保風險、理賠風險並穩定公司獲利。

第三節 理賠與保服職能要點

一、理賠職能要點

　　保戶投保保險的目的，當然是期望發生保險事故時，被保
險人與受益人可以獲得理賠；因此理賠給付對於保戶是最重要
的。理賠給付名稱頗多，各種險種類型不一，例如：身故保險
金、完全失能保險金、喪葬費用保險金、祝壽保險金、退還保
單價值準備金或退還所繳保費、重大疾病保險金或特定傷病保
險金、住院醫療保險金、住院日額保險金、長期看護保險金、
癌症住院保險金、意外身故保險金、意外失能保險金與意外醫
療保險金等等。另外，針對生存給付部分，例如：滿期保險金、
生存保險金與年金等生存給付，壽險公司多由保戶服務部門或
客戶服務中心負責給付。

　　依據保險業招攬及核保理賠辦法，保險業理賠人員指為保
險業依保險契約與理賠處理制度及程序從事保險賠款或給付理
算並簽署應否賠償之人。壽險公司理賠人員針對理賠案件進行
理賠審查作業時，需要針對理賠事故確認是否為承保事故、確
認被保險人身分、確認受益人身分、確認理賠金額、確認理賠
申請文件是否週全、確認理賠申請時效、確認理賠案件是否與
先前為同一事故及確認就診醫療院所是否可議等諸多事項，才
能針對個案呈核裁決，並於確認後進行賠付。另外，就理賠部
組織職掌來說，除了理賠案件行政作業外，理賠部門也負責理
賠系統操作與維護、商品理賠規則的擬訂與檢視修訂等事宜，

並需針對理賠案件進行管理與統計分析，必要時並進行理賠調查，以減少不當理賠風險的發生。

理賠風險指壽險業在處理理賠案件的過程中，因作業不當或疏失而產生之風險。壽險業應審慎評估理賠風險並建立適當之理賠處理程序。為避免理賠風險或不當損失發生，壽險業對於理賠作業應訂定內部理賠處理程序，其內容至少應包含下列項目[8]：

1. 聘用理賠人員之資格及權責。
2. 各險理賠作業手冊及理賠作業流程。
3. 各級理賠人員授權範圍、理賠金額授權額度及分層授權核決權限表。
4. 建置完善的理賠資訊系統：因應 E 化與即時監控作業風險目標，實有賴於完善的資訊系統，才能發揮效率並評估與監控風險。
5. 其他經主管機關規定應遵行之事項。

二、保戶服務職能要點

壽險契約絕大多數為長期契約，因此保戶投保壽險商品後，壽險公司必須提供長期的保單服務。保戶服務項目多元，諸如：姓名變更、地址電話變更或受益人變更，抑或辦理繳費年期變更、繳費方法或繳別變更、扣款資料變更、險種轉換、減額繳清、展期保險、增加或減少保額、提領、解約、復效、投資標的轉換或贖回、保單貸款與還款等等事宜。另外許多壽險商品或年金商品含有生存給付部分，包含滿期保險金、生存保險金與年金等生存給付，通常壽險公司多由保戶服務部門或客戶服務中心負責執行給付作業；因此保戶服務部也需要負責給付作

---

[8] 摘錄與修訂自保險業風險管理實務守則文字。

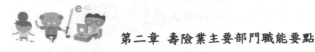

業。另外，保戶服務部還需要負責保戶服務系統操作與維護、商品保服規則的擬訂與檢視修訂、保服作業統計分析與審查等事宜，職能十分多元化，但也存在著保服作業風險。

　　保戶服務行政作業中，許多項目涉及作業風險與損失，尤其涉及高額保單貸款、高額解約或贖回、高額生存給付或受益人變更作業，都涉及高風險，例如：冒名辦理保單貸款、冒名辦理解約或贖回轉換與冒名領取生存給付。另外，為健全壽險公司保戶服務制度並避免因風險事件發生，導致壽險業的非預期損失，壽險公司應該透過行政控管措施、保戶服務處理程序準則與保戶服務資訊系統，控管與降低相關作業風險。壽險業對於保戶服務作業應訂定內部保服作業處理程序，其內容可包含下列項目[9]：

1. 聘用保服人員與核保人員之資格及權責。
2. 各險保服作業手冊及保服作業流程。
3. 各級保服人員授權範圍、保服金額授權額度及分層授權核決權限表。
4. 保服資訊系統：因應 E 化與即時監控作業風險目標，實有賴於完善的資訊系統，才能發揮效率並評估與監控風險。
5. 其他經主管機關規定應遵行之事項。

---

[9] 摘錄及修訂自保險業風險管理實務守則文字。

三、資訊職能介紹

任何作業都需要資訊系統處理，甚至資訊處理、系統檢核、建檔與儲存、對內對外溝通、各項作業流程，無不仰賴資訊系統運作，才有效率。

資訊系統涵蓋面向多元且專業，許多公司依據系統作業類別進行部門區分，以利有效運作。例如：核心系統、網路服務、資訊工程、資訊管理、資訊整合、資訊安全等單位部門。

近來年許多公司都因為資訊作業缺失而違反法規遭到主管機關裁罰，例如：更換資訊系統損及客戶權益、系統設計有缺漏造成資料安全不足、個人資料外洩或控管缺漏、駭客入侵導致資料外洩、風險管理與洗錢防制缺漏等。因此主管機關也要求金融保險機構設立資安長，以督導資訊安全相關作業。

第四節　商品精算與財會投資職能要點

一、壽險業商品與精算部門職能要點

壽險業的商品與精算職能，可以概分為商品開發(Pricing)與精算數理(Valuation)二大職能。商品開發部門負責新商品開發與既有商品修訂維護相關事務；精算部門則負責準備金、成本利潤試算、統計分析與再保作業。商品開發部門職能包含商品構想、商品條款、利潤測試與保費計算、商品送審、商品上市作業、商品策略與商品企劃等職務。精算數理部門職能則包含準備金提存、利潤與績效分析預測與追蹤、商品精算基礎追蹤、簽證精算報告、風險管理事務、保服與理賠作業之精算作業支援、再保、業務制度與業務獎勵成本精算等職能，職務內容相當多元。就簽證精算報告與商品開發流程角度摘要說明如後。

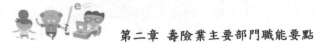

二、簽證精算報告內容

壽險業的簽證精算人員每年應向主管機關提出簽證精算報告，報告內容需包含以下項目[10]：

1. 保險費率之釐訂：簽證精算人員應就主管機關指定之險種，定期檢視商品費率。如其未具公平性、合理性或適足性時，應提出適當之修正費率或其他可行之處理措施。

2. 各種準備金之核算：簽證精算人員除應確定保險業提列之各種準備金不少於法定最低要求外，並合理確保其數額足以因應其保單未來之給付所需。若有不足，簽證精算人員應向保險業建議相關之因應措施。

3. 保單紅利分配：人身保險業簽證精算人員應於保險業每年作分紅保單的紅利分配前，建議適當的保單紅利分配。

4. 投資決策評估：簽證精算人員應就保險業投資對其資產與負債之配合及影響，提供專業分析及意見，供其訂定投資決策之參考。

5. 清償能力評估：簽證精算人員每年應以不同假設的經濟條件及環境，評估保險業之財務清償能力。

6. 其他經主管機關指定辦理之事項。

---

[10] 摘錄與修訂自保險業簽證精算人員管理辦法。

三、商品開發流程要點

　　壽險公司商品上市販售前，需經過內部的商品評議小組審議，並經保險商品管理小組的相關單位分工合作後，才能順利上市。壽險商品上市需要經過保費、保服、契約、理賠、精算、商品、企劃、會計、資訊、投資、總務、訓練、行銷通路與公關等各單位的共同投入與分工合作，商品才能順利上市。參照保險商品銷售前程序作業準則，摘列備查商品之商品開發流程要點如下：

1. 商品研發前之評估
   ◇ 評估保險商品之妥適性及合法性。
   ◇ 評估保險費水準與市場競爭力。
   ◇ 評估系統行政之可行性。
   ◇ 評估政策目標並確立可行作法，對於保險商品設計之專業注意義務、善良管理人義務、目標市場及消費者權益保障等事項均應有具體構想。
   ◇ 設計保險商品時，不得有虛偽、詐欺、誇大宣傳保險業績效，或其他足致他人誤信之行為。

2. 商品條款研擬：壽險業研擬商品條款時，應注意下列事項：
   ◇ 依據保險商品設計內容擬訂。
   ◇ 檢視保險單條款文義之明確性。
   ◇ 確認遵守保險相關法令。

3. 利潤測試或研擬計算說明書：壽險業研擬計算說明書時，應注意下列事項：
   ◇ 設定給付項目及蒐集費率釐訂之參考資料，並確認其與費率之釐訂具關連性，且費率符合適足性、合理性及公平

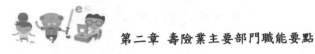

性。
◇ 設定投保年齡限制、投保金額限制及繳費型態。
◇ 進行保險費試算。
◇ 計算準備金與契約變更。
◇ 進行檢測定價及風險評估。

4. 召開保險商品管理小組會議審核：保險商品於準備銷售前，
   應召開保險商品管理小組會議，查核下列事項後，始得銷售
   該保險商品：
   ◇ 保險商品資訊揭露。
   ◇ 精算數據上線及核對。
   ◇ 風險控管機制及再保險安排。
   ◇ 資訊系統之設定及測試。
   ◇ 條款、要保書、費率表、簡介等文件之印製。
   ◇ 教育訓練。

5. 商品送審前程序：商品呈送保險局等單位審查之程序，應注
   意下列事項：
   ◇ 壽險業送審保險商品前應由總經理或經其授權之部門主
     管及合格簽署人員簽署確認。
   ◇ 壽險業將保險商品送主管機關審查前應由保險商品評議
     小組評議，每次會議應作成紀錄，送總經理核閱，並備供
     主管機關查核。
   ◇ 總經理對其授權之部門主管之行為，應同負責任，並對其
     簽署人員負督導之責。

6. 售後追蹤

保險商品銷售後，壽險業應至少每半年召開一次保險商品管理小組會議，檢視保險商品下列事項，並作必要之調整修正：

◇ 相關法令遵循。

◇ 消費者權益保護。

◇ 經營策略或潛在影響現在或未來清償能力。

◇ 資產負債配置允當性。

◇ 保險商品定價合理性分析及因應措施。

◇ 各類商品集中度風險分析及因應措施。

四、壽險再保險職能要點

再保險是壽險公司將承保的危險，轉向再保險人承擔危險的契約行為。再保險業務包含再保政策訂立、合約洽談與訂立、再保統計與收支確認以及自留限額決定外，並影響公司獲利與風險承擔甚鉅，實為壽險公司的重要業務之一。因此妥善安排再保險，可以適度移轉風險與分散風險，並進而讓壽險公司經營更加穩健安全，也進一步讓壽險公司得以獲得合理利潤、穩定損失經驗與擴大承保額度。

壽險公司再保險安排方式，大多採用合約再保險方式，其次再搭配臨時再保險、非比例性再保或其他再保險方式，將業務分保給國內外再保公司。壽險公司安排的合約再保險方式，可能採取溢額合約再保險、比率再保險或溢額比率混合再保險。不同險種的再保險安排各有差異；但溢額合約再保險[11]是最常被採用的再保方式。

---

[11]溢額再保險：指原保險人對於超出自留限額的承保責任，依照再保險合約規範自動分保予再保險人承擔，並以自留額的特定倍數作為再保險人之最高責任限額。

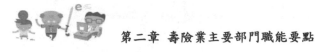

五、壽險業財務會計職能

(一)財會部門職務與壽險業會計制度:

　　壽險業的財會部門,除了負責財務業務報表編製、保費收入與營業費用核算與認列、會計資訊系統的管理維護、日常資金調度外,還需要負責公司的預算制度管理、會計制度因應與規劃等各事務,職務項目多元。進一步就壽險業的會計制度來說,壽險業會計制度對於收入與費用認列、資產負債與權益認列、利潤金額認列、財務報表簽證與揭露等項目皆有重大影響。

　　壽險業的會計制度與一般買賣業會計制度差異甚大,而且壽險業的會計制度,需遵循金管會保險局與壽險公會核定的人壽保險業統一會計制度編製。針對壽險業會計與一般買賣業會計制度之差異比較如下:

項目	壽險業	一般買賣業
經營假設	✧ 採修正清算價值假設,以公司清算的假設基礎,進行更保守的評價。	✧ 繼續經營假設,假設公司將會永續經營。
保費收入與費用認列	✧ 採取聯合基礎,平時採現金收付基礎認列收入,期末再以權責發生基礎調整。 ✧ 由於保險給付涉及不確認性,因此無法依照歷史成本原則認列。 ✧ 壽險業的成本在支出當年度足額或分攤認列,收入則依照該年度已實現部分認列。	✧ 採收入實現原則,一般依照權責發生基礎認列收入。 ✧ 費用依據歷史成本原則認列。 ✧ 採成本與收入配合原則,當期已實現的收入與產生的成本相配合認列。
資產負債評價	✧ 採取修正清算價值假設,更保守的評價原則。 ✧ 資產價值僅可認列認許資產。 ✧ 負債金額需要依照更保守的基礎來提存準備金。	✧ 採取穩健原則認列,各項資產負債皆可依會計原則認列資產或負債。 ✧ 採繼續經營假設,進行資產負債評價。
利源分析	✧ 包含死差利益、利差利益、費差利益與其他利益	✧ 獲利金額與生死不確定性無直接關係,與商品獲利率與業績攸關。
監理	✧ 從嚴監督與業務檢查	✧ 受政府監督少

資料來源:參鄒政下(1996);廖勇誠(2017)

(二)保險業逐步實施 IFRS 制度：

　　台灣目前對於保險業清償能力的監理指標，主要透過 RBC 比率。國際會計準則委員會理事會（IASB）提出國際財務報導準則(IFRS 17)，客觀合理的規範保險業的財務會計與報表編制。因應保險業適用 IFRS 國際會計財務報導準則，未來監理方向將依據歐洲國際標準的 IFRS 17 保險合約的監理規範[12]。

　　基本上，IFRS 國際財務報導會計準則主要基於公允價值(Fair Value)衡量資產及負債之價值，並依據風險水準規範所需之風險資本。屆時壽險業的資產與負債皆需要依照公允價值評價，而且法定準備金之公允價值評價還需要依照主管機關規定的市場利率評價，可預見壽險業準備金提存壓力將攀升頗多，這也是在台灣有部分外商壽險公司紛紛撤走或被本土壽險公司合併之主因之一。IFRS 17 之主要特色，概略列舉如下：

1. 收入需要平均分攤於保單有效年度內逐步認列。
2. 傳統型保險的儲蓄部分，不得認列為收入。高保費收入的儲蓄型保險在 IFRS 17 下，只能認列部分收入。
3. 以現在的市場利率等變數評價準備金：現在與過去銷售的所有保單，依據 IFRS 17 都必須以現在的合理利率與風險假設評價。相對上，若存在利差損，則損益表同時需要認列利差損失。IFRS 17 也要求壽險公司在市場利率或相關變數變動的時候，要將這些變動所造成的影響反應在財報上。

---

[12] 參保發中心、保險局與壽險公會網站資訊及會計研究發展基金會、KPMG 等機構公開資訊。新準則 IFRS 17 預定於 2023 年 1 月 1 日正式適用，台灣預計將於 2026 年與國際標準接軌。

六、壽險業的投資職能要點

　　壽險商品為長期契約，加上壽險商品儲蓄與投資功能強，因此壽險業可運用資金持續累積，109 年底壽險業資產總額已高達 31 兆。另外，壽險業必須將可運用資金進行資金運用，而且必須投資報酬率高於預定利率或宣告利率，才能賺取利差益。如果壽險公司投資報酬率偏低，通常造成投資報酬率低於或接近於有效契約平均資金成本或利率，因而造成利差損窘境。由以上說明可知道壽險業的投資績效，實為壽險公司獲利的重要關鍵，這也突顯出壽險業投資部門的重要性。

　　投資部門必須在符合法令規範的限制下，將公司可運用資金進行最適配置。然而可運用標的頗多，如何分工？大部分壽險公司依照投資標的別專業分工模式，執行資金運用業務。舉例而言，特定壽險業的長期資金居多，考量資產負債配合後，將許多資金投資於國外債券、國外證券與基金、國內債券、國內證券與基金、不動產投資、房屋抵押貸款、保單放款等投資工具。許多壽險公司組織架構中，設立國內外固定收益、國內外證券投資、放款、不動產投資等單位。

　　壽險公司的投資績效影響公司獲利頗大，因此投資主管之專業度與適格度十分重要。另外壽險業的投資人員除負責投資業務外，也需要參與公司的商品簽署業務。分項說明如下：

1. 依據保險商品銷售前程序作業準則，壽險業的投資簽署人員，需在國內外實際處理金融、證券或其他投資業務三年以上，而且投資簽署人對於商品之資產負債配置計畫書內容與投資標的說明書，需要確實檢視正確性、合理性及適法性。

2. 依據保險業資產管理自律規範，壽險業管理資產時，應考量負債及風險，並分析資產與負債之關係，確保有足夠之清償能力。可見投資部門與商品精算財會部門的密切分工合作，

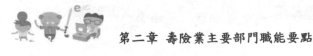

尤為重要。

3. 依據保險業資產管理自律規範,壽險業訂立之投資管理流程,
其內容應包括:

(1)制定整體性投資政策。

(2)設置並授權相關單位執行投資政策。

(3)分析、衡量及控制投資結果與風險,其內容應包括:

　a.建立風險管理機制。

　b.建立完善之內部控制及稽核制度。

　c.建立適當之投資績效評估流程。

　d.建立相關人員適當且即時之投資溝通機制。

　e.建立投資政策與流程合理性之內部檢視機制。

第五節　考題解析

一、壽險公司對屬於次標準體(Substandard Life)之被保險人,採用保險金削減法(Lien Method)方式承保,試說明其特色與類別。

參考解答:

1. 針對次標準被保險人,而且危險性質屬於遞減型危險時,壽險公司核保人員常採取保險金削減法之核保措施處理。通常削減給付的期間長短,也需要配合次標準體被保險人的危險存續期間而定。

2. 壽險公司針對次標準體被保險人之危險性質評估後,於約定契約時與客戶約定,在特定保單期間內身故或完全失能,保險金必須依約定削減後的金額給付。諸如:前2年身故,僅給付保險金額的50%。

二、試說明核保實務上「數理查定制度（Numerical Rating System）」之意義？並說明其在核保實務上如何運用？

參考解答：

1. 數理查定制度的意義

　　壽險公司通常使用數理審查制度作為壽險商品危險高低的評定基準，以便能客觀公平又快速地評估被保險人的危險高低。數理審查制度需考量被保險人體重、身高、家族病史、個人疾病與既往症、生活習慣與環境等因素予以加減分，綜合評定被保險人風險數值，以決定被保險人屬於標準體、優良體(優體)或次標準體(弱體)。

2. 核保實務上如何運用

　　　假若評等後被保險人屬於次標準體，亦即被保險人存在額外死亡危險，此時壽險公司就須進一步評估額外危險的型態，並採取特別條件承保。一般來說，額外危險之型態可區分為遞增型、遞減型或固定型，不同的額外危險類型，採取的核保措施將有差異；另外針對評等後危險過高個案，壽險公司仍可能採取其他方式處理，例如：拒保；分項說明如後：

◇ 遞增型額外危險：隨著年齡的提高，額外危險逐漸增高。諸如：血管疾病或糖尿病。如果額外風險屬於遞增型，則核保人員可採取特別保險費加費法，在保險期間內加收一定數額的保費，例如：加收 50%的保費。

◇ 遞減型額外危險：隨著年齡的提高，額外危險逐漸降低。例如：消化性潰瘍疾病。對於遞減型危險，許多壽險公司採取年齡增加法加費或透過削額給付法因應。

◇ 固定型額外危險：隨著年齡的提高，額外危險持續維持，並

不會增高或降低。例如：特定職業危險。對於固定型危險，許多壽險公司採取年齡增加法加費。

✧ 其他：改換險種、拒保、延期承保、列為除外事項、限制理賠金額或限制理賠次數等。

三、道德危險是壽險公司在經營上最大的挑戰。試問壽險公司採取那些方式以降低道德危險？試說明保險公司有那些方式可以用來調整保險公司整體的承保風險？

參考解答：

　　道德危險因素指個人不誠實或不正直的行為或企圖，故意促使危險事故發生，以致於引起損失結果或擴大損失程度。壽險公司處理道德危險因素之方法如下：

1. 公會通報制度：針對同一被保險人之新契約案件，各公司皆須向壽險公會通報，以便對於短期高額承保案件加以監控。

2. 核保：透過要保文件與核保規範，限制與減少道德危險之發生。諸如：要求業務人員填寫業務人員報告書、要求客戶的所得與投保額度相當等限制。

3. 理賠：透過每月統計分析，監控新契約或理賠之異常情形。另針對可疑之道德危險個案，透過調查或訴訟的手段處理。

4. 列為除外不保事項：對於保險犯罪行為直接列為除外事項，例如：在契約條款將二年內的自殺列為除外。

5. 安排再保險：透過再保險的安排與危險移轉，可以分散壽險公司的核保風險並穩定公司獲利。

四、說明壽險公司進行危險選擇的過程；由於核保作業關係壽險公司經營的穩健發展與成敗，故壽險公司亦需對核保部門進行管理，試說明核保管理的重點為何？

參考解答：

1.壽險公司核保或危險選擇，可分為以下三階段：

(1)第一次危險選擇：由壽險業務人員負責，透過親晤保戶、業務人員報告書與告知事項等要保文件或資訊。

(2)第二次危險選擇：主要由體檢醫師負責，針對抽檢案件、超過免體檢額度或體況件，透過體檢與病歷等文件與資訊，作進一步的危險選擇。

(3)第三次危險選擇：主要由核保人員負責，針對要保文件、健康告知、病歷、體檢報告、健康問卷、額外風險數據或體檢醫師意見，對於被保險人進一步採取適宜的核保措施。

2.核保管理的重點：

壽險業應建立健全的核保制度及程序，以利核保作業之管理；關於核保制度及程序的重點，摘要列舉如下：

(1)保險代理人、保險經紀人、保險業務員與保險業之法律關係。

(2)聘用核保人員之資格、職掌範圍、在職訓練及獎懲。

(3)招攬作業、核保作業之處理制度及程序。

(4)受理要保書至同意承保出單之程序及流程圖，其中至少應包含核保準則、分層負責授權權限、再保險安排等。

(5)瞭解並評估保戶保險需求及適合度之政策。

(6)不得有不當招攬或違反規範情事：

◇ 未具核保人員之資格執行核保簽署作業。

◇ 未依保險商品內容予以評估並簽署承保。

◇ 對特定承保對象施以不公平待遇，或僅因被保險人為身心障礙者而有不公平待遇。

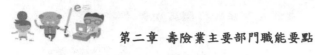

✧ 以保單追溯生效方式承保。

✧ 未確實審閱要保人或被保險人及保險業招攬人員之簽章、簽署或填報內容。

✧ 未落實要保人財務核保程序、保險通報機制或適合度政策。

✧ 壽險代理人公司或壽險經紀人公司之業務,若由其所屬保險業務員招攬者,保險業務員未於要保書上簽章或未由合格保險代理人或保險經紀人簽署。

✧ 未符合電訪生調規範或有貸款或保單借款投保等情事。

✧ 其他損害保戶權益之情事或其他經主管機關規定應遵行之事項。

五、保險市場存有逆選擇（adverse selection）的現象，因而核保（underwriting）在保險經營上為重要工作項目之一，人壽保險核保的情報資料來源有那些？這些情報資料在核保上具有什麼作用？

參考解答：

1. 壽險公司核保或危險選擇與資料來源，可分為以下三階段：

a. 第一次危險選擇：由壽險業務人員負責，透過親晤保戶、業務人員報告書與告知事項等要保文件或資訊。

b. 第二次危險選擇：主要由體檢醫師負責，針對抽檢案件、超過免體檢額度或體況件，透過體檢與病歷等文件與資訊，作進一步的危險選擇。

c. 第三次危險選擇：主要由核保人員負責，針對要保文件、健康告知、病歷、體檢報告、健康問卷、額外風險數據或體檢醫師意見，對於被保險人進一步採取適宜的核保措施。

2. 核保情報資料之作用

　　透過核保情報資料，可協助核保人員進一步評估次標準體被保險人之危險類型、危險存續期間與危險數據高低，方便核保人員進一步針對不同危險類型的被保險人，採取不同的核保措施；另外透過核保情報資料的佐證與輔助，也才能針對個案提出最合理公平的核保措施，例如：加費 50%或削減給付。

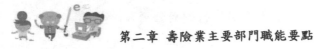

六、試從壽險公司業務處理程序，申述"壽險公司業務流程"及"各流程所負責的部門其重要人員所需具備之資格"。

參考解答：

　　"壽險公司業務流程"與"各流程所負責的部門其重要人員所需具備之資格"，可列表如下：

流程	部門	所需具備資格
業務招攬	◇ 壽險業務人員 ◇ 銀行或證券業理財專員或行政人員 ◇ 其他銷售管道	◇ 通過壽險業務員證照並完成登錄報聘。 ◇ 另須符合教育訓練要求。 ◇ 銷售外幣保單與投資型保險另須通過外幣與投資型保險資格測驗。
要保文件、繳費與發單	◇ 保單登載掃描人員 ◇ 核保人員 ◇ 發單作業人員 ◇ 保費行政人員	◇ 核保人員須取得核保證照。 ◇ 核保簽署人須具備核保證照並符合教育訓練要求。
客戶服務	◇ 保戶服務部	◇ 保服簽署人需符合證照與經歷資格並符合教育訓練要求。 ◇ 核保人員須取得核保證照。
理賠服務	◇ 理賠部門	◇ 理賠人員取得理賠證照。 ◇ 理賠簽署人須取得理賠證照並符合教育訓練要求

流程	部門	所需具備資格
商品精算	◇ 商品精算部門	◇ 精算人員須通過精算師考試。 ◇ 簽證精算師或保單精算簽署人需取得精算師資格並符合訓練與經驗要求。
財務會計	◇ 財務會計部門	◇ 熟悉壽險業會計制度。 ◇ 具有會計師相關證照並符合經驗與訓練要求。
投資	◇ 投資部門	◇ 熟悉壽險業投資規範與投資專業。 ◇ 具有投資相關證照並符合經驗與訓練要求。

七、壽險會計之基本架構雖與一般企業會計相同，惟由於壽險業務經營之特殊性質，會計方面亦有其特點，試分別從「保險費認列、負債計列、利源分析、會計處理著重穩健、政府監督」等五個面向，說明壽險會計之特質。

參考解答：

　　壽險業的會計制度與一般買賣業會計制度差異甚大，而且壽險業的會計制度，需遵循金管會保險局與壽險公會核定的人壽保險業統一會計制度編製。針對壽險業會計與一般買賣業會計制度之差異比較如下：

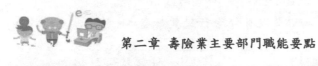

行業別	壽險業	一般買賣業
項目	壽險業會計	一般買賣業會計
經營假設	◇ 採修正清算價值假設，以公司清算的假設基礎，進行更保守的評價。	◇ 繼續經營假設，假設公司將會永續經營。
保費收入與費用認列	◇ 採取聯合基礎，平時採現金收付基礎認列收入，期末再以權責發生基礎調整。 ◇ 由於保險給付涉及不確認性，因此無法依照歷史成本原則認列。 ◇ 壽險業的成本在支出當年度足額或分攤認列，收入則依照該年度已實現部分認列。	◇ 採收入實現原則，一般依照權責發生基礎認列收入。 ◇ 費用依據歷史成本原則認列。 ◇ 採成本與收入配合原則，當期已實現的收入與產生的成本相配合認列。
資產負債評價	◇ 採取修正清算價值假設，更保守的評價原則。 ◇ 資產價值僅可認列認許資產。 ◇ 負債金額需要依照更保守的基礎來提存準備金。	◇ 採取穩健原則認列，各項資產負債皆可依會計原則認列資產或負債。 ◇ 採繼續經營假設，進行資產負債評價。
利源分析	◇ 包含死差利益、利差利益、費差利益與其他利益	◇ 獲利金額與生死不確定性無直接關係，與商品獲利率與業績攸關。

八、壽險公司之併購是否可以改善經營績效？又會有那些潛在危機？

參考解答：

1. 壽險公司併購初期，有賴積極整頓與整合、改革，才能發揮綜效。

2. 併購後，若整合良好，則能發揮綜效，結合雙方的優勢與資源，可以改善公司的經營績效。

3. 潛在危機：併購案可能造成公司整合成本增加、公司經營成本增加、公司資訊系統整合問題、公司內部人員不和與文化衝突危機等，反而造成公司經營危機增高。

九、美國的恩隆弊案對金融界造成巨大衝擊，眾多投資人的資產及恩隆員工的退休金等金錢上的損失之外，恩隆的崩潰也成為商業倫理的新教材。如果您是一位保險代理人，當一位準客戶詢問您在工作上如何達到善良管理人的標準時，您應如何回應？

參考解答：

　　保險代理人可透過以下幾個面向，在工作上達到善良管理人的標準：

1. 避免不當銷售：避免隱匿、瞞騙、不當保證與誘導換保等不當銷售方式，以減少客戶糾紛。

2. 詳細解說與叮嚀：確保客戶購買的壽險商品符合其需求，並針對商品的風險與客戶權益詳細解說。

3. 定期服務與關懷：壽險契約為長期契約，保險代理人與客戶之關係並非僅止於投保時，投保後的契約變更與各項保戶服

務的協助與關懷,也是善盡善良管理人的職業倫理與道德。

4. 強化內部控制、法令遵循與稽核職能:設立專責單位,強化公司整體的內部控制、內部稽核與法令遵循。

十、近年有些外商公司紛紛將台灣的壽險子公司出售,其主要原因為何?

參考解答:

　　近年有些外商公司紛紛將台灣的壽險子公司出售之主要原因如下:

1. IFRS 實施:現在與過去銷售的所有保單,依據 IFRS 17 都必須以現在的合理利率與風險假設評價。可預見壽險業準備金提存壓力攀升頗多,這也是台灣部分外商壽險公司紛紛出走或被本土壽險公司合併之主因之一。

2. 經濟衝擊:諸如經濟波動造成部分外商公司財務壓力。

3. 國內投資環境不利:使得壽險公司的國內投資報酬率普遍偏低。

4. 利差損問題嚴重:過去高預定利率保單產生的利差損問題,仍舊是壽險公司的沉重負擔。

5. 國內市場規模有限:相較於中國大陸市場,台灣壽險市場規模有限,而且本國壽險公司的市佔率高,外商公司難以匹敵。

第三章 壽險公司與經代公司監理規範

- 第一節 壽險公司監理要點
- 第二節 壽險經代監理要點
- 第三節 壽險公司資金運用要點
- 第四節 壽險公司準備金規範要點
- 第五節 考題解析

第三章 壽險公司與經代公司監理規範

第一節 壽險公司監理要點

　　台灣對於壽險公司的監理採取實體監督方式(許可制)，從設立的許可、人事、商品、精算、財務投資、業務經營、資本要求、風險管理以及清算退場，皆有明確的監理措施。壽險公司經營除了需要依循保險法、管理辦法、行政命令、示範條款、解釋函令與自律規範外，金管會檢查局也定期派員進行財務業務檢查，並要求公司的稽核部門與法令遵循部門，定期將稽核報告或法令遵循文件，呈送主管機關審閱。

　　保險法規也要求業者提供財務業務報表、商品送審文件、風險管理文件、年度檢查報表與精算報告，供主管機關審閱。由此可知，金管會透過多元化的監理方式，以確保壽險公司穩健經營，以維護保戶權益與社會大眾權益。摘列保險法規關於壽險公司之監理要點如下：

一、公司設立方面
1. 公司登記、繳存保證金與領取營業執照。
2. 繳存保證金於國庫：保險業應按實收資本總額15%，繳存保證金於國庫。
3. 保險公司之設立，發起人應於申請設立許可時，按最低實收資本額繳足至少20%之股款。
4. 最低資本：設立壽險公司(總公司)最低資本額為新台幣20億；外國保險業來台設立分公司之最低資本額為新台幣5千萬。
5. 主管資格要求與公司組織規範：董監事、總經理與專業經理人皆須符合法令要求，而且公司組織架構也須符合規範。

二、業務經營方面

(一)商品面監理規範

　　　壽險業的保險單條款、保險費及相關資料，應依主管機關頒定之規範辦理，規範頗多，摘列如下供參。

(1)保險公司送保險商品前應由總經理或經其授權主管及合格簽署人員簽署確認。合格簽署人員包括核保人員、理賠人員、精算人員、法務人員、保全人員、投資人員等。相關簽署人員每年須受訓一定時數，以確保商品設計品質。

(2)明定保險商品內部控制機制及加強對消費者資訊揭露應注意事項。

(3)加強事後追蹤管理及強化抽查機制。

(4)訂定保險業辦理資訊公開管理辦法與投資型保險資訊揭露應遵循事項等規範，以強化壽險公司對攸關保戶權益事項之充分揭露，落實對消費者權益之保障。

(5)公布「保險商品抽查要點」及「保險商品抽查原則」。

(6)「人身保險商品審查應注意事項」：規定各類型商品如傳統型人壽保險、傷害保險、健康保險、綜合保險、團體保險、傳統型年金保險、利率變動型年金保險、勞退企業及勞退個人年金保險、投資型保險(投資型人壽保險、投資型年金保險)等險種相關保險商品設計及資訊揭露等應注意事項。

(二)業務招攬的限制

　　　包含營業範圍的限制、業務招攬的限制、教育訓練之要求、金融消保法限制、資訊安全與個資法限制、資訊揭露的要求、壽險業與產險業不得相互兼營等。就壽險業務員管理規則摘錄規範要點，列舉如下：

(1)保險業務員之不當招攬行為，壽險公司需連帶處分。

(2)規範銷售投資型保單必須要簽署重要事項與風險告知書、外幣保單需填寫外匯風險告知書。

(3)要求不得以「保單借款」、「契約轉換」或「變更年期」作為招攬手段。

(4)業務員從事保險招攬所用之文宣、廣告、簡介、商品說明書及建議書等文書,應標明所屬公司之名稱,並不得假借其他名義、方式為保險之招攬。

(5)保險業應嚴格督導保險業務招攬行為,並持續督導保險業將業務招攬納入內部控制與內部稽核制度。

(6)發函重申保險公司不得以「存款」或「基金」名義銷售保險。

(7)解約、貸款、保單借款等招攬限制。

(三)制度與監理面

(1)公司治理、風險管理、內部控制、稽核與法令遵循之規範。

(2)配合實施定期業務檢查並定期提出業務報告。

(3)設立簽證精算師與保單簽署人制度。

三、財務經營方面

1. 資金運用規範:符合資金運用的項目與比率限制。

2. 資本適足性要求:風險資本比率(RBC 比率)需要高於 200%而且淨值比率應高於 3%。

3. 安定基金提撥:定期提撥安定基金。

4. 依規定提存各種準備金並適用保險業會計制度。

5. 配合定期實施財務業務檢查並定期彙報業務財務報表。

6. 董監事與專業經理人負無限清償責任。

7. 落實公司治理、風險管理、內部控制與稽核之規範。

8. 違反法令、有礙健全經營之虞或因業務或財務惡化時之管理:

(1)糾正或命其限期改善。

(2)限制其營業或資金運用範圍。

(3)停售保險商品或限制其保險商品之開辦。

(4)增資。

(5)命其解除經理人或職員之職務。

(6)監管。

(7)接管。

(8)勒令停業清理。

(9)命令解散。

第二節 壽險經代監理要點

　　台灣對於壽險經代公司或銀行證券設立經代部門的監理，也採取許可制 (實體監督方式)，從設立的許可、人事、財務與業務經營要求以及清算退場，都有詳細的監理措施。針對經代公司部分的監理要點，分項摘錄要點如下：

一、公司設立方面：

1. 核准及登記、繳存保證金及投保責任保險與領取營業執照。

2. 主管資格與公司組織要求：董監事、總經理、經理人與核保理賠人員皆符合法令要求。

3. 代理人經主管機關許可登記後，應加入代理人商業同業公會。

4. 最低資本額限制[13]。

---

[13] 考量主管機關定期調整資本額，因此以註腳補充。109 年底最新預告規範如下：(1)代理人公司：1 千萬。(2)經紀人公司：3 千萬；經紀人公司同時申請再保險經紀業務者：5 千萬。
(3)銀行兼營保經代業務：專款專用營運資金 5 千萬。

二、業務經營方面

　　包含營業範圍的限制、業務招攬的限制、教育訓練之要求、金融消保法限制、資訊安全與個資法限制、資訊揭露的要求、壽險代理公司與產險代理公司不得相互兼營等。

(一)業務招攬方面：

　　單就保險代理人管理規則與業務員管理規則中涉及業務招攬部分，可摘錄規範要點如下：代理人同時具備財產保險及人身保險代理人資格者，除經主管機關核准外，僅得擇一申領財產保險或人身保險代理人執業證書。保險經紀人則得同時申領財產保險或人身保險經紀人執業證書。其他關於經紀人及代理人(簡稱經代人)需要受到的招攬規範，摘列如下：

(1)經代人於經營或執行業務時，應盡善良管理人之注意，確保已向要保人就所代理銷售之保險商品主要內容與重要權利義務，善盡專業之說明及充分揭露相關資訊，確保其作業程序及內容已遵循相關法令規定，並於有關文件簽署及留存建檔備供查閱。

(2)代理人應按其代理契約或授權書所載之範圍，保存招攬、收費或簽單、批改、理賠等文件副本。經紀人則依據雙方合約規定辦理。

(3)經代人受保險業之授權代收保險費者，應保存收費紀錄及收據影本。應保存各項文件之期限最少為五年。

(4)經代人不得為保險業代理經營未經主管機關核准之保險業務。

(5)經代人不得故意隱匿保險契約之重要事項。

(6)經代人不得利用職務或業務上之便利或以其他不正當手段，強迫、引誘或限制要保人、被保險人或保險人締約之自由或向其索取額外報酬或其他利益。

(7)經代人不得以誇大不實、引人錯誤之宣傳、廣告或其他不當之方法執行業務或招聘人員。

(8)經代人不得以不當之手段慫恿保戶退保、轉保或貸款等行為。

(9)經代人不得挪用或侵占保險費或保險金。

(10)經代人不得未執行業務，而以執業證書供他人使用。

(11)經代人不得有侵占、詐欺、背信、偽造文書行為受刑之宣告。

(12)經代人不得經營或執行執業證書所載範圍以外之保險業務。

(13)經代人不得向保險人索取不合理之代理費、報酬或為不合營業常規之交易。

(14)經代人不得以不法之方式使保險人為不當之保險給付。

(15)經代人不得散播不實言論或文宣擾亂金融秩序。

(16)經代人不得授權第三人代為執行業務，或以他人名義執行業務。

(17)經代人不得將非所僱用之代理人經紀人或非所屬登錄之業務員招攬之要保文件轉報保險人，或將所招攬之要保文件轉由其他經紀人或代理人交付保險人。

(18)經代人不得聘用未完成保險業務員登錄程序者為其招攬保險業務。

(19)經代人不得擅自停業、復業、解散。

(20)經代人不得將佣酬支付予非實際招攬之保險業務員。

(21)經代人不得未確認金融消費者對保險商品之適合度。

(22)經代人不得銷售未經主管機關許可之國外保單貼現受益權憑證商品。

(23)保險業務員之不當招攬行為，經代公司需連帶處分。

(24)規範銷售投資型保單必須要簽署重要事項與風險告知書、外幣保單需填寫外匯風險告知書。

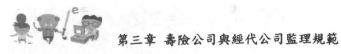
(25)要求不得以「保單借款」、「契約轉換」或「變更年期」作為招攬手段。

(26)業務員從事保險招攬所用之文宣、廣告、簡介、商品說明書及建議書等文書，應標明往來保險業名稱，並不得假借其他名義、方式為保險之招攬。

(27)應嚴格督導保險業務招攬行為，並持續督導保險業將業務招攬納入內部控制與內部稽核制度。

(28)不得以「存款」或「基金」或借款名義或方式銷售保險。

(29)不得鼓勵或勸誘客戶解除或終止契約，或以貸款、定存解約或保險單借款繳交保險費。

(30)不得未據實填寫招攬報告書。

　　另外，銀行兼營保險代理業務，應依下列規定辦理：

1. 應於營業場所顯著明確標示辦理保險代理業務。

2. 應表明並使消費者瞭解保險代理業務與銀行業務之區別。

3. 設立或指定相關部門，負責處理因兼營保險代理業務所衍生之爭議案件。

4. 應向客戶明確揭露保險商品之性質及風險。

5. 銀行不得有下列各款之行為：

(1)利用客戶之存款資料進行誤導或不當行銷方式勸誘、推介與客戶風險屬性不相符之保險商品。

(2)僅以定期存款與保險商品間之報酬率為差異比較，而忽略各類商品之風險特性及商品屬性，或未就報酬與風險為衡平對稱之揭露等情事。

(3)授權辦理授信或存匯業務之行員銷售投資型保險商品及具解約金之保險商品（不包括保險期間在三年以下之傷害保險及房貸壽險）並收取佣酬。但銷售對象之要保人或被保險人為其配偶或直系血親者，不在此限。

(二)實施簽署人制度

　　經紀人代理人於經營或執行業務時，應盡善良管理人之注意，確保已向要保人就所銷售之保險商品主要內容與重要權利義務，善盡專業之說明及充分揭露相關資訊，確保其作業程序及內容已遵循相關法令規定，並於有關文件簽署及留存建檔備供查閱。

　　人身保險**代理人**相關簽署文件包含如下：
(1)要保書。
(2)契約內容變更申請書。
(3)要保人及被保險人之需求及其適合度分析評估報告書。
(4)終止契約申請書。
(5)其他經主管機關指定之文件。
代理人如經授權代收保費或辦理核保、理賠或其他保險業務時，應在執行業務有關各項文件簽署。

　　人身保險**經紀人**相關簽署文件包含如下：
(1)要保書。
(2)契約內容變更申請書。
(3)代收轉付保險費收據憑證。
(4)要保人及被保險人之需求、適合度分析評估及洽訂保險契約
　　分析報告書。
(5)終止契約申請書。
(6)其他經主管機關指定之文件。

(三)落實法令遵循之規範

　　代理人公司應擬具法令遵循手冊，並設置法令遵循人員，負責法令遵循制度之規劃、管理及執行，並定期向董事會與監察人(審計委員會)報告。法令遵循手冊，其內容至少應包括以下幾項：

(1)各項業務應採行之法令遵循程序。

(2)各項業務應遵循之法令規章。

(3)違反法令規章之處理程序。

(4)法令遵循人員不得兼任內部稽核人員。

(5)法令遵循人員之委任、解任或調職，應以主管機關指定之方式申報，且建檔留存確認文件及紀錄。

　　另外，主管機關為確保保險公司與往來經代人皆符合保險業招攬及核保理賠辦法規定，另要求如下：

(1)保險業應將要求為其從事保險招攬之保險代理人（包括其業務員）及業務往來保險經紀人遵循之事項，明定於保險代理合約或與保險經紀人業務往來合約中。

(2)保險業對於從核保、保全審核作業，或申訴爭議個案中發現為其從事保險招攬之保險代理人（包括其業務員）或業務往來保險經紀人有未遵循保險業招攬及核保理賠辦法規定者，應深入瞭解原因及採取要求為其從事保險招攬之保險代理人或業務往來保險經紀人立即改正之措施，並追蹤至其完成改善為止。

(3)保險業應將為其從事保險招攬之保險代理人（包括其業務員）及業務往來保險經紀人之遵循及改正情形做成紀錄，列為年度續約與否之重點考核項目。

(四)落實公司治理、風險管理、內部控制、稽核與法令遵循之規範。

1. 建立內控內稽制度：

　　保險代理人公司、保險經紀人公司為公開發行公司或年度營業收入達新臺幣**3億元以上**者及銀行，應建立內部控制、稽核制度與招攬處理制度及程序。內部控制、稽核制度與招攬處理制度及程序應達成以下目標。

(1)營運之效果及效率。

(2)各項交易均經適當之授權。

(3)提升從事保險招攬業務人員技能，公平對待消費者，並以明確公平合理方法招攬業務。

(4)代收或代收轉付要保人之保險費與相關費用受到安全保障。

(5)財務與其他紀錄提供可靠、及時、透明、完整、正確與可供驗證之資訊及符合相關規範。

(6)相關法令規章之遵循。

　　另外，銀行及年度營業收入達新臺幣5億元保險代理人公司及保險經紀人公司之內部控制制度至少應包括下列組成要素：

(1)控制環境：董事會及監察人或審計委員會治理監督責任、組織結構、權責分派、人力資源 政策、績效衡量及獎懲等。董（理）事會與管理階層應建立內部行為準則，包括訂定董事行為準則、員工行為準則等事項。

(2)風險評估：風險評估之先決條件為確立各項目標，並與不同層級單位相連結，同時需考慮目標之適合性。

(3)控制作業：依據風險評估結果，採用適當政策與程序之行動，將風險控制在可承受範圍之內。

(4)資訊與溝通：透過內外部資訊，以支持內部控制其他組成要素之持續運作及有效溝通。

(5)監督作業：進行持續性評估、個別評估或兩者併行，以確定內部控制制度之各組成要素是否已經存在及持續運作。

　　保險代理人公司、保險經紀人公司之內部控制制度，不論規模大小(營業收入<5億也須遵循)，內部控制制度至少應符合下列各項原則：

(1)管理階層之監督及控制文化：董事會應負責核准並定期覆核整體經營策略與重大政策，且對於確保建立並維持適當有效之內部控制制度負有最終之責任；管理階層應負責執行董事會核定之經營策略與政策，發展足以辨識、衡量、監督及控制風險之程序，訂定適當之內部控制政策及監督其有效性與適切性。

(2)風險辨識與評估：有效之內部控制制度須可辨識並持續評估所有對公司目標之達成可能產生負面影響之重大風險。

(3)控制活動與職務分工：控制活動應是每日整體營運之一部分，應設立完善之控制架構，及訂定各層級之內控程序；有效之內部控制制度應有適當之職務分工，且管理階層及員工不應擔任責任相互衝突之工作。

(4)資訊與溝通：應保有適切完整之營運、財務報導及法令遵循等目標有關之財務及非財務資訊；資訊應具備可靠性、適時與容易取得之特性，以建立有效之溝通管道。

(5)監督活動與更正缺失：內部控制整體之有效性應予持續監督，營業單位、內部稽核或其他內控人員發現之內部控制缺失均應即時向適當層級報告，若屬重大之內部控制缺失應向管理

階層、董事會及監察人(審計委員會)報告，並應立即採取改正措施。

2. 保險代理人公司、保險經紀人公司內部控制制度應涵蓋所有營運活動，並應分別按業務性質及規模，依內部牽制原理訂定招攬處理制度及程序與內部控制之作業程序，並適時檢討修訂。

3. 保險代理人公司、保險經紀人公司為維持有效之內部控制制度運作，達成內部控制之目標，應配合採行下列措施：
(1) 內部稽核制度：設置稽核人員，負責查核各單位，並定期評估營業單位自行查核辦理績效。
(2) 自行查核制度：由不同單位成員相互查核內部控制實際執行情形，並由各單位指派主管或相當職級以上人員負責督導執行，以便及早發現經營缺失並適時予以改正。
(3) 會計師查核制度：年度財務報表依規定或已辦理委由會計師辦理查核簽證者，應委託會計師辦理內部控制制度之查核。
(4) 法令遵循制度：設置法令遵循人員，負責適切檢測各業務經辦人員執行業務是否確實遵循相關法令。

4. 保險代理人公司、保險經紀人公司應置適任及適當人數之稽核人員，隸屬於董事會，負責稽核業務，其不得兼任與稽核工作有相互衝突或牽制之職務，並至少每年向公司董事會及監察人報告稽核業務。

5. 稽核人員對不同管理單位每年至少應辦理一次一般查核，並依實際需要辦理專案查核。稽核人員應將法令遵循制度執行情形，併入對業務及管理單位一般查核或專案查核辦理[14]。

---

[14] 一般查核應針對全部業務進行查核；專案查核僅針對特定業務項目查

6. 內部稽核人員對主管機關、會計師、內部稽核人員與自行查核所提列之檢查意見或查核缺失事項及內部控制制度聲明書所列應加強改善事項，應持續追蹤覆查，並將其追蹤考核改善辦理情形，以書面提報管理階層、董事會與監察人(審計委員會)查閱，並應列為對各單位獎懲及績效考核之重要項目。內部稽核報告應交付各監察人或審計委員會查閱，並提董事會報告，另於每年會計年度終了後5個月內，將上年度內部稽核所見異常缺失，併同改善辦理情形彙送主管機關。但查核發現重大違規或重大異常事項者，應於查核結束日起一個月內將內部稽核報告函送主管機關。

7. 保險代理人公司、保險經紀人公司應建立自行查核制度，每年至少應辦理一次定期自行查核，並依實際需要辦理專案自行查核。

8. 保險代理人公司、保險經紀人公司年度財務報表依規定或已辦理委由會計師辦理查核簽證時，應委託該會計師辦理內部控制制度之查核，並對其申報主管機關報表資料正確性、內部控制制度及法令遵循制度執行情形表示意見。

9. 保險代理人公司、保險經紀人公司年度財務報表無須會計師辦理查核簽證者，主管機關於必要時得令公司委託會計師辦理其內部控制制度之專案查核。會計師之查核費用由保險代理人公司、保險經紀人公司與會計師自行議定，並由公司負擔會計師之查核費用。

核。

三、財務經營方面

1. 定期彙報財務業務報表：經代人應專設帳簿，記載業務收支，並於主管機關規定之期限內，將各類業務及財務報表，彙報主管機關或其指定之機構。
2. 配合定期實施財務業務檢查。

四、對於經代人公司或涉及經代業務的裁罰規範

　　依據保險法規範，保險代理人、經紀人、公證人違反法令或有礙健全經營之虞時，主管機關除得予以糾正或命其限期改善外，並得視情節之輕重為下列處分：

1. 限制其經營或執行業務之範圍。
2. 命公司解除經理人或職員之職務。
3. 解除公司董事、監察人職務或停止其於一定期間內執行職務。
4. 其他必要之處置。

主管機關裁罰摘錄：

● 　**對於財務或業務管理規定裁罰：**
違反…………所定管理規則中有關財務或業務管理之規定、…………………，應限期改正，或併處新臺幣十萬元以上三百萬元以下罰鍰；情節重大者，廢止其許可，並註銷執業證照。

● 　**未建立或未確實執行內部控制、稽核制度、招攬處理制度或程序者之裁罰：**
…………未建立或未確實執行內部控制、稽核制度、招攬處理制度或程序者，應限期改正，或併處新臺幣十萬元以上三百萬元以下罰鍰。

第三節 壽險公司資金運用要點

一、壽險公司資金運用規範要點

　　壽險公司監理制度包含範圍廣泛，資金運用監理是重要的一環。尤其隨著壽險業資產逐年累積，利差獲利對於壽險業的利潤貢獻影響甚鉅。然而，壽險公司資金運用必須兼顧安全性、獲利性與流動性，否則將危及經營安全。

　　壽險公司可運用資金包含業主權益與各項準備金，法令對於壽險公司資金運用之限制，包含投資項目與比率等諸多限制，歸納撰寫相關規範重點如後。

二、資金運用項目之限制

1. 存款、債券、股票、基金、票券、不動產、放款、辦理經主管機關核准之專案運用及公共投資、國外投資、投資保險相關事業、經主管機關核准從事衍生性商品交易，以及其他經主管機關核准之資金運用等。
2. 限制保險業得投資的公司債為有擔保公司債，或經評等機構評定為相當等級以上之公司所發行之公司債、或限制保險業的放款以具有擔保者為限。

三、資金運用比率或金額限制

　　對於資金運用於特定標的的投資比率或投資金額之限制。例如購買每一公司之股票或公司債總額，分別不得超過該保險業資金5%及該發行公司實收資本額之一定比率。

表 3.1　保險法資金運用規範摘要

項目	資金運用限制
存款	● 存放於每一金融機構之金額≦10% x 資金
有價證券	● 公債及國庫券：無限制 ● 金融債券≦資金 x 35% ● 個別股票或公司債： 　　≦資金 x 5%；≦公司資本額 x 10% ● 個別共同基金： 　　≦資金 x 10%；≦基金發行總額 x 10% ● 證券化商品與其他總額≦資金 x 10%
放款	● 總額限制≦資金 x 35% ● 個別限制≦資金 x 5% ● 允許承作之放款：銀行或保證機構提供之保證放款、動產或不動產擔保放款、保單放款與有價證券質押放款
不動產	● 不動產投資以即時利用並有收益為限，投資總額≦30% ● 自用不動產總額不得超過業主權益
國外投資	● 投資總額≦資金 x 45%。 ● 外幣傳統型保單經主管機關核准，可不計入國外投資額度 ● 可投資於外匯存款、國外有價證券、外幣保單放款、衍生性金融商品、國外不動產及其他。 ● 詳參保險業辦理國外投資管理辦法
投資保險相關事業	● 保險業投資保險相關事業管理辦法
專案運用、公共投資與社福事業投資	● 保險業資金辦理專案運用、公共及社會福利事業投資管理辦法

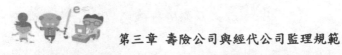

項目	資金運用限制
從事衍生性商品交易	● 詳參保險業從事衍生性金融商品交易管理辦法
其他	投資型保險商品專設帳簿之管理、保存與運用，不受保險法 146 條相關條文限制。

四、壽險業國外投資之項目及規定要點

　　依照保險業辦理國外投資管理辦法，可摘列壽險業國外投資之項目及規定如下：

1. 外匯存款：每一銀行存款≦可運用資金之 3%。
2. 國外有價證券：國外債券、國外證券市場之股權、基金或債券憑證。
3. 外幣放款。
4. 衍生性金融商品。
5. 國外不動產：保險業對國外及大陸地區不動產之投資，以投資時已合法利用並產生利用效益者為限。
6. 設立或投資國外保險公司、保險代理人公司、保險經紀人公司或其他經主管機關核准之保險相關事業。
7. 經行政院核定為配合政府經濟發展政策之經建計畫重大投資案。
8. 其他經主管機關核准之資金運用項目。

第四節　壽險公司準備金規範要點

一、準備金提存規範

　　保險法第 11 條指出，本法所稱各種責任準備金，包含責任準備金、未滿期保費準備金、特別準備金及賠款準備金。另外保險法第 144 條指出，保險業應聘用精算人員並指派其中一人為簽證精算人員，負責保險費率之釐訂、責任準備金之核算簽證及辦理其他經主管機關指定之事項；其資格條件、簽證內容、教育訓練、懲處及其他應遵行事項之管理辦法，由主管機關定之。上述二條文可謂準備金提存之主要法源。

　　依照保險業各種準備金提存辦法，可摘列各種準備金項目與要點如下：

表 3.2　準備金規範摘要

種類	摘要
壽險責任準備金	● 壽險公司針對預收保費提列此項準備金，保單價值準備金之來源主要源自於此準備金。 ● 保險期間超過一年之險種需提列壽險責任準備金，如：養老壽險、終身壽險、定期壽險及年金保險。 ● 純保險費較二十年繳費終身保險為大者，採二十年繳費終身保險修正制，否則採一年定期修正制。 ● 生存保險、人壽保險附有按一定期間（不含滿期）給付之生存保險金部分及傳統保證年金保險最低責任準備金之提存，以採用平衡準備金制為原則。 ● 保險期間超過一年之健康保險最低責任準備金之提存，採用一年定期修正制。

種類	摘要
壽險責任準備金	<ul><li>萬能壽險：依照保單價值準備金提存。</li><li>投資型壽險及變額年金保險(遞延年金遞延期間)：依照保單帳戶價值提存。</li><li>利率變動型遞延年金(遞延期間)：依年金保單價值準備金提存。</li></ul>
保費不足特別準備金	<ul><li>針對長年期壽險、健康險及年金保險商品，若壽險公司銷售該商品所釐訂之保險費，低於計算責任準備金之保險費時，除必須提列修正制責任準備金外，尚需提列保費不足特別準備金。</li></ul>
未滿期保費準備金	<ul><li>針對已預收保費，但是保險期間仍未滿期之短期保險適用。</li><li>保險期間低於一年之險種需提列未滿期保費準備金，如：一年期之團體保險，傷害險與健康險。</li></ul>
特別準備金	<ul><li>適用險種：保險期間低於一年之險種，例如：團體保險與傷害險等皆須提列。</li><li>重大事故特別準備金：指為因應未來發生重大事故所需支應鉅額賠款而提存的準備金。重大事故指實際自留賠款金額高於新臺幣3千萬元。</li><li>各險別應依主管機關所定的重大事故特別準備金比率提存。</li></ul>

種類	摘要
特別準備金	● 危險變動特別準備金：指為因應各該險別損失率或賠款異常變動而提存之準備金。 ● 各險之實際賠款扣除該險以重大事故特別準備金沖減後之餘額低於預期賠款時，人身保險業應就其差額部分之 15%提存危險變動特別準備金。 ● 各險之實際賠款扣除該險以重大事故特別準備金沖減後之餘額超過預期賠款時，其超過部分，得就已提存之危險變動特別準備金沖減。
賠款準備金	● 人身保險業對於保險期間超過一年之人壽保險、健康保險及年金保險業務已報未付保險賠款，應逐案依實際相關資料估算，按險別提存賠款準備金，並於次年度決算時收回，再按當年度實際決算資料提存。 ● 傷害保險、健康保險或一年期人壽保險，應按險別依其過去理賠經驗及費用，以符合精算原理原則之方法計算賠款準備金，並就已報未付及未報保險賠款提存，其中已報未付保險賠款，應逐案依實際相關資料估算，按險別提存。
外匯價格變動準備金	● 人身保險業對所持有之國外投資資產，應於負債項下提存外匯價格變動準備金。
國際財務報導準則負債適足準備金	● 需進行負債適足性測試之合約，應以每一資產負債表日之現時資訊估計其未來現金流量，就已認列保險負債進行適足性測試，如測試結果有不足情形，應將其不足金額提列為負債適足準備金。

二、責任準備金、保價金與資產額份三者關係比較

　　對於責任準備金、保價金與資產額份三者之意義、計算基礎及用途與金額高低，列表如下供參。

表 3.3　責任準備金、保價金與資產額份規範

項目	意義	計算基礎	用途
責任準備金	在保戶有經濟能力期間提早繳足保費，保險公司將保戶所繳的保費扣除應付的保險成本後，將年繳平準保險費超繳部分之保費予以提存、積存運用並保管，以因應長期保單未來給付責任。	保守的預定利率及預定死亡率為計算基礎	保險公司的負債
保單價值準備金	保單價值準備金以保單保費之預定利率及預定死亡率為計算基礎，以確實反映實際的保單價值。	計算保單費率之預定利率及預定死亡率為計算基礎	保單所累積的價值可視為保戶的資產
資產額份	將保戶所繳納保費扣除保險成本及相關實際發生營業費用及給付金額。	● 營業費用為實際發生而非假設基礎 ● 考慮解約失效或理賠給付金額	可以提早發現不具利潤的保單，有利公司經營策略及改進方針

76

進一步比較三者在保單年度早期及後期的金額大小如下：

	保單年度早期的金額	保單年度後期的金額
責任準備金	高，因為採 20 年終身保險修正制責任準備金	中，採取較保守的計算基礎，因此金額仍比保價金高。
保單價值準備金	中，因為採 20 年終身保險修正制責任準備金	低
資產額份	低，因為初年度的新契約費用高於收入而呈現虧損。	高，因為後期的費用有限，收入相對高，利潤最高

第五節 考題解析

一、說明壽險公司外來資金的主要來源?

參考解答:

　　壽險業外來資金的主要來源為各項準備金,主要包含壽險責任準備金、未滿期保費準備金、賠款準備金、危險變動特別準備金等。

二、說明目前國內壽險公司主要資金來源為何?於我國保險法中亦規範壽險公司資金的運用可辦理國外投資,試依現行保險業辦理國外投資管理辦法,說明可投資的項目及規定。

參考解答:

1. 壽險公司主要資金來源包含業主權益與各項準備金,其中業主權益屬於自有資金,各項準備金則屬於外來資金。

2. 依照保險業辦理國外投資管理辦法,可摘列壽險業國外投資之項目及規定如下:

(1)外匯存款:每一銀行存款≦可運用資金之 3%。

(2)國外有價證券:國外債券、國外股權、基金或債券憑證。

(3)人身保險單為質之外幣放款。

(4)衍生性金融商品。

(5)國外不動產。

(6)設立或投資國外保險公司、保險代理人公司、保險經紀人公司或其他經主管機關核准之保險相關事業。

(7)經行政院核定為配合政府經濟發展政策之經建計畫重大投資案。

(8)其他經主管機關核准之資金運用項目。

三、試從保險法法理，敘述保戶的權益在壽險公司發生經營不善倒閉時，如何獲得保障？

參考解答：

1. 壽險業若違反法令、有礙健全經營之虞或因業務或財務惡化時，主管機關可採取之監理措施：

(1)糾正或命其限期改善。

(2)限制其營業或資金運用範圍。

(3)停售保險商品或限制其保險商品之開辦。

(4)限期增資。

(5)命其解除經理人或職員之職務。

(6)監管。

(7)接管。

(8)勒令停業清理。

(9)命令解散。

(10)裁罰、糾正或其他必要之處置。

2. 帳列資產、準備金與自有資金之補償

3. 安定基金保障：定期提撥安定基金。

4. 董監事與專業經理人負無限清償責任。

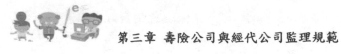

四、我國主管機關為確保壽險經紀人或代理人經營的正常運作，可對於經代人採取哪些裁罰？請說明之。

參考解答：

依據保險法規範，保險代理人、經紀人、公證人違反法令或有礙健全經營之虞時，主管機關除得予以糾正或命其限期改善外，並得視情節之輕重為下列處分：

1. 限制其經營或執行業務之範圍。
2. 命公司解除經理人或職員之職務。
3. 解除公司董事、監察人職務或停止其於一定期間內執行職務。
4. 命令其停售保險商品或限制其保險商品之開辦。
5. 限制其資金運用範圍。
6. 命令其處分特定資產。
7. 限制或禁止其與利害關係人之授信或其他交易。
8. 裁罰、糾正或其他必要之處置。

五、壽險公司與保險消費者之間存在著高度不對稱，請說明保險消費者或保險經代人員如何得知壽險公司的經營優劣，以決定是否與其往來或要求適當之風險貼水（Risk Premium）？

參考解答：

保險消費者或保險經代人員可以透過以下方式，得知壽險公司的經營優劣：

1. 資訊公開查詢：依照人身保險業辦理資訊公開辦法，各壽險公司都必須依照規範內容定期揭露公司資訊，可讓消費者或保險經代人員進一步了解壽險公司。

2. 主管機關網頁公開資訊查詢：透過主管機關網頁公開資訊的瀏覽或查詢，也可以了解特定壽險公司是否有被主管機關糾正或裁罰以及壽險公司的概況。

3. 公司財報或商品資訊查詢：每個壽險公司都有公司網頁，提供公司財報或商品資訊，供社會大眾查詢。

4. 公司 0800 服務中心查詢：透過公司客服中心查詢，進一步了解公司特定資訊。

六、近年來國內外保險業的併購蔚成風潮，成為國人關注焦點，然而併購案成功之關鍵在於是否有事前周密的規劃，請問保險業併購過程中應考慮因素為何？試申論之。

參考解答：

　　保險業併購過程中應考慮以下因素，方能成功地完成併購作業：

1. 併購對象之評估：先行對於被併購對象進行公司概況、財務業務評估與股價評估，並預估合併後可能的綜效、問題與風險。

2. 併購條件洽談協調：經評估後可行，則針對被併購對象的併購條件，諸如：價格、比例或金額、問題與疑點，進行初步洽談協調。

3. 併購對象的實質審查：初步併購條件可以接受後，併購公司將針對被併購公司的內部進一步待確認或待釐清事項，進行進一步評估與審查，以便更進一步了解該公司的內部財務業務與契約狀況。

4. 申請主管機關核准：併購定案後，雙方將向主管機關填送核准文件，並議定併購核准日與各項資產的移轉細節。

5. 擬訂併購後整合計畫並執行：併購後有賴積極整頓與整合、

改革,才能發揮綜效。因此公司應擬訂併購後整合計畫並執行與調整各項整合計畫,以確保併購案能夠成功。

七、在我國若以公司組織名義執行保險代理人業務者,說明有關其簽署人、最低資本額之規定及法令遵循人員應辦理的事項。

參考解答:

　　台灣對於壽險代理人公司或銀行兼營保代業務的監理,有關其簽署人、最低資本額之規定及法令遵循人員應辦理的事項,摘列如下:

(一)公司設立方面:

1. 公司登記、繳存保證金及投保責任保險與領取營業執照。
2. 最低資本額與保證金要求。
3. 主管資格與公司組織要求:董監事、總經理、經理人與核保理賠人員皆符合法令要求。

(二)實施簽署人制度

　　代理人於經營或執行業務時,應盡善良管理人之注意,確保已向要保人就所代理銷售之保險商品主要內容與重要權利義務,善盡專業之說明及充分揭露相關資訊,確保其作業程序及內容已遵循相關法令規定,並於有關文件簽署及留存建檔備供查閱。相關簽署文件包含如下:

(1)要保書。
(2)契約內容變更申請書。
(3)瞭解要保人及被保險人之需求及其適合度分析評估報告書。

(4)其他執行業務之文件。

(5)代理人如經授權代收保費或辦理核保、理賠或其他保險業務時,應在執行業務有關各項文件簽署。

(三)落實法令遵循之規範

　　代理人公司或兼營保險代理業務的銀行應擬具法令遵循手冊,並設置法令遵循人員,負責法令遵循制度之規劃、管理及執行,並定期向董事會與監察人(審計委員會)報告。法令遵循手冊,其內容至少應包括以下幾項:

(1)各項業務應採行之法令遵循程序。

(2)各項業務應遵循之法令規章。

(3)違反法令規章之處理程序。

(4)法令遵循人員不得兼任內部稽核人員。

(5)法令遵循人員之委任、解任或調職,應以主管機關指定之方式申報,且建檔留存確認文件及紀錄。

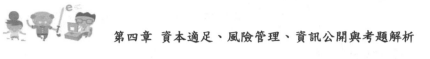

第四章 資本適足、風險管理、資訊公開
與考題解析

- 第一節 壽險業資本適足制度要點
- 第二節 壽險業風險管理制度要點
- 第三節 保險業內部控制與內部稽核制度
- 第四節 壽險業資訊公開與經營指標要點
- 第五節 近年壽險經營考題解析

第四章 資本適足、風險管理、資訊公開與考題解析

第一節 壽險業資本適足制度要點

一、保險法關於資本適足比率之規定

109 年底，保險法第 143 條之 4 關於保險公司資本適足比率規範，僅針對 RBC 比率(風險基礎資本比率)規範。實務運作上，主管機關已要求業者定期公布淨值比率，並同時依照 RBC 比率及淨值比率採取監理措施。主管機關已擬訂保險法第 143 條之 4 修正案，修訂列入淨值比率，以配合實務運作與監理政策。修正案已於 109 年 12 月經行政院院會通過，並送交立法院審議。

二、資本適足比率之定義與計算基礎

(一)RBC 比率

依據保險業資本適足性管理辦法與壽險業 RBC 比率填報資訊，摘列如下：

1. **RBC 比率＝（自有資本／風險資本）×100%**

2. 主管機關要求 RBC 比率須達到 200%。

3. 自有資本愈高，RBC 比率愈高。

4. 自有資本：主要包含業主權益及調整項目。調整項目包含危險變動特別準備金及股票投資未實現評價利益等項目。

5. 風險資本：依照保險業實際經營所承受之風險程度計算而得之資本總額；其範圍包括下列風險項目：資產風險、保險風

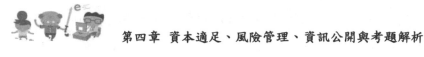

險、利率風險與其他風險。

6. 實務上壽險業計算風險資本時,需要分別針對以下各項風險進行評估計算:

♦ C_0:資產風險--關係人風險

■ C_{0O}:資產風險--關係人除匯率以外之資產風險

■ C_{0C}:資產風險--關係人匯率風險

♦ C_1:資產風險--非關係人風險

■ C_{1O}:資產風險--除股票及匯率以外之資產風險

■ C_{1C}:資產風險--非關係人匯率風險

■ C_{1S}:資產風險--非關係人股票風險

♦ C_2:保險風險

♦ C_3:利率風險

♦ C_4:其他風險

7. 風險資本=Σ 各標的或項目 x 風險係數

　　低風險標的或項目的風險係數較低;高風險標的或項目的風險係數較高。風險係數數值介於0~1之間;風險係數與 K 值,主管機關定期檢視與調整,例如 K=0.5。

風險資本=

$$0.5 \times \left(C_{0O} + C_4 + \sqrt{(C_{10} + C_3)^2 + (C_{0c} + C_{1c})^2 + C_{1S}^2 + C_2^2} \right)$$

(二)淨值比率

淨值比率 = 業主權益 /(資產總額-投資型保險專設帳簿資產)

1. 主管機關要求標準須高於 3%。
2. 業主權益為自有資本之概念。自有資本(業主權益)愈高,淨值比率自然愈多;但若保險公司虧損(累積虧損)擴大,業主權益自然大幅減少,淨值比率隨著下滑。
3. 資產總額為壽險業的所有外來資本(負債)及自有資本之總和。由於投資型保險專設帳簿內資產屬於保戶所有,因此不應列入計算。
4. 相對而言,若保險業資金運用愈保守穩健,RBC 比率就愈高;然而 RBC 比率難以有效反映累積虧損或自有資本佔率偏低情況。因此同時透過 RBC 比率及淨值比率監控保險公司資本適足率後,更能相輔相成的監控保險業資本適足情況。

三、資本適足比率偏低之情況與監理措施
　　依據保險業資本適足性管理辦法,保險業資本不足情況區分為三等級,列舉如下:
1. 資本不足:指有下列情形之一
● 200%>資本適足率≧150%。
● 最近二期淨值比率≦3%且至少一期在 2%以上。

2. 資本顯著不足:指有下列情形之一
● 150%>資本適足率≧50%。
● 最近二期淨值比率均未達 2%且皆>0%。

3. 資本嚴重不足:指有下列情形之一
● 資本適足率<50%
● 保險業淨值<0。

　　對於上述資本適足比率偏低情形,主管機關之監理措施如下:

1. 保險業不得買回其股份，且不得分配該申報年度之盈餘。
2. 資本不足：主管機關得採取下列措施之一部或全部：
(1)命令保險業及其負責人限期增資或提出其他財務業務改善
　　計畫。對未依命令提出增資或財務業務改善計畫，或未依其
　　計畫確實執行者，得採取限制其資金運用範圍，或為其他必
　　要處置。
(2)命令其停售保險商品或限制其保險商品之開辦。
(3)限制其資金運用範圍，或為其他必要處置。
(4)限制其對負責人有酬勞、紅利、認股權憑證或其他類似性質
　　給付之行為。
(5)其他必要處置。

3. 資本顯著不足：主管機關除前項措施外，得視情節輕重，採
　　取下列措施之一部或全部：
(1)解除其負責人職務，並通知公司登記主管機關廢止其負責人
　　登記。
(2)停止其負責人於一定期間內執行職務。
(3)取得或處分特定資產，應先經主管機關核准。
(4)命令其處分特定資產。
(5)限制或禁止其與利害關係人之授信或其他交易。
(6)命令其負責人之報酬予以調降，且不得逾前十二個月內對該
　　負責人支給之平均報酬的 70%。
(7)限制增設或命令限期裁撤分支機構或部門。
(8)其他必要處置。

4. 資本嚴重不足：主管機關除前項措施外，對保險業為接管、
　　　　　　　　　勒令停業清理或命令解散之處分。

四、資本適足比率資訊揭露與填報

1. 依據保險業資本適足率資訊揭露應注意事項,各壽險公司應定期向主管機關申報每年度及半年度資本適足率。

2. 依據人身保險業辦理資訊公開管理辦法,各壽險公司應定期揭露最近一年之年度及半年度資本適足率,並依照資本適足率數值揭露。

3. 依據人身保險業辦理資訊公開管理辦法,資本適足率資訊公開之更新週期與備註文字如下:

(1)資訊公開之更新週期:每半年度終了二個月、每年度終了三個月。

(2)各壽險公司在資訊公開專區揭露資本適足率時,應加註以下文字:「資本適足率係監理保險公司清償能力之多種衡量指標之一,尚非保險公司財務健全與否之唯一指標。」

五、壽險公司資本適足比率之差異化監理措施

　　資本適足比率雖非監理壽險公司清償能力的唯一指標,但卻是最重要的關鍵指標。為落實差異化監理,主管機關對於許多業務經營或財務經營方面,針對資本適足比率符合標準之壽險公司,給予業務財務上之核准經營或開放。文後列舉三例補充如下:

1. 壽險業提高國外投資額度超過40%之資格限制之一包含最近三年RBC比率高於250%。

2. 壽險業申請經營保險金信託業務應符合之資格條件中,其中之一包含:最近一年資本適足比率符合主管機關要求比率。

六、安定基金之墊付規範

依據保險安定基金對人身保險業動用範圍及限額規定,安定基金之墊付限在我國境內銷售之有效保險契約,但**不包括**下列契約:

1. 未經我國法令許可之保險業在國內所銷售之保險契約。
2. 國內人身保險業之國外(總)分支機構在國外銷售之保險契約。
3. 保險商品之專設帳簿部分。
4. 依據勞工退休金條例年金保險實施辦法規定銷售之勞退企業年金保險契約及勞退個人年金保險契約。
5. 再保險契約。

其次,安定基金墊付之範圍、單項金額及總額限制如下:

1. 身故、失能、滿期、重大疾病(含確定罹患、提前給付等)保險金:以每一被保險人計,每一保險事故或每一被保險人之所有滿期契約(含主附約)得請求金額之90%,最高以新臺幣300萬元為限。
2. 年金(含壽險之生存給付部分): 以每一被保險人計,所有契約得請求金額之90%,每年最高以新臺幣20萬元為限。
3. 醫療給付(不包含長期照護給付): 以每一被保險人計,每一保險事故得請求金額,每年最高以新臺幣30萬元為限。
4. 長期照護給付:以每一被保險人計,每一保險事故得請求金額,每年最高以新臺幣24萬元為限。
5. 解約金給付:以每一被保險人計,得請求金額之20%,最高以新臺幣100萬元為限。
6. 未滿期保險費:以每一被保險人計,得請求金額之40%。
7. 紅利給付:以每一被保險人計,得請求金額之90%,最高以

新臺幣 10 萬元為限。

七、安定基金及計提標準

依據安定基金計提標準，人身保險業所提撥之人身保險安定基金計提標準如下：

1. **主要以總保險費收入為基礎。**
2. **另按「資本適足率」及「經營管理績效指標評等」等二風險指標核算之差別提撥率計提。**
3. **提撥率共區分為六級。最低為 0.15%，最高為 0.4%。**
4. 「資本適足率」五等級：分為「百分之三百以上」、「百分之二百五十以上，未達百分之三百」、「百分之二百以上，未達百分之二百五十」「百分之一百五十以上，未達百分之二百」、「未達百分之一百五十」。
5. 「經營管理績效指標評等」五等級五類別：分為第一級至第五級共五級，其評等係根據「風險管理」、「財務結構」、「指標業務」、「法令遵循」及「資訊安全」等五類所列指標評定決定各公司等級。

第二節 壽險業風險管理制度要點

一、風險的衡量指標

1. 標準差(Standard Deviation)：用以衡量總風險的高低，標準差愈高，代表報酬率的波動程度或變異程度愈大，因此實際的投資報酬率，愈可能偏離預期報酬率。

2. 貝他係數(β)：投資風險可區分為系統風險與非系統風險。其中系統風險又稱為市場風險，無法透過持有多元化投資標的而分散風險或降低風險。貝他係數(β)可以用來衡量市場風險，它代表市場報酬率變化 1%時，特定投資標的的投資報酬率變化的幅度。貝他係數愈高，代表投資標的的市場風險愈高，因此風險溢酬就需要愈高。

3. 風險值(Value at Risk)：就投資人而言，上漲的波動風險反而是投資者偏好的潛在獲利機會；下跌的波動風險才是投資者真正的損失風險。透過風險值可以在一定期間內及特定信賴區間下，計算可能產生之可能損失金額。

4. 存續期間(Duration)：存續期間是未來現金流量現值的加權平均到期期間，可用來衡量固定收益標的價格對利率變動的敏感度。

二、壽險公司經營的可能風險與可採行之風險管理方法

1. 市場風險：
(1)指資產價值在某段期間因市場價格變動，導致資產可能發生損失之風險。
(2)風險管理機制：保險業應針對涉及市場風險之資產部位，訂定適當之市場風險管理機制，並落實執行，諸如敏感性分析與壓力測試。

2. 信用風險：
(1)指債務人信用遭降級或無法清償、交易對手無法或拒絕履行
　　義務之風險。
(2)風險管理機制：保險業應針對涉及信用風險之資產部位，訂
　　定適當之信用風險管理機制，並落實執行，諸如交易前後之
　　信用風險管理與信用分級限額管理。

3. 流動性風險
(1)包含資金流動性風險及市場流動性風險。資金流動性風險指
　　無法將資產變現或取得足夠資金，以致不能履行到期責任之
　　風險。市場流動性風險指由於市場深度不足或失序，處理或
　　抵銷所持部位時面臨市價顯著變動之風險。
(2)資金流動性風險管理機制：保險業應依業務特性評估與監控
　　短期現金流量需求，並訂定資金流動性風險管理機制，以因
　　應未來之資金調度，諸如現金流量模型管理。
(3)市場流動性風險管理機制：保險業應考量市場交易量與其所
　　持部位之相稱性。對於鉅額交易部位對市場價格造成重大影
　　響，應謹慎管理。

4. 作業風險
(1)指因內部作業流程、人員及系統之不當或失誤，或因外部事
　　件造成之直接或間接損失之風險。
(2)風險管理機制：適當之權責劃分、保留交易軌跡、強化法令
　　遵循與危機處理等。

5. 保險風險
(1)指經營保險本業於收取保險費後，承擔被保險人移轉之風險
　　依約給付理賠款及相關費用時，因非預期之變化造成損失之
　　風險。

(2)風險管理機制：保險業對於商品設計及定價、核保、再保險、巨災、理賠及準備金相關風險等，應訂定適當之管理機制，並落實執行。諸如壽險業執行利潤測試與敏感度分析等定價管理模式。

6. 資產負債配合風險
(1)指資產和負債價值變動不一致所致之風險，保險業應根據所銷售之保險負債風險屬性及複雜程度，訂定適當之資產負債管理機制，使保險業在可承受之範圍內，形成、執行、監控和修正資產和負債相關策略，以達成公司預定之財務目標。
(2)風險管理機制：存續期間分析、風險值、現金流量管理、隨機情境分析與壓力測試。

7. 其他風險

三、商品設計及定價風險衡量與管理方法
　　壽險業進行商品設計及定價風險衡量時，可參酌之衡量與管理方法，摘要列舉如下：
1. 利潤測試
(1)執行利潤測試時，應依據商品類型及特性，配合公司之經營策略，訂定可接受之利潤目標，藉以檢驗或調整商品之設計及定價風險。
(2)對於利潤測試過程中所採用之各項精算假設，除須與商品內容一致外，亦應有相關之精算理論或實際經驗為依據，其訂定過程及採用方法須符合一般公認之精算原則。
(3)利潤測試指標
　　一般所採用之各種利潤衡量指標，可包括以下各項：
a.淨利(損)貼現值對保費貼現值之比率(Premium Profit Margin)
b.新契約盈餘侵蝕 (New Business Strain)

c.資產報酬率 ROA（Return on Asset）

d.損益兩平期間（Break Even Year）

e.權益報酬率 ROE（Return on Equity）

f.內部報酬率 IRR（Internal Rate of Return）

g.其他：保費、佣金、準備金、利潤。

2. 敏感度分析：壽險業可對個別風險因子進行敏感度分析，以利風險評估。敏感度測試可包括：投資報酬率、死亡率、理賠率、預定危險發生率、脫退率及費用率等精算假設；壽險業應針對敏感度較高之風險因子作進一步分析。

3. 資產配置計畫：壽險業精算人員應與投資人員就商品特性進行溝通後，依其專業評估而制定，對於可能發生之不利情勢，應制定適當之應變方案。

4. 風險移轉計畫：採取移轉之方式，將全部或部分之風險轉移，例如：安排合約再保險。

5. 精算假設：費率釐訂所採用的精算假設可視情況加計適當的安全係數。

6. 經驗追蹤：商品銷售後可定期分析各項精算假設、進行利潤測試或經驗損失率分析，藉以檢驗或調整商品內容與費率釐訂。

四、壽險業資產負債管理衡量與管理方法

　　針對特定之資產負債組合，先進行風險確認，判斷造成該組合之現金流量變動之風險因子。並利用適當的衡量方法，將此風險因子進行質化或量化分析，以瞭解可能的影響程度。如影響程度超出可容忍範圍，則進行該組合內的資產或負債項目調整。摘錄資產負債配合風險之衡量方法或管理方法如下：

1. 存續期間(Duration)：存續期間是未來現金流量現值的加權平

均到期期間，可用來衡量固定收益標的價格對利率變動的敏感度。

2. 風險值(VaR,Value at Risk)：透過風險值可以在一定期間內及特定信賴區間下，計算可能產生的損失金額。

3. 資金流動比率(Liquidity Ratio)：資金流動比率即流動資產與流動負債之比值，用以衡量對即將到期債務的償債能力，又稱償債能力比率。投資策略通常會將資金流動比率納入考量，同時也會依不同時期的資金需求估計其安全邊際。

4. 現金流量管理(Cash Flow Management)：現金流量管理係透過現金流量相關分析工具建立資產與負債的現金流量的管理制度，以確保企業生存與正常營運的能力。

5. 確定情境分析(Deterministic Scenario Testing)：為了衡量未來流量的不確定性，資產負債管理可以透過某些特定情境來評估影響程度。這些特定情境通常可分為歷史情境法和假設情境法，其中歷史情境分析為過去所發生的風險事件；假設情境分析則是指自行假設未來可能發生情境，但尚未發生之風險事件，用以評估對於資產負債價值的可能損益波動風險與資產負債無法配合風險。

6. 隨機情境分析(Stochastic Scenario Testing)：為了衡量未來現金流量的不確定性，資產負債管理亦可透過設定許多不同的假設，依據各種參數設定以模型來模擬許多情境的隨機情境分析方式評估影響程度，模擬次數通常在 1,000 次以上。

7. 壓力測試(Stress Testing)：壓力測試是金融機構用以衡量劇烈風險事件發生，所導致的潛在損失的一種重要方法，特別是指事件發生的概率很低，可能這個事件在未來會發生，也可能在歷史上已經發生過。其主要目的為彙整公司整體部位在極端事件發生時可能的損失，也可以作為測試資本適足程度

的一種方法,壓力測試可以透過歷史情境分析或假設情境分
析法進一步估算。

五、風險管理制度的關鍵成功因素探討
　　如何成功落實風險管理制度,可分項列述如下:
1. 設立專屬風險管理組織並設置適當人員:包含風險管理委員
　 會、風控長與風險管理經理;並於各單位增設風險管理人員。
2. 全公司各層級分工合作:高階、中階與基層職員,協力推動
　 風險管理制度。
3. 建置完善風險管理資訊系統,以提供即時與 E 化的風險管理
　 資訊。
4. 實施定期風險分級呈報通報制度。
5. 實施風險限額管理與額外風險管理。
6. 落實風險調整後績效管理制度。
7. 落實風險治理、內部控制、稽核、法令遵循、職務代理人與
　 分層負責制度。
8. 明確將風險管理納入 SOP 與作業系統內。

第四章 資本適足、風險管理、資訊公開與考題解析

第三節 保險業內部控制與內部稽核制度要點

一、保險業內部控制制度要點

　　為促進保險業之健全經營，保險法明訂壽險公司應建立內部控制制度，而且主管機關頒佈保險業內部控制及稽核制度實施辦法。摘列內部控制制度要點如下：

1. 保險業內部控制制度，至少應包括下列各項原則：
(1)管理階層之監督及控制文化：董事會應負責核准並定期覆核整體經營策略與重大政策，董事會對於確保建立並維持適當有效的內部控制制度負有最終之責任；管理階層應負責執行董事會核定之經營策略與政策，發展足以辨識、衡量、監督及控制保險業風險之程序，訂定適當之內部控制政策及監督其有效性與適切性。
(2)風險辨識與評估：有效的內部控制制度須可辨識並持續評估所有對保險業目標之達成可能產生負面影響之重大風險。
(3)控制活動與職務分工：控制活動應是保險業每日整體營運的一部分，應設立完善的控制架構及訂定各層級之內控程序；有效內部控制制度應有適當之職務分工，且管理階層及員工不應擔任責任相互衝突之工作。
(4)資訊與溝通：應保有適切完整之財務、營運及遵循資訊；資訊應具備可靠性、及時性與容易取得之特性，並以一致性之格式提供有效的內部控制制度應建立有效的溝通管道。
(5)監督活動與更正缺失：保險業內部控制整體的有效性應予持續監督，營業單位、內部稽核或其他內控人員發現之內部控制缺失均應即時向適當層級報告。若屬重大的內部控制缺失應向管理階層及董(理)事會報告，並應立即採取改正措施。

2. 保險業之內部控制制度，應配合以下措施：

(1)內部稽核制度：設置稽核單位負責查核各單位，並定期評估營業單位自行查核辦理績效。

(2)法令遵循制度：由法令遵循主管依總機構所定之法令遵循計畫，適切檢測各業務經辦人員執行業務是否確實遵循相關法令。

(3)自行查核制度：由各業務、財務及資訊單位成員相互查核業務實際執行情形，並由各單位指派主管或相當職級以上人員負責督導執行，以便及早發現經營缺失並適時予以改正。

(4)會計師查核制度：由會計師於辦理保險業年度查核簽證時，查核保險業內部控制制度之有效性，並對其申報主管機關報表資料正確性、內部控制制度及法令遵循制度執行情形表示意見。

(5)風險控管機制：應建立獨立有效風險管理機制，以評估及監督其風險承擔能力、已承受風險現況、決定風險因應策略及風險管理程序遵循情形。

二、保險業內部稽核制度要點

為促進保險業之健全經營，完善的內部稽核組織實屬要務，保險業除應建立完善的公司治理、內部控制制度與法令遵循制度外，透過稽核單位的獨立稽查，有助於發現缺失與改進缺失。依規定公司稽核單位應直屬董事會，而且應依照法規定期執行稽核事務。參酌保險業內部控制及稽核制度實施辦法，摘列內部稽核制度要點如下：

1. 內部稽核的目的：

在於協助董(理)事會及管理階層查核及評估內部控制制度是否有效運作，並適時提供改進建議，以確保內部控制制度得以持續有效實施及作為檢討修正內部控制制度的依據。保險業透過落實內部稽核，合理確保達成下列目標：

(1)保險業之營運係以謹慎之態度,依據董(理)事會所制定之政策及策略進行。

(2)各項交易均經適當之授權。

(3)資產受到安全保障。

(4)財務與其他紀錄提供完整、正確、可供驗證,暨及時之資訊。

(5)管理階層能辨識、評估、管理,及控制營運之風險,並保有適足之資本以因應風險。

(6)相關法令之遵循。

2. 保險業應規劃內部稽核之組織、編製與職掌,並編撰內部稽核工作手冊,其內容至少應包括下列事項:

(1)年度稽核計畫之作業流程。

(2)對內部控制制度進行查核、評估,以衡量現行政策、程序之有效性、遵循程度,及其對各項營運活動之影響。

(3)釐訂稽核項目、時間、程序及方法。

(4)內部稽核報告之格式內容、處理及保存。

3. 內部稽查與自行查核作業須知

(1)保險業應先督促各單位辦理自行查核,再由內部稽核單位覆核各單位之自行查核報告,併同內部稽核單位所發現之內部控制缺失及異常事項改善情形,以作為董事會、總經理、總稽核及法令遵循主管評估整體內部控制制度有效性及出具內部控制制度聲明書之依據。

(2)內部稽核單位對財務、業務、資訊及其他管理單位每年至少應辦理一次一般查核,並依實際需要辦理專案查核;對國外分支機構(含辦事處)之查核方式得以表報稽核替代或彈性調整實地查核頻率。內部稽核單位應將法令遵循制度之執行情形,併入對業務及管理單位之一般查核或專案查核辦理。

(3)內部稽核報告、工作底稿及相關資料應至少保存五年。

(4)內部稽核單位對主管機關、會計師、內部稽核單位（含金融控股公司內部稽核單位）與自行查核所提列之檢查意見或查核缺失事項及內部控制制度聲明書所列應加強改善事項，應持續追蹤覆查，並將其追蹤考核改善辦理情形，以書面提報董(理)事會及交付各**監察人或審計委員會查閱**，並應列為對各單位獎懲及績效考核之重要項目。

(5)內部稽核報告應交付各監察人或審計委員會查閱，並於查核結束日起二個月內函送主管機關。

(6)保險業應於每年十二月底將次一年度稽核計畫及每年二月底前將上一年度之年度稽核計畫執行情形，依規定格式以網際網路資訊系統申報主管機關備查。

(7)保險業應於**每年五月底前**將上一年度內部稽核所見內部控制制度缺失及異常事項改善情形，依規定格式以網際網路資訊系統申報主管機關備查。

三、保險業應建立自行查核制度

(1)為加強保險業內部牽制藉以防止弊端之發生，保險業應建立自行查核制度。財務、業務及資訊單位每年至少應辦理<u>一次定期自行查核</u>，並依實際需要辦理專案自行查核。

(2)各單位辦理前項之自行查核時，應由該單位主管指派非原經辦人員辦理，並事先保密。

(3)自行查核報告及工作底稿應至少留存五年備查。

(4)保險業應訂定自行查核訓練計畫，依各單位之業務性質對於自行查核人員應持續施以適當查核訓練。

四、裁罰案例修訂摘錄

(一)案例一：防制洗錢及打擊資恐

1. 裁罰之法令依據：保險法第 164 條之 1 第 1 項、保險法第 167 條之 2 規定。

2. 違反事實理由：
● 未針對風險評估報告及其更新機制，訂定相關內部作業規範，以為執行之依據，與保險經紀人管理規則第 33 條第 3 項規定不符。
● 辦理洗錢及資恐風險辨識及評估作業，對於客戶風險未涵蓋所有客戶、客戶風險等級評估錯誤，客戶風險之評估相關職業歸類錯誤，風險抵減措施之評估有欠妥適，辦理辨識客戶身分作業未確實執行。
● 辦理防制洗錢及打擊資恐業務之人員具有利益衝突之兼職，與行為時保險業防制洗錢及打擊資恐內部控制要點第 6 點第 2 款規定不符。

3. 裁罰：依保險法第 167 條之 2 規定核處 2 項限期 1 個月改正，並依同法第 164 條之 1 第 1 項規定予以糾正。

(二)案例二：新契約與保服

1.違反事實理由：

● 辦理招攬、核保作業流程，有保單要保資料業務員未親晤保戶見證親簽及生調過程未妥適之情事，核與保險法第148條之3第2項授權訂定之「保險業招攬及核保理賠辦法」第6條第1項第5款、第7條第1項第4款、第5款及第17條規定不符。

● 辦理保單貸款及契約變更等保全作業流程，有要、被保險人簽名與原要保書簽名不相似，未再向保戶釐清，及有非要、被保險人親自簽名及業務員未親晤保戶見證親簽情形。

2.裁罰結果：核處罰鍰新臺幣180萬元整。

第四節 壽險業資訊公開與經營指標要點

一、壽險業資訊公開要點

依據人身保險業辦理資訊公開管理辦法，壽險業應定期揭露公司業務與財務概況，供社會大眾閱讀與了解。摘要列述如下：

1. 業務概況：

可概分為二類，第一類為保費收入、準備金與市佔率類、第二類為保單平均金額或平均保費與理賠申訴數據；應記載最近三年度之下列事項：

(1) 市場占有率：以總保費收入對全體人身保險業當年度總保費收入之比率計算，並應另按新契約及有效契約予以區分列示。

(2) 各險別之保費收入及保險給付。

(3) 各險別準備金：包含責任準備、未滿期保費準備、特別準備、賠款準備、保費不足準備、負債適足準備、其他準備、具金融商品性質之保險契約準備及外匯價格變動準備。

(4) 業務員第十三個月定著率。

(5) 人壽保險個人保件新契約平均保險金額。

(6) 人壽保險個人保件有效契約平均保險金額。

(7) 人壽保險個人保件新契約平均保險費。

(8) 人壽保險個人保件有效契約平均保險費。

(9) 財團法人金融消費評議中心受理申請評議案件（含理賠及非理賠申請評議件）之申請評議率及平均處理天數。

(10) 理賠訴訟件數及其對申請理賠件數之比率。

(11) 理賠延遲給付件數及其對理賠總件數之比率。

2.財務概況：

　可概分為二類，第一類為財務報表類，第二類為重要會計科目、
　　財務業務指標與資本適足性揭露。應記載最近三年度之下列
　　財務資料：

(1)資金運用表。

(2)資產負債表。有增減資情事者，應附註說明。

(3)綜合損益表。

(4)權益變動表。

(5)現金流量表。

(6)準備金（包括保險負債、具金融商品性質之保險契約準備及
　　外匯價格變動準備）。

(7)放款總額。

(8)逾期放款。

(9)逾期放款比率。

(10)備抵呆帳金額。

(11)備抵呆帳覆蓋率。

(12)關係人交易明細表。

(13)簽證會計師查核簽證或核閱之財務報告及其意見書。

(14)盈餘分配或虧損撥補之議決。

(15)資產之評估。

(16)各項財務業務指標。

(17)資本適足性之揭露。

二、整體壽險業之經營指標
   1. 保險密度
   2. 保險滲透度
   3. 普及率
   4. 投保率
   5. 壽險業資產佔金融保險業資產佔率

三、壽險公司經營重要指標
   1. 資本適足比率
   2. EPS 每股盈餘
   3. 總資產金額
   4. 稅後淨利
   5. 隱含價值 EV (Embedded Value)
   6. 新契約保費金額與排名
   7. 新契約等價保費金額與排名
   8. 續年度保費金額與排名
   9. 總保費金額與排名
   10. 投資報酬率
   11. 保單平均負債成本
   12. 保單繼續率：第 13 個月件數繼續率指觀察屆滿第 13 個月時，原投保保險契約效力持續有效的件數比率。繼續率愈高，代表保單持續繳費件數高，而且保單解約、停效或終止之件數低。繼續率依觀察期間可分為 13 個月、25 個月或 37 個月繼續率，而且可以從保單件數、保額或年繳化保費等角度計算。

四、保單行政部門之之經營指標

1. 契約撤銷比率

2. 照會比率

3. 出單比率

4. 理賠案件平均天數

5. 理賠率、損失率

6. 解約率

7. 保單貸款金額

8. 理賠申訴處理時效、案件申訴率：依據保發中心統計資料，108 年壽險業申訴件數約為 4,670 件，約有 41%的申訴案件依照申訴人意見辦理；約有 37%的申訴案件依照壽險公司意見辦理；約 22%之申訴案件雙方達成和解或未有共識而申請評議或進行訴訟。

9. 理賠訴訟案件佔申請理賠件數之比率

10. 客戶滿意度

五、行銷通路相關之經營指標

1. 業務人員定著率：第 13 個月定著率指當年度登錄保險業務員，在第十三個月仍在職，且舉績 1 件以上人數與當年度登錄業務員人數比率。

2. 通過登錄考試比率

3. 實動人數與實動率

4. 通訊處處數與組數

5. 平均產能

6. 單位業績及利潤金額

六、重大偶發事件通報

　　重大偶發事件指下列事件足以影響保險業或保險經代業者信譽、或危及正常營運、或金融秩序情事者。應於發生重大偶發事件之次日起，於七個營業日內函報詳細資料或後續處理情形予金管會保險局。

1. **內部控制不良之舞弊案或作業發生重大缺失情事。**
2. **業務方面（如假保單、挪用保費、重大理賠案件等）或財務方面（如資金運用）有重大缺失或重大財務損失。**
3. **媒體報導足以影響保險業信譽。**
4. **發生資通安全事件，且其結果造成客戶權益受損或影響健全營運。**
5. 人為或天然災害（如：地震、水災、火災、風災等）。
6. 安全維護方面（如：搶奪強盜、重大竊盜、辦公處所或設備遭破壞或遭恐嚇等）。
7. 大量解約或保單貸款之情事。
8. 保險業國外投資之保險相關事業有違反防制洗錢及打擊資恐事件之情事。
9. **其他重大事件。**

*註：第 5~8 項針對保險公司規範；1~4 項及第 9 項(粗黑底線)同時針對保險公司與經代業者規範。

七、公開發行公司重大訊息：應於 2 日內公佈。

第五節 近年壽險經營考題解析

壹、解釋名詞

1.保單貼現（Viatical settlement）

　　要保人與特定第三人訂約，將保險給付權益透過貼現或折現方式，預先收取價金並將未來保險給付權利轉售予特定第三人。未來保險事故發生時，保險公司則依約給付保險金予特定第三人，而非其他受益人。

2.契約繼續率（Persistency rate of insurance contract）

　　第 13 個月件數繼續率可觀察屆滿第 13 個月時，原投保保險契約效力持續有效之件數比率。繼續率愈高，代表保單持續繳費件數高而且保單解約、停效或終止之件數低。繼續率依觀察期間可分為 13 個月、25 個月或 37 個月繼續率，而且可以從保單件數、保額或年繳化保費等角度計算。

貳、簡答題與問答題

一、說明我國開放壽險業經營保險金信託業務之目的；並說明壽險業申請經營保險金信託業務應符合的資格條件。

參考解答：

　　依據保險法，壽險公司符合資格要求可以兼營保險金信託業務，透過自益信託模式，由壽險公司擔任受託人，依照信託

契約管理受託財產。另外主管機關也要求壽險業經營保險金信託業務，應經主管機關許可，而且營業及會計必須獨立。以下就開放壽險業經營保險金信託業務之目的與壽險業申請經營保險金信託業務應符合的資格條件如下：

1.主管機關開放壽險業經營保險金信託業務之目的：

　　為使既有有效契約保戶可以透過保險金結合信託機制，獲得保險保障與信託專業管理運用的服務，因此主管機關開放壽險業可以經營保險金信託業務。

2.依據保險業經營保險金信託業務審核及管理辦法，壽險業申請經營保險金信託業務應符合的資格條件如下：

(1)最近一年之自有資本與風險資本之比率(RBC 比率)應符合200%；淨值比率需符合 3%。

(2)最近一年內未有遭主管機關重大裁罰或罰鍰累計達新臺幣三百萬元以上者。但其違法情事已獲具體改善經主管機關認定者，不在此限。

(3)最近一年公平待客原則評核結果為人身保險業前百分之八十。

二、購買未經本國主管機關核可之保險單可能遭遇到那方面的問題，您要如何向潛在保戶宣導？

參考解答：

1.投保境外保單可能遭受以下問題：

(1)無法受台灣政府機關的法令保護。

(2)無法受到他國主管機關的法令保護。

2.如何向客戶宣導：

(1)風險高與索賠無門：各項給付可能無法順利領取，造成求償無門問題。

(2)無法受保險業安定基金的保障。

(3)不適用保險稅惠，包含保險費列舉扣除額、人身保險給付免納所得稅與指定受益人之身故保險給付免納遺產稅。

(4)違反行為與罰則：業務人員銷售境外保單之罰責：依據保險法第一百六十七條之一，為非本法之保險業或外國保險業代理、經紀或招攬保險業務者，處三年以下有期徒刑，得併科新臺幣三百萬元以上二千萬元以下罰金；情節重大者，得由主管機關對保險代理人、經紀人、公證人予以勒令停業或廢止其許可，並註銷執業證照。法人犯前項之罪者，處罰其行為負責人。

三、由於政府調整油電價格，使通貨膨脹成為最近熱門的話題。請分析通貨膨脹對壽險市場的影響，以及保險公司如何因應？

參考解答：

　　通貨膨脹將導致民眾的實質購買力下降，對於壽險市場也產生影響，列述影響與壽險公司因應措施如下：

1. 發單成本、人力成本與房租水電成本增加，使得壽險公司經營成本增加：短期壽險公司可採取各項節流措施降低成本，但面對長期成本增加，將使得費用增高，並削減公司費差利益或增加費差損失金額，建議壽險公司可以將成本合理反映與商品計價中。

2. 通貨膨脹造成民眾既有保障不足：通貨膨脹使得所得替代率降低與實際保障額度降低，因此壽險公司行銷人員應伺機加

強推動保額遞增的終身保險以及投資型保險，協助客戶對抗通貨膨脹。

3. 通貨膨脹造成民眾偏好權益型資產投資：長期通貨膨脹侵蝕投資報酬率，將誘使民眾增加股票與共同基金等投資工具之配置比重，此時壽險公司可考慮推動變額年金、變額萬能壽險或變額壽險，以提供民眾多元化保險理財需求。

四、根據「人身保險業辦理資訊公開管理辦法」，壽險公司應公布最近三年的各項財務業務指標，請問該指標可分為那四大類？並針對每大類各列舉 2 項分別說明各項值代表之意義。

參考解答：

　　依據人身保險業辦理資訊公開管理辦法，壽險業應定期揭露公司業務與財務概況，供社會大眾閱讀與了解。摘要列述如下：

1. 業務概況：

可概分為二類，第一類為保費收入、準備金與市佔率類、第二類為保單平均金額或平均保費與理賠申訴數據：

(1)市場占有率：以總保費收入對全體人身保險業當年度總保費收入之比率計算，並應另按新契約及有效契約予以區分列示。

(2)各險別準備金：包含責任準備、未滿期保費準備、特別準備、賠款準備、保費不足準備、負債適足準備、其他準備、具金融商品性質之保險契約準備及外匯價格變動準備。

(3)人壽保險個人保件新契約平均保險金額：平均每張新契約保單的保險金額。

(4)人壽保險個人保件新契約平均保險保費：平均每張新契約保單的保險費。

2.財務概況：

可概分為二類，第一類為財務報表類，第二類為重要會計科目、財務業務指標與資本適足性揭露。

(1)綜合損益表：觀察特定會計期間內，壽險公司之營業收入、營業費用與利潤或損失資訊之報表。

(2)準備金：包含壽險業的各項準備金提存金額，包含壽險責任準備金、未滿期保費準備金、特別準備金與賠款準備金等項目。

(3)逾期放款比率：逾期放款金額/整體放款餘額。

(4)資本適足性之揭露：
● RBC 比率
● 淨值比率

五、試說明處理保險理賠之原則。

參考解答：

　處理保險理賠之原則：

(1)效率原則：迅速理賠。

(2)公平合理原則：理賠金額應該公平，不可因人而異。

(3)精確原則：理賠金額給付對象應該精確，不能給付對象錯誤，因而造成困擾。

六、保險監理機關在對保險業最低資本額的監理上,有所謂風險基礎資本額(Risk Based Capital,簡稱 RBC)。何謂 RBC 制?

參考解答:

1. RBC 比率=(自有資本／風險資本)×100%
2. 主管機關要求 RBC 比率須達到 200%。
3. 自有資本愈高,RBC 比率愈高。
4. 自有資本:主要包含業主權益,另有調整項目危險變動特別準備金及股票投資未實現評價利益等項目。
5. 風險資本:依照保險業實際經營所承受之風險程度計算而得之資本總額;其範圍包括下列風險項目:資產風險、保險風險、利率風險與其他風險。
6. 風險資本=Σ 各標的或項目 x 風險係數

　　低風險標的或項目的風險係數較低;高風險標的或項目的風險係數較高。風險係數數值介於 0~1 之間;風險係數與 K 值,主管機關定期檢視與調整,例如 K=0.5。

七、就壽險公司而言，其衡量的風險有那四種？資產規模大與資產規模小的公司，在面對 RBC 制時，其著重之處有何不同？

參考解答：

1. 就壽險公司而言，其衡量的風險有以下四種：

(1)資產風險。

(2)保險風險。

(3)利率風險。

(4)其他風險。

2. 資產規模大與資產規模小的公司，在面對 RBC 制時，其著重之處有何不同？

(1)資產規模大者：

　　由於資產規模大，各標的或項目乘上風險係數後，分母的風險資本金額相對較高，RBC 比率因而減低。此時風險資本金額可能因為市場風險、利率風險、信用風險或風險係數調整而增高，使得 RBC 比率因而不符合法規要求。因此資產規模大者，面對 RBC 時，著重於 RBC 比率的長期穩定；所以妥善的資產配置與良好的資產負債管理，俾使自有資本足夠，而且兼顧獲利能力與風險管理，以避免風險導致公司 RBC 比率偏低或波動是資產規模大者的重要考量。

(2)資產規模小的公司：

　　由於資產規模小，相對而言分子的自有資本金額或佔率較高，因此 RBC 比率較容易符合法規要求，此時業者面對 RBC 制時，須留意資產配置勿配置過高比重在高風險係數的資產標的或項目。

八、說明我國壽險業資本適足率的計算方式及其包括之範圍；如未達規定者,監理機關如何處理?

參考解答:

對於保險業資本適足比率偏低情形,主管機關之監理措施如下:

1. 保險業不得買回其股份,且不得分配該申報年度之盈餘。

2. 資本不足:主管機關得採取下列措施之一部或全部:

(1)命令保險業及其負責人限期增資或提出其他財務業務改善計畫。對未依命令提出增資或財務業務改善計畫,或未依其計畫確實執行者,得採取限制其資金運用範圍,或為其他必要處置。

(2)命令其停售保險商品或限制其保險商品之開辦。

(3)限制其資金運用範圍,或為其他必要處置。

(4)限制其對負責人有酬勞、紅利、認股權憑證或其他類似性質給付之行為。

3. 資本顯著不足:主管機關除前項措施外,得視情節輕重,採取下列措施之一部或全部:

(1)解除其董(理)事、監察人職務,並通知公司登記主管機關註銷其登記。

(2)停止其董(理)事、監察人於一定期間內執行職務。

(3)保險業取得或處分特定資產,應先經主管機關核准。

(4)命令其處分特定資產。

(5)限制或禁止其與利害關係人之授信或其他交易。

(6)命令其負責人之報酬予以調降,且不得逾前十二個月內對該負責人支給之平均報酬。

(7)限制增設或命令限期裁撤分支機構或部門。

(8)派員監管或為其他必要處置。

4.資本嚴重不足：主管機關除前項措施外，對保險業為監管、
接管、勒令停業清理或命令解散之處分。

九、為促進保險業之健全經營，我國保險法中規範壽險公司應建立內部控制制度並另訂實施辦法，為能有效達成內部控制與健全經營的目標，試說明壽險公司內部控制制度需包括的原則與配合的措施。

參考解答：

摘列內部控制制度要點如下：

1.保險業之內部控制制度，至少應包括下列各項原則：

(1)管理階層之監督及控制文化：管理階層應負責執行董事會核定之經營策略與政策，發展足以辨識、衡量、監督及控制保險業風險之程序，訂定適當之內部控制政策及監督其有效性與適切性。

(2)風險辨識與評估：有效之內部控制制度須可辨識並持續評估所有對保險業目標之達成可能產生負面影響之重大風險。

(3)控制活動與職務分工：應設立完善之控制架構，及訂定各層級之內控程序；有效之內部控制制度應有適當之職務分工，且管理階層及員工不應擔任責任相互衝突之工作。

(4)資訊與溝通：應保有適切完整之財務、營運及遵循資訊並建立有效之溝通管道。

(5)監督活動與更正缺失：應予持續監督，並針對內部控制缺失即時向適當層級報告。

2. 保險業之內部控制制度，應配合以下措施：
(1)內部稽核制度
(2)法令遵循制度
(3)自行查核制度
(4)會計師查核制度
(5)風險控管機制

十、為使壽險業經營穩健及健全發展，故壽險公司依規定需設立內部稽核組織，試說明進行內部稽核的目的。

參考解答：

　　參酌保險業內部控制及稽核制度實施辦法，摘列內部稽核制度要點如下：

1. 內部稽核的目的：

　　在於協助董(理)事會及管理階層查核及評估內部控制制度是否有效運作，並適時提供改進建議，以確保內部控制制度得以持續有效實施及作為檢討修正內部控制制度之依據。保險業透過落實內部稽核，合理確保達成下列目標：

(1)保險業之營運係以謹慎之態度，依據董（理）事會所制定之政策及策略進行。

(2)各項交易均經適當之授權。

(3)資產受到安全保障。

(4)財務與其他紀錄提供完整、正確、可供驗證，暨及時之資訊。

(5)管理階層能辨識、評估、管理，及控制營運之風險，並保有適足之資本以因應風險。

(6)相關法令之遵循。

2. 保險業應規劃內部稽核之組織、編製與職掌,並編撰內部稽核工作手冊。

十一、人壽保險多半為長期性契約,為確保壽險公司未來的給付責任,監理機關規範保險業應就各保險種類,提存各種責任準備金。請比較終身壽險之責任準備金、保單價值準備金以及資產額份(asset share)的差異及其用途,並比較三者在保單年度早期及後期的金額大小。

參考解答:

　　比較終身壽險之責任準備金、保單價值準備金以及資產額份三者的異同及其用途如下:

(一)責任準備金:

1. 意義:考量保戶收入曲線有如鐘形,自然保費因人類死亡率隨年齡增加,逐年增加,保戶可能在自然保費居高時,面臨退休無收入情形,遂有平準保費機制,在保戶有經濟能力期間提早繳足保費,保險公司將保戶所繳的保費扣除應付的保險成本後,將年繳平準保險費超繳部分之保費予以提存、積存運用並保管,以因應長期保單未來給付責任。

2. 計算基礎:責任準備金的計算與提存,以預定利率及預定死亡率為計算基礎。監理機關為督促保險公司確實擔負起未來給付理賠責任,在責任準備金提存的規定,採取較為保守的作法,相關預定假設也會較為保守,如採用較低的預定利率或較高的預定死亡率來計提準備金,致準備金提存較高。

3. 用途:監理機關為保護大眾權益,規定在會計年度末時,需

依計算提存責任準備金,這可視為保險公司的負債。

(二)保單價值準備金:

1. 意義:保險公司收取保戶保險費後,同時也負擔了給付保險金的責任,這份對個別保戶的未來給付承諾,即為保單價值準備金,其概念同上述責任準備金。
2. 計算基礎:保單價值準備金以保單保費之預定利率及預定死亡率為計算基礎,以確實反映實際之保單價值。
3. 用途:這代表保單所累積的價值,可視為保戶的資產。

(三)資產額份(asset share):

1. 意義:在保險公司的資產負債表裡,絕大比例是為保戶提存之準備金,屬於負債;並將資金投入運用,屬於可運用資金。而這些資金的來源,就是保險公司數以萬計的保戶所繳納之保費,將保戶所繳納保費扣除保險成本及相關實際發生營業費用,此即為資產額份。
2. 計算基礎:在資產額份的計算中,營業費用為實際發生而非假設基礎。
3. 用途:這代表保單實際成本及利潤的概念,可以提早發現不具利潤的保單,有利公司經營策略及改進方針。

(四)比較三者在保單年度早期及後期的金額大小如下：

	保單年度早期的金額	保單年度後期的金額
責任準備金	高，因為採 20 年終身保險修正制責任準備金	中，採取較保守的計算基礎，因此金額仍比保價金高。
保單價值準備金	中，因為採 20 年終身保險修正制責任準備金	低
資產額份	低，因為初年度的新契約費用高於收入而呈現虧損。	高，因為後期的費用有限，收入相對高，利潤最高

十二、臺灣快速朝向少子化與高齡化的人口結構發展，年金改革成為備受矚目的話題。現行社會保險之老年給付以及職業退休金給付，僅能提供退休人員基本的生活保障。為了因應高齡化社會的到來，透過團體年金保險可以補強保障並達到累積退休給付的需求。金融監督管理委員會於 2015 年發布的團體年金保單示範條款中，可透過契約帳戶價值讓與方式的規定，設計保單的「賦益權」，請問何謂「賦益權」？員工因離職退保時，其帳戶價值可如何處理？企業替員工投保團體年金保險時，依稅法規定，其保費如何課稅？

參考解答：

（一）賦益權意義

「賦益權」指公司以公司費用定期支付保費幫員工投保，員工只要服務滿限定年資，便可取得保單帳戶價值。若員工留任越久，帳戶分得的比例也越高，服務到約定期滿所累積的帳戶價值全歸員工所有。

（二）帳戶價值之處理

1. 團體年金之帳戶價值依年度初之各帳戶價值與當年度已繳保險費扣除附加費用後，再依繳納清冊及所約定之讓與比例，分配至各帳戶並加計按宣告利率以單利法計算之利息。
2. 要保單位(公司)之「保單帳戶價值」係指公共帳戶價值、個人帳戶價值與個人保留帳戶價值之合計數。
3. 員工之「個人帳戶」指保險公司為員工(被保險人)所設置之帳戶，包括未歸帳戶、已歸帳戶與員工自費帳戶，其個人帳戶價值為前述三個帳戶價值之合計數。
4. 其他：
- 若員工未達一定服務年資且不符讓與比例條件前，帳戶價值歸入未歸帳戶。
- 若員工在達一定服務年資但未達全額讓與比例前，帳戶價值依表訂讓與比例歸入員工已歸帳戶，未讓與餘額則轉入未歸帳戶。
- 若員工達全額讓與後，帳戶價值全額歸入員工已歸帳戶，並不受要保人行使保單權利之影響。
- 當員工(被保險人)因離職、退休、契約終止或其他原因而退

保時,可選擇轉換個人年金保險或申領應得之帳戶價值,在未確定選擇前,員工已歸帳戶價值及其自費帳戶價值將被移轉至個人保留帳戶。

綜言之,團體年金保險是可攜式年金帳戶,如期限屆滿,個人帳戶價值歸屬員工;期限內離職,可按比例領回帳戶價值。其保單賦益權設計,依服務年資約定年金帳戶價值讓與比例,可協助企業留才。

(三)保費課稅方式

1. 團體年金及其他團體壽險的每月保險費,企業可以在每人每月 2 千元的範圍內,免列為員工薪資所得,超過部分應列為薪資所得。但企業若符合勞工退休金條例規定之年金保險制資格條件,則雇主每月提撥繳付的退休金額度(通常 6%),得享免列入員工薪資所得;員工自提提繳的部分(6%內)也可免列入員工當年度薪資所得。

2. 若員工另有自費提撥,保險費可列入當年度保險費扣除額(總計不超過 2.4 萬元)。

十三、壽險保單可提供經濟安全保障，乃是一項有價值之財產，但是消費者購買保單之後，有時並未持續擁有保險保障。請說明保單未到期而停止保障的常見原因。

參考解答：

1.傳統型壽險保單未到期而停止保障的常見原因：

壽險保單因為逾寬限期間保費未繳催告後仍不繳費、保單價值準備金不足墊繳且催告後仍不繳費、保單貸款本息超過保單價值準備金且通知後仍不還款，保險契約停止效力。

保戶可在半年內，不需提出可保證明文件，即可辦理復效，壽險公司不得拒絕保戶的復效申請。另外若停效超過半年且在二年內，才申請復效，則需提出可保證明文件，例如：提出體檢報告與病歷資料或健康聲明書，並經壽險公司審查後，才可辦理復效。

2.投資型壽險保單未到期而停止保障的常見原因：

保單帳戶價值不足以扣抵保險成本及相關費用，經催告後仍未於期限內補繳保費。可能出現於投資標的投資損失及保費未經常繳付所導致。尤其高年齡層階段每月扣收的保險成本更高，因而導致保單帳戶價值不足而保單停效。

十四、人身保險經營常依據被保險人風險等級而計算費率，稱為「精算公平費率」，這是民營保險商品穩健經營之重要原則。請說明實務上保險人如何在經營中達成公平費率之目標？

參考解答：

　　壽險公司釐訂保險費率時，著重平衡性與對稱性原則，基本在兼顧保險公司與消費者之立場，而由平衡性與對稱性原則衍生的保險費率釐訂原則中，以「精算公平費率」原則直接影響費率合理性。

（一）精算公平費率監理角度之公平性原則：達到精算的保費公平，則風險高者收取較高保費，風險低者收取較低保費，即個別公平性。保險原理係集合大眾分散風險，以大數性同質性應用在實務上，則採用相對公平概念。

（二）綜言之，避免超收某一群體保費、而補貼另一群體之被保險人保費，再輔以個別危險情況或損失紀錄予以費率增減，如此不僅彌補相對公平之缺點，並落實兼顧保險人與消費者間公平性及費率合理性。

（三）保險公司經營角度之簡明性及一致性

　保險人要做到費率公平，須把握住簡明性及一致性。

1. 費率簡明性：保險費率容易解釋、使用方便及使用成本低，在保險銷售過程中，費率表示愈簡潔明確。

2. 費率一致性：保險費率釐訂之基礎，應有一致性，釐訂費率時，採用統計資料、損失率、費用率等為計算基礎。若統計基礎常常變動，恐出現前後趨勢不一致或相違背的情況，致費率使用者有適用之困境。若前後期基礎一致，有利保險人觀察長期趨勢，使費率更精準，亦有利行銷。

3. 實務運用：以保險公司釐訂終身壽險費率時為例，先確定死亡率、利率、費用率基礎及相關假設，費率以性別及保險年齡明確表示，並對有病史等特殊情況之被保險人，核保人員予以加費或除外不保處理，兼具相對公平及個別公平。

十五、價值鏈模型（The value chain model）由 Michael Porter 在 1980 年代中期開發的學說，提出公司及其所有資源若能致力於為客戶創造價值，則能為公司所有者創造利潤的理念；相反的，若客戶購買公司的商品不能為客戶創造價值，也不能為公司所有者實現利潤。依此價值鏈模型運用在壽險公司，請回答下列之問題：

(一)檢視壽險公司之價值鏈，壽險公司依工作性質或功能不同而設置各種不同的部門相互鏈接運作來實現功能，請問：那些部門是屬於提供直線功能（line functions）？那些部門屬於提供支援功能（support functions）？分析價值鏈之功用又為何？

(二)依據直線功能和支援功能之間差異的價值鏈分析，試申論壽險公司可透過直線功能和支援功能之那些活動或競爭策略有助於公司的競爭力？

參考解答：

(一)

1. 直線功能部門：壽險公司的核心生產與銷售程序相關部門，包括商品開發精算、銷售通路、核保、理賠、市場行銷、客戶服務、再保險、投資管理，這是一個銷售流程所涉及的主要功能。沒有其一環節，壽險銷售與行政服務無法完成，無法創造價值帶來利潤，且任一環節效率不足，也無法與外部競爭。

2. 支援功能部門：壽險公司支援功能相關部門，包括人力資源、總務、資訊網路技術能力、財務投資、風險管理、法令遵循與稽核等相關部門；透過水平方式全面支援核心營運活動。

3. 價值鏈的功用：

● 價值鏈分析有助於確立公司的核心競爭優勢並認知公司的

資源情形，以利公司策略發展與制度之建立。

● 價值鏈是總價值的概念，涵蓋了各種價值活動和利潤。

● 透過價值鏈分析有助於掌握優劣勢。

● 價值鏈分析有助於增高執行力：透過價值鏈分析訂立獎勵懲罰制度，有助於提高企業執行力。

(二)有助於提升壽險公司競爭力的活動或競爭策略

　　透過價值鏈分析（Value Chain Analysis，VCA），可以分析壽險公司的競爭優勢，找出公司內部核心競爭力及優劣勢，並與外部競爭環境相結合，使資源分配達到最佳配置，並進而透過活動或競爭策略累積公司價值並產生利潤。摘列如下：

1. 直線功能的活動或策略範例：

● 商品開發：在壽險公司皆以 20-55 歲為主要潛在客戶群時，率先鎖定 55-70 歲銀髮族，訴求以老年壽險保單為自己的最後費用作準備，雖保額有所限制卻免體檢，這是差異化商品及行銷，為銀髮族客戶提供投保簡便的壽險保障，為客戶及公司創造價值，這屬於商品策略。

● 通路管理：搶先跨業與旅遊平台合作，讓客戶可以在安排旅遊計畫的同時，連結投保旅行平安險，為客戶節省進出搜尋各網站時間，這屬於通路管理策略。

● 核保理賠：運用 AI 人工智慧技術，將核保、理賠人員的專業知識，轉化 AI 風險評估模型，以加快案件審核效率並降低人力成本，這屬於成本控制。

2. 支援功能的活動或策略範例：

● 落實公平待客制度：壽險公司在公平待客的成效已逐步落實許多壽險公司進一步透過客戶服務強化、1 對 1 行銷活動的推動、IVR 客服系統的建立及 CRM 系統的服務，落實強化

公平待客的執行。

● 透過客戶保單資訊系統，提高客戶服務效率：各壽險公司官網的保戶服務專區，能讓客戶自行主動查詢保單資料，也運用金融科技智能客服與客戶雙向互動，有助進一步掌握客戶需求並提供適切的客戶服務。

基礎制度(公司治理/公平待客/風險管理)					
財物/財務資本管理					
資訊技術管理					
人力資源管理					
商品開發	銷售/通路管理	核保	理賠	客戶服務	再保險/投資

增值利潤

十六、最近幾年，各國政府紛紛提出監理沙盒的概念，能讓沒有金融執照的科技業者，透過法律特許的方式進行實驗，不會受到既有法律的追訴。許多過去不可能出現的創意，或全新的金融營運模式，因此有了展現機會。當然金融業者也積極提出創新作法，希望有機會進入沙盒實驗。所以近年國外已有許多新創的保險科技概念出現，未來保險業會是受到金融科技（Financial Technology, FinTech）衝擊很大的產業。針對此議題，請回答下列問題：

(一)請說明國外已有那些新創的保險科技概念出現，對我國保險市場未來將會受到很大衝擊？

(二)又保險業應如何因應金融科技帶來的「破壞性創新」浪潮？請申論之。

參考解答：

（一）國外新創的保險科技概念，諸如：物聯網、多元支付、平台經濟模式興起、人工智慧與區塊鍊、機器人理財、大數據分析等趨勢下，對於壽險公司將產生許多衝擊，摘要列舉衝擊及趨勢如下：

1. 個人化需求保單趨勢：例如保障期間不以年為期限而以小時計算的保險商品、依照行車里程數及駕駛人開車習慣而自動扣繳保費的 UBI 車險等。

2. 特定事件保險崛起：例如戶外活動因雨天而停辦的損失保險、社群團體客製化團體保單。

3. 物聯網及平台經濟趨勢衝擊：手機及平板電腦等行動裝置結合網路，加速全球進入物聯網時代，也增加了物聯網理財與投保商機以及平台經濟模式的興起。

4. 區塊鍊與跨領域整合衝擊：現行客戶已可透過區塊鍊，同時申請多家公司的保服及理賠。另外，跨領域或跨業合作已成趨勢，若未提早因應，將因而導致競爭威脅。

（二）壽險業對金融科技帶來的「破壞性創新」浪潮的因應

1. 通路面：持續推動網路投保並嘗試開發社群媒體及電商平臺等行銷通路。

2. 銷售支援面：推動行動投保、行動服務及機器人理財，有助於縮短發單流程及強化服務效率，讓業務員有更多時間與客戶互動。

3. 理賠及客戶服務面：運用大數據分析客服電話及區塊鍊資料交換，可歸納客戶諮詢的問題類型及單一櫃台聯合服務，進而從根本改善業務流程，增高客戶服務效能。

4. 透過 AI 風險評估模型，來加快審核流程的效率、提高服務品質。

5. 商品面：個人化需求保單、特定事件保險。

6. 物聯網及平台經濟：未來壽險公司可與醫療院所、便利商店、電子票券業、健康社群等異業合作，推動物聯網保險、實物給付保單或具外溢效果的健康管理保單

參考：
因應金融科技「破壞性創新」浪潮，許多保險公司已在通路、行政、客戶服務、保單創新等方面運用不同的金融科技，如：人工智慧、物聯網、區塊鏈與資訊安全，開始進行金融科技創新因應與執行。

十七、依據財團法人金融消費評議中心 107 年全年度保險輔助人理賠類爭議類型統計，其中「條款解釋爭議」的案件比率最高。試說明保險契約發生疑義的情形有那些？又當發生疑義時的解釋原則有那些？

參考解答：
1. 保險契約發生疑義的情形有那些？
- 業務招攬爭議：招攬過程業務員解釋不清楚，造成客戶對於商品相關權益或風險不了解。另外也可能業務員對於商品銷售過程，使用不當的保本保息話術招攬，而產生爭議。
- 保費之交付：例如續年度需要持續繳費，而且需要繳納六年，但客戶以為只需要繳納 1~2 年。
- 違反告知義務：對於是否為要保書告知事項的疾病，客戶認定不清，而業務員又未詳加說明。

- 停效復效爭議：對於客戶停效後，應如何辦理復效相關事宜，未能明確告知及協助。
- 未遵循服務規範：業務員招攬服務過程存有缺漏，例如未明確告知客戶是否完成契約變更或解約作業。

2. 發生疑義時的解釋原則有那些？

依據金融消費者保護法，解釋原則如下：

- 對金融消費者之責任，不得預先約定限制或免除。違反者，該部分約定無效。
- 訂立契約，應本公平合理、平等互惠及誠信原則。
- 訂立之契約條款顯失公平者，該部分條款無效；契約條款如有疑義時，應為有利於金融消費者之解釋。

十八、說明保險代理人及其業務員在招攬作業時，應遵循對保戶規劃商品適合度政策的一般內容。又對於投資型保險商品在銷售作業時，有那些商品適合度的特殊內容規定？

參考解答：

1. 適合度政策的一般內容：

- 要保人已確實瞭解其所繳交保險費係用以購買保險商品。
- 要保人投保險種、保險金額及保險費支出與其實際需求具相當性。
- 要保人如係投保外幣收付之保險商品，應瞭解要保人對匯率風險之承受能力。
- 要保人如係投保投資型保險商品，應考量要保人之投資屬性風險承受能力、繳交保險費之資金來源，並確定要保人已確實瞭解投資型保險之投資損益係由其自行承擔，且不得提供逾越要保人財力狀況或不合適之商品。

2. 投資型保險商品銷售作業之適合度特殊內容規定：

● 保險業就繳交保險費之資金來源為解約、貸款或保險單借款，且購買有保單價值準備金之保險商品(包含投資型保險)，應另指派非銷售通路之人員，於銷售保險契約後且同意承保前，再以電話訪問確認或告知商品重要內容及風險等事項，並應保留電話訪問錄音紀錄備供查核，且應保存至保險契約期滿後五年或未承保確定之日起五年。

● 保險業銷售投資型保險商品予六十五歲以上之客戶，應經客戶同意後將銷售過程以錄音或錄影方式保留紀錄，或以電子設備留存相關作業過程之軌跡，並應由適當之單位或主管人員進行覆審，確認客戶辦理該等商品交易之適當性。

十九、「自我風險與清償能力評估」（Own Risk and Solvency Assessment）係未來保險監理的重點項目之一，請說明何謂「自我風險與清償能力評估」及其主要內容。

參考解答：

1. 自我風險與清償能力評估其實是建立於現行保險業風險管理實務守則的架構之下，屬於風險管理制度的一環。自我風險與清償能力評估的主要目的為落實保險業風險管理實務之資本適足性評估，以加強資本管理，並協助保險業發展自我風險及清償能力的評估機制。

2. 依據保險業風險管理實務守則，保險業應考量本身業務之風險性質、規模及複雜程度，發展適合其組織架構與風險管理系統的 ORSA 流程，並採取適當的技術進行公司整體清償能力之評估。

3.摘錄主要內容如下：
(1)董事會及高階主管應對 ORSA 負責，高階主管應積極參與
　 ORSA 的建置、執行及檢核相關結果的適切性。
(2))針對執行 ORSA 流程各環節及其相關結果，保險業應有相
　 關文件紀錄。
(3)保險業應每年至少執行一次 ORSA 評估,完成 ORSA 監理報
　 告提報至風險管理委員會及董事會，並於所約定時程內呈報
　 至主管機關或其指定機構。
(4)ORSA 相關報告：涵蓋執行結果摘要、經營目標和投資業務
　 計畫、風險胃納、風險概廓、風險辨識與曝險狀況、壓力測
　 試、資本需求、資本適足性、風險回應與監控、風險治理等
　 各環節。

二十、壽險公司與保險消費者之間存在著高度不對稱，請說明保險消費者或保險經代人員如何得知壽險公司的經營優劣，以決定是否與其往來或要求適當之風險貼水（Risk Premium）？

參考解答：
保險消費者或保險經代人可以透過以下方式，得知壽險公司的
經營優劣：
1.壽險公司資訊公開專區查詢：依照人身保險業辦理資訊公開
　 辦法，各壽險公司都必須依照規範內容定期揭露公司資訊，
　 可讓消費者或保險經代人員進一步了解壽險公司概況。
2.主管機關、保險事業發展中心與壽險公會網頁公開資訊查詢：
　 透過主管機關、保險事業發展中心與壽險公會網頁公開資訊
　 的瀏覽或查詢，也可以了解特定壽險公司是否有被主管機關
　 糾正或懲處以及查閱壽險公司的財務業務概況與商品資訊。
3.0800 服務中心查詢或臨櫃詢問：透過公司客服中心詢問或臨
　 櫃詢問，進一步了解公司保單資訊與保戶權益。

二十一、近年來國內外保險業的併購蔚成風潮，成為國人關注焦點，然而併購案成功之關鍵在於是否有事前周密的規劃，請問保險業併購過程中應考慮因素為何？試申論之。

參考解答：

　　保險業併購過程中應在各併購環節，考量併購條件、可行性、綜效與整合等面向，方能成功地完成併購作業，分項列述如下：

1. 併購對象之評估：先行對於被併購對象進行公司概況、財務業務評估與股價評估，並預估合併後可能的綜效、問題與風險。另外，應留意被併購對象相關的重要經營指標與財務業務數據，以便進一步評估可行性。

2. 併購條件洽談協調：經評估後可行，則針對被併購對象之併購條件，諸如：價格、比例或金額、問題與疑點，進行洽談協調。

3. 併購對象之實質審查：併購條件可以接受後，併購公司需針對被併購公司之內部待確認或待釐清事項，進一步評估與審查，以便更進一步確認與了解該公司之內部財務業務與契約狀況。

4. 申請主管機關核准：併購定案後，雙方將向主管機關填送核准文件，並議定併購核准日與各項資產之移轉細節。

5. 擬訂併購後整合計畫並執行：併購後有賴積極整頓與整合、改革，才能發揮綜效。因此公司應擬訂併購後整合計畫並執行與調整各項整合計畫，以確保併購案能夠成功。

參、選擇題：

1. 保險業資本適足率分為四個等級，其中資本嚴重不足是指？
(A)資本適足率低於 70%
(B)資本適足率低於 100%
(C)資本適足率低於 60%
(D)資本適足率低於 50% 或淨值低於 0

解答：
● D
● RBC 比率愈低，代表資本不足更嚴重。

2. 淨危險保額（Net Amount at Risk）是指？
(A)保單價值準備金減保險成本
(B)保險金額減保單價值準備金
(C)保險金額減保險費
(D)保險金額減保險成本

● B
● 淨危險保額為壽險公司真正承擔的壽險理賠金額概念，為保險金額(身故理賠金額)扣除保價金(保費積存金)。

3. 那一種壽險商品的利率風險並不是由保險公司來承擔？
(A)定期壽險　　(B)終身壽險　　(C)生死合險　　(D)變額壽險

- D
- 投資型保險(變額壽險、變額萬能壽險或變額年金)的投資風險及利率風險等相關風險皆由客戶自行承擔。

4. 有關我國的安定基金的敘述下列何者正確？
(A)目前是對所有保險業者實施固定提撥率
(B)墊付金額沒有上限
(C)墊付範圍不包含有效契約的解約
(D)變額壽險的帳戶價值不在其保障範圍

- D
- 投資型保險(變額壽險、變額萬能壽險或變額年金)的投資風險及利率風險等相關帳戶價值風險皆由客戶自行承擔，非屬於壽險公司承擔理賠責任的商品。

5. 共同保險（coinsurance）與下列那一種再保險最相近？
(A)比率再保險（Quota Share Reinsurance）
(B)溢額再保險（Surplus Share Reinsurance）
(C)累積超額再保險（Aggregate Excess Reinsurance）
(D)財務再保險（Financial Reinsurance）

- A
- 比率再保直接依照約定比率，例如：50%分保、分攤理賠責任，與共同保險由各保險公司依照共保比率分擔理賠責任相似。

6. 關於保險業股權投資規範，下列敘述何者錯誤？
(A)可投資國內證券市場上市櫃公司股票，但僅限於財務投資，不得參與經營權
(B)購買某一公司股票總額不得超過保險業資金5%
(C)購買某一公司股票總額不得超過該發行公司實收資本額10%
(D)投資以外幣計價的國內證券市場上市櫃公司股票列入國外投資限額

- D
- 國內證券市場上市櫃公司股票仍屬於國內股權投資；因此非單純依照幣別判斷。

7. 保險業在保險商品定價時，通常需考慮下列那幾項？①預期損失 ②投資收益 ③附加費用 ④利潤率
(A)①②③　　(B)①②③④　　(C)①②④　　(D)①③④

- B
- 預期損失(預期壽險理賠)、投資收益、附加費用、利潤率等全部變數都要考慮。

8. 下列關於保險代理人與保險經紀人的敘述何者錯誤？

(A)銀行可擇一兼營保險代理人或保險經紀人業務

(B)保險經紀人除可向保險人收取佣金外，也可以向要保人收取報酬

(C)保險代理人除可向保險人收取佣金外，也可以向要保人收取報酬

(D)專屬保險代理人只能銷售某一保險人的保險商品

- C
- 保險經紀人才可收取佣金以外的報酬，諸如：向客戶收取顧問費。保險經紀人，指基於被保險人之利益，洽訂保險契約或提供相關服務，而收取佣金或報酬之人。

9. 若保障期間相同，那一種壽險帶給保險人的利率風險較高？

    (A)定期壽險

    (B)生死合險

    (C)變額壽險

    (D)利變型壽險

- B
- 生死合險的預定利率長期固定而且保價金較高；變額壽險風險由保戶承擔；利變壽險可以每年調整宣告利率，因此利率風險較低。定期壽險保價金低，風險低。

10. 與世界各國比較，臺灣的保險市場在那一項指標名列前茅？

(A)保險密度　　(B)保險滲透度　　(C)投保率　　(D)普及率

- B
- 保險滲透度為平均保費支出的所得佔率，台灣高達18%左右，全球1~2名。

11. 保險業的再保險業務主要是移轉下列那一種風險？

(A)資產風險　　(B)信用風險　　(C)保險風險　　(D)利率風險

- C
- 再保險是分擔保險理賠責任，屬於保險風險，其他選項皆為金融波動風險，通常無法透過傳統再保險移轉風險。

12. 保險業主要以那一種業務來解決保險契約的逆選擇問題？

(A)核保　　(B)理賠　　(C)精算　　(D)行銷

- A
- 透過核保作業篩選保戶並降低逆選擇。

13. 對於壽險公司經營壽險業務，依法令計算提存的負債準備金，下列敘述何者錯誤？
(A)此準備金稱為保單責任準備金
(B)此準備金稱為保單價值準備金
(C)此準備金也稱為法定準備金
(D)通常以較保守的假設來計算

● B
● 法定準備金又稱保單責任準備金，採較保守的假設提存評估，例如：較高的死亡率及較低的利率。
● 保單價值準備金則依照保單訂價採用的死亡率或利率假設計算各年度的保價金或解約金，明顯基礎不同。

14. 下列關於壽險公司隱含價值（Embedded Value）的敘述何者錯誤？
(A)在壽險公司現有的有效契約下，對其公司權益價值的評估
(B)可說是壽險公司重新評估的淨值
(C)每股隱含價值與公司股價會很接近
(D)隱含價值是有效業務價值（Value of in-force business）加調整後淨資產價值（Adjusted net asset value）

● C
● 隱含價值可能為 100 元，但股價僅為 50 元。

15. 所謂的精算價值（Appraisal Value）是指？
(A)隱含價值 (B)未來新契約價值
(C)隱含價值+未來新契約價值 (D)股東權益的市值

- C
- 精算價值=在壽險公司現有的<u>有效契約</u>下對其公司權益價值(淨值)的評估+<u>未來新契約</u>價值

16. 人身保險業應公開的契約繼續率是下列那兩種？
(A)第 12 個月與第 24 個月 (B)第 13 個月與第 25 個月
(C)第 12 個月與第 25 個月 (D)第 13 個月與第 24 個月

- B
- 有寬限期，可第 13 個月或 25 個月才繳費，因此繼續率為第 13 個月與第 25 個月。

17. 依照保險業風險管理實務守則，風險回應包含下列那幾種？
①風險規避 ②風險移轉 ③風險控制 ④風險承擔
(A)①②③④ (B)①②③ (C)①②④ (D)②③

- A
- 風險回應指採取各項風險管理策略。

18. 目前安定基金的提撥金額是依據保險業者的下列那些項目來核算？①總保費收入 ②資本適足率 ③經營管理績效指標
(A)僅① 　(B)①② 　(C)②③ 　(D)①②③

- D
- 人身保險安定基金以總保險費收入為基礎，並按「資本適足率」及「經營管理績效指標評等」等風險指標核算差別提撥率計提。

19. 下列關於保險業風險組織架構與權責的敘述何者錯誤？
(A)應設置隸屬董事會的風險管理委員會
(B)應設置獨立於業務部門之外的風險管理單位
(C)風險管理單位負擔所有風險管理的責任
(D)董事會與高階主管人員應發展與執行風險管理政策

- C
- 風險管理部門只是統籌單位，仍應由職掌及分層負責執行管理。

20. 下列那一種契約設計與降低逆選擇或道德危險問題無關？
(A)自負額 　(B)共同保險 　(C)保單限額 　(D)契撤權

- D
- 契撤權屬於保戶的考慮投保的猶豫期間概念。

21. 下列那一種準備金並不出現在保險業的資產負債表的負債項目？
(A)保單責任準備金　　(B)保單價值準備金
(C)未滿期保費準備金　(D)賠款準備金

- B
- 負債科目看不到保單價值準備金，而應以壽險責任準備金保守評價提存。

22. 下列那一項不是人身保險業公開的經營能力指標？
(A)資金運用比率　　(B)保費收入變動率
(C)初年度保費比率　(D)繼續率

- C
- 僅公布初年度保費收入，未要求公布初年度保費佔總保費收入比率。

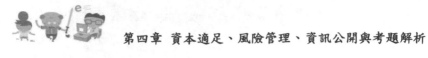

23. 通常對於保險償付能力監視之法條規範,主要側重於確保保險公司能履行下列何者之責任?

(A)及時處理客戶投訴

(B)採用公平的行銷和銷售實踐

(C)按照監管要求處理保險之索賠

(D)可以及時償還債務、履行保險契約義務和支付經營費用

● D
● 保險公司應有足夠金額及時賠款。

24. 一般而言,人力資源部門負責的職能包括下列那些?
①內部和外部稽核 ②培訓
③薪酬管理和制訂員工福利 ④績效考核
(A)①② (B)②④ (C)②③④ (D)①②③④

● C
● 稽核工作由稽核部門負責。

25. 下列有關人壽保險公司提供優質的客戶服務，何者錯誤？
(A)只有與保戶有直接互動的保險公司員工才有責任提供客戶服務
(B)優質的客戶服務不僅能吸引新客戶，而且也能幫助保險公司保留現有客戶
(C)提供優質的客戶服務，有可能對保險公司盈利能力有正向的影響
(D)提供優質的客戶服務可以幫助保險公司在市場上進行差異競爭

- A
- 除了面對面招攬的業務員外，電話服務中心或行政人員的聯繫也是客服。

26. 在保險業風險基礎資本 RBC 公式中，不同風險的相關程度有下列那兩種假設？
(A)零相關與完全正相關　　(B)零相關與完全負相關
(C)完全負相關與完全正相關　(D)部分負相關與部分正相關

- A
- RBC 對於不同風險項目的相關程度，可能有零相關與正相關兩種假設。計算公式中直接相加代表正相關、平方開根號則代表零相關。

27. 下列有關行銷管理之敘述，何者正確？
(A)無論區域大小，以區域作目標行銷皆很適宜
(B)以人口統計來做市場區隔，因資料取得較難，不易實施
(C)生命週期再配上經濟因素來選定目標市場，可正確指出客戶之需求
(D)市場區隔是將不同需求之客戶群歸為一類

● C
● 區域人數夠大、否則區隔沒有意義。
● 人口統計容易實施，諸如：年齡或性別等。
● 市場區隔時須找出共同的指標，諸如：年齡相若。

28. 下列有關業務銷售制度之敘述，何者正確？
(A)招攬與收費合一制度常見在保險經紀人
(B)保險經紀人之報酬，靠保險人支付佣金與服務津貼
(C)銷售團體保險的業務代表，報酬大多採固定薪資與獎金
(D)保險公司為了要確保店舖式銷售制度成功服務客戶，通常不會選擇在人潮較多的位置設立營業點

● C
● 收展制度常見於業務員通路
● 保險經紀人提供服務可由要保人支付服務津貼
● 會選擇在人潮較多的位置設立營業點才能賺錢

29. 有關稽核的敘述，下列何者正確？
(A)內部稽核是委託會計事務所執行定期檢查
(B)稽核員通常不可超越核保部經理之權限，因此不可向核保部經理建議核保部處理件較具效率的方法
(C)內部稽核通常直接屬於會計部門，調閱財務報表分析比較方便，較能客觀地評估
(D)稽核人員稽核方法通常採統計抽樣方法檢查，可避免不切實際耗費成本

- D
- 委託會計事務所檢查，屬於外部查核
- 稽核人員隸屬獨立稽核單位，可自己提出意見且非屬會計部門。

30. 從保險公司決定承保開始，至保險契約因保險事故發生或保險契約滿期終止，這期間內壽險公司對保戶提供各項保全工作，是保險公司專業行政人員的那一種？
(A)保戶服務人員　　(B)精算人員
(C)核保人員　　　　(D)理賠人員

- A
- 保全即指保戶服務。

31. 下列關於年金保險的敘述何者錯誤？
(A)變額年金是一種投資型保險商品
(B)所有利變型年金在累積期間透過宣告利率累積現金價值
(C)所有利變型年金在給付期間也透過宣告利率累積現金價值
(D)有些變額年金在累積期間也提供死亡保障

- C
- 利變型年金在年金給付期間，並無解約金或保價金概念，只剩餘生存年金給付。

32. 保險人承保有額外危險的被保險人，下列敘述何者正確？
(A)縮短給付期間　　　　　　(B)年齡減少法
(C)將特定項目批註附加給付　(D)增額給付

- A
- 可縮短給付期間，控制理賠金額。
- 應採年齡增加法或批註除外不賠或減額給付。

33. 針對被保險人的基本資料作不同的分類與篩選之過程,稱
之為:
(A)理賠　　(B)保戶服務　　(C)核保　　(D)承保

● C
● 核保即對於保戶的危險進行分類篩選及法遵的過程。

34. 有關團體保險之核保的敘述,下列何者正確?
(A)無須考量團體的成立原因與投保動機
(B)被保成員投保金額的大小可任意選擇
(C)團體保險有最低員工參加人數及比率規定
(D)保險金額可由團體成員自由選擇

● C
● 應留意團體的成立原因與動機,是否為投保而成立。
● 公司付費團險之投保金額由公司逕行決定;員工無法自行
選擇。

35. 因內部流程、人員及系統之不當或失誤,或因外部事件造
成之直接或間接損失之風險稱為:
(A)流動性風險　　(B)信用風險　　(C)保險風險　　(D)作業風險

● D
● 作業風險與保險風險不同;保險風險較傾向於保費、理賠、
損益相關。

36. 保戶服務人員最常見執行那些行政服務？①保單內容之變
更，如受益人變更…等 ②保單解約價值確認 ③決定理賠金
額 ④保戶對保單內容詢問的回覆
(A)①② (B)②④ (C)①②③ (D)①②④

● D
● 決定理賠金額屬於理賠部門職責。

37. 有關保險業監理會計（SAP）之敘述，下列何者正確？
(A)著重反映保險公司是否維持足夠的清償能力
(B)著重反映保險公司實際經營及獲利能力
(C)是站在保護保險人之立場表達
(D)監理會計（SAP）又稱為財務會計（GAAP）

● A
● SAP 監理會計強調長期清償能力。
● GAAP 則強調財務報表應合理表達公司的實際經營及獲利
能力

38. 有關人身保險推銷工作的特性之敘述，下列何者正確？
(A)業務員是銷售無形商品，僅著重在銷售能力，而不在意工作態度
(B)收入多以業績計酬，績效考核標準，視業績達成率，所以大致上業務員工作穩定性較行政人員低
(C)業務員為提升個人銷售能力，應專注在充實保險專業知識，而不需花費時間在吸收其他相關的新知識
(D)工作時間、行銷對象、銷售地點等調配，皆由公司業務主管負責

● B
● 業務員確實以業績高低為主要的達成目標，業務員之銷售自主性高。

39. 有關理賠之敘述，下列何者正確？
(A)如被保險人未告知既往症，通常條款規定排除給付期間僅限 1 年
(B)醫療費用保險契約設定等待期間條款，疾病與意外事故皆適用
(C)醫療費用保險契約設定自負額條款，疾病與意外事故皆適用
(D)共保條款通常醫療保險契約與人壽保險契約皆適用

● C
● 健康保險商品排除給付期間為永久；因投保前疾病不賠。
● 醫療險之等待期間僅限疾病事故
● 共保條款是自負比率概念，通常僅用於醫療保險理賠。

40. 保險人外勤組織採代理人制度之優缺點，下列何者錯誤？
(A)機構費用由代理人負擔，費用較分公司制節省
(B)代理人如聘用業務上不當行為之業務員，可責由代理人處理
(C)雙方均依賴契約關係，如契約中斷，將立即影響業績
(D)以展業為要務，與分公司制相同易配合保險人的行銷策略

- D
- 壽險公司對於外部通路(經代通路)之控制力道與人事掌控拘束力自然較低。

41. 保險經營在下列那種情況下，最容易發生資金逆中介現象？
(A)市場利率高於保單預定利率
(B)市場利率低於保單預定利率
(C)市場利率等於保單預定利率
(D)市場利率低於保單宣告利率

- A
- 當市場利率高於預定利率時，保戶可將保單解約後透過金融市場儲蓄投資獲取更高的報酬率，此時將導致保險業資金流失至股票債券市場等直接金融市場，也屬於資金逆中介。

42. 保險公司所持有的資本中，何者為應付非預期理賠資金的需求，以提高本身財務安全性而提列的資本？

(A)法定資本　　(B)風險資本　　(C)成長資本　　(D)經濟資本

● B
● 風險資本為保險業承擔各項風險所需擁有的資本。

43. 保險公司對於下列保險爭議事件，何者屬於事先以書面同意財團法人金融消費評議中心所為評議決定應予接受之事項？①投資型保險給付金額在新臺幣 100 萬元以下 ②多次給付型醫療保險金在新臺幣 100 萬元以下 ③次體加費金額在新臺幣 10 萬元以下之新契約 ④年繳保費在新臺幣 10 萬元以下之契約轉換

(A)①②③　　(B)①②④　　(C)①③④　　(D)②③④

● C
● 評議中心對於投資型新契約或契約變更、一次性給付新契約壽險之接受評議決定額度為 100 萬；對於多次給付醫療險或一般壽險保服項目(含體況加費)等非屬保險給付或多次型給付之接受評議決定額度為 10 萬。

44. 下列實物給付之受益人，何者僅限被保險人本人？
①殯葬服務 ②護理服務 ③長期照顧服務 ④老年安養服務
(A)①②③　　(B)①②④　　(C)①③④　　(D)②③④

● D
● 除殯葬服務無法對於身故的被保險人提供服務外，長照、護理或老年安養等醫療或生存實物給付類型，皆限制實務給付對象為被保險人本人。

45. 下列為投資型保險商品銷售之「充分瞭解客戶」的作業準則？①承保原則 ②核保審查原則 ③複核抽查原則 ④例外管理原則
(A)①②③　　(B)①②④　　(C)①③④　　(D)②③④

● A
● 充分了解客戶需做到核保(承保前選擇、核保審查、複核抽查)，當然不含例外管理，因為從嚴逐案審查。

46. 下列對於小額終老壽險主契約的敘述，何者正確？
(A)屬於無增額或加倍給付的終身壽險
(B)預定死亡率為臺灣壽險業第五回經驗生命表各年齡別之90%
(C)預定利率為年息 2%
(D)預定附加費用率最高為總保費之 20%

- A、C
- 小額終老壽險只能設計平準型終身，死亡率依照 100%、利率已改為 2%，附加費用率為 10%；繳費期間 6 年以上。限平準型、不得有增額或加倍給付，而且僅限為死亡保險，不得有生存還本之給付。。
- 答案為 A、C

47. 依現行法令規定，目前為確認並評估要保人與被保險人的保險需求及適合度，保險公司在新契約保件於承保後，應隨機抽樣多少比例的件數進行電訪確認？

(A) 5%　　(B) 10%　　(C) 15%　　(D) 25%

- D
- 新契約至少 25%件數(1/4)需抽樣電訪；契約變更至少 10%件數需要電訪(依保險業招攬及核保作業控管自律規範)

48. 為有效防阻道德危險的發生，保險代理人公司對於所屬業務員招攬的保件，必須在 T+2 日內完成通報作業。此 T 日係指：

(A)保險公司收到要保書之日期
(B)保險代理人公司收到要保書之日期
(C)要保人填寫要保書之日期
(D)要保人交付保險費之日期

- C
- 經代公司依照要保書填寫日+2 個工作日內應完成通報

49. 個人遞延年金保險（傳統型，無保證期間，亦無保證金額）被保險人在領第一年年金不久後就失蹤，則保險公司在其法院死亡宣告前，應如何處理後續的給付？

(A)按已領年金年額占已繳總保費的比例，返還剩餘的保險費

(B)返還保單價值準備金

(C)依約繼續給付年金至法院死亡宣告為止

(D)停止給付年金

● C

● 年金給付期間若被保險人失蹤，則應繼續給付年金至被保險人宣告死亡為止

50. 投資型保險商品的超額保險費，其附加費用率的上限應為多少？

(A) 25%　　(B) 20%　　(C) 10%　　(D) 5%

● D

● 超額(增額)保險費屬於躉繳，最高費用率規範為 5%。

51. 以外幣收付的投資型保險商品，若以其他外幣保單的生存保險金於應給付當日來抵繳首期保險費時，有何限制？①須為同幣別的外幣 ②生存保險金受益人須為新契約要保人 ③不同幣別須先轉匯為新臺幣後，再換匯抵繳 ④兩張不同幣別的外幣保單須為同一要保人

(A)①② (B)①④ (C)②③ (D)③④

- A
- 對於同一幣別保單的要保人，部分公司開放可以生存金抵繳首期保費。

52. 下列何者常用於衡量保險公司公平政策的外部評估指標？

(A)申訴率 (B)解約率 (C)賠款率 (D)契撤率

- A
- 申訴率高，代表公平待客政策執行不佳，其他選項指標與險種性質、報酬率或利率高低、景氣攸關或招攬行為攸關。

53. 下列何者常用來比較保險產業在國與國之間所占重要性的指標？

(A)投保率 (B)普及率 (C)保險密度 (D)保險深度

- D
- 保險深度，又稱保險滲透度，指保費支出的所得佔率高低；比率比較才有意義，絕對金額(密度)較無意義。
- 投保率與普及率只有部分國家使用。

54. 保險公司的招攬作業在前一保單年度有受主管機關重大裁罰處分時，保險公司應對其現行核保標準限縮多少？

(A) 20%　　**(B) 15%**　　**(C) 10%**　　**(D) 5%**

- A
- 壽險公司招攬作業若遭受主管機關重大裁罰(300 萬以上)，核保標準應限縮 20%，例如：免體檢額度由 500 萬調降為 400 萬。

55. 下列對於內部控制制度與內部稽核制度的敘述，何者正確？

(A)內部控制制度強調事前審核的功能，內部稽核制度以事後查核為主

(B)內部控制制度在確保制度的實施，內部稽核制度在促使公司健全發展

(C)內部控制制度是由財務單位設計，內部稽核制度是由管理階層設計

(D)內部控制制度著重於定期查核檢討，內部稽核制度著重於不定期專案查核檢討

- A
- 內控制度著重於事前事中控管、內部稽核為事後查核。

56. 保險公司適當劃分工作職權，並定期評估在執行業務中是否遵循相關法令的做法，是用來管理何種風險的機制？
(A)作業風險 **(B)市場風險** **(C)保險風險** **(D)信用風險**

- A
- 適當權責劃分與法令遵循作業，主要可控管作業風險。

57. 依據現行法令的規定，當保險公司風險基礎資本（RBC）達資本不足時，主管機關對該保險公司可採取何種監理措施？
(A)命令停售保險商品
(B)命令處分特定資產
(C)命令對負責人的報酬酌予降低
(D)命令限期裁撤分支機構或部門

- A
- RBC 達資本不足(150%~199%)有些偏低，可命令停售保險商品、要求限期增資、要求限制資金運用範圍等。

58. 下列何者屬於我國壽險業計算風險基礎資本（RBC）的風險項目？①資產風險 ②保險風險 ③核保風險 ④利率風險
(A)①②③ **(B)①②④** **(C)①③④** **(D)②③④**

- B
- 壽險業 RBC 的風險項目：資產風險、保險風險、利率風險及其他風險，核保風險歸屬於保險風險。

59. 下列何者為保險公司欲國際化，能正面提升海外當地保險事業發展，並能獲得當地政府協助籌設的方式？
(A)保險代理人方式　　(B)分公司方式
(C)子公司方式　　　　(D)中外合資方式

- D
- 中外合資模式資源較多，但缺點為國內壽險公司前去投資但無法取得經營權。

60. 為有效評估及檢測各項險種核保與理賠作業績效，保險公司可採用那些方法來設定有關管理指標的預警值？
①平均數法 ②機率法 ③資產價值法 ④財測數法
(A)①②③　　(B)①②④　　(C)①③④　　(D)②③④

- B
- 核保理賠與資產價值無關，主要用在投資領域；財測數值指預算目標概念，可計算達成率。

61. 如以本年度之損失經驗,調整本年度之費率,係屬保險費率釐訂方法中增減法(merit rating method)之何種?

(A)實際費率法　　　(B)追溯費率法
(C)損失費率法　　　(D)經驗費率法

● B
● 以當年度損失經驗調整當年度保費:屬<u>追溯</u>費率法

62. 某一危險事故所發生之損失理賠,超過原保險人之自留額部分,由再保險人依合約規定負責賠償,係屬何種再保險?

(A)超額損失再保險　　(B)溢額自留再保險
(C)預約賠款再保險　　(D)超額賠款率再保險

● A
● 超額再保險定義:超過再保自留額部分的損失,依約定金額或比率由再保公司負責賠償。

63. 依據「人身保險商品審查應注意事項」之規定,下列敘述何者錯誤?

(A)保單價值準備金不得低於責任準備金
(B)保險公司設計之實物給付型保險商品,實物給付類型中包含殯葬服務
(C)保險公司設計之實物給付型保險商品,得採實物給付與現金給付混合之方式設計
(D)關於傳統型人壽保險,祝壽保險金給付年度於95 歲以前者,其商品名稱不得冠以「終身」二字

- A
- 保單價值準備金 ≦ 責任準備金

64. 我國目前保險商品審查採何種方式？其中備查制於銷售後幾個工作日內檢附各項文件及所送文件與送審內容相符之聲明，依主管機關或其指定機構所訂之規定傳送資料。

(A)核准與備查制，10　　　　(B)核准與備查制，15
(C)核准、核備與備查制，10　(D)核准、核備與備查制，15

- B
- 15 日；只有核准與備查

65. 近年高中職以下學生團體保險，屢因各種因素導致保險公司投標意願不高，請問 106 學年度得標之保險公司新增下列何種規定，以控制理賠成本？

(A)自留額　　(B)自負額　　(C)國外再保　　(D)共同保險

- B
- 自負額是部分損失由保戶自行承擔，可降低損失金額。
- 自留額為再保用語。

66. 依據保險業辦理微型保險業務應注意事項規定，每一被保險人累計投保微型傷害保險之限額為新臺幣多少元？另累計投保微型傷害醫療保險之保險金額不得超過新臺幣多少元？
(A) 50 萬元、3 萬元　　(B) 50 萬元、5 萬元
(C) 100 萬元、3 萬元　(D) 100 萬元、5 萬元

● 　A
● 　最新微型保險之保額規定為身故保障 50 萬；醫療保障 3 萬(記憶題)

67. 以下那一項之法律效果與其他三者相異？
(A)惡意超額保險　　(B)惡意重複保險　　(C)違反告知義務
(D)違背特約條款

● 　B
● 　違反告知義務、特約條款及惡意超額保險：契約解除。
● 　惡意複保險：整張保單無效。

68. 試計算下列生命表中之①內數字最接近下列何者？

年齡	生存數	死亡數	生存率	死亡率
70		10		
71	100			0.1
72		15	①	
73		20		

(A) 0.81   (B) 0.83   (C) 0.85   (D) 0.87

- B
- 生存率=年底生存人數/年初人口數
- 死亡率=死亡人數/年初人口數
- 72 歲年初人口數=90
- 72 歲當年死亡人數=15
- 死亡率為 0.17(=15/90)；因此生存率為 0.83

69. 依照目前人身保險及財產保險安定基金計提標準之規定，人身保險業所提撥之人身保險安定基金，應以經會計師核閱之總保險費收入為基礎，並按那二項風險指標核算之差別提撥率計提？

(A)經營管理績效指標評等及資本適足率
(B)國際財務報告準則（IFRS）風險及投資風險資產指標
(C)投資風險資產指標及資本適足率
(D)國際財務報告準則（IFRS）風險及資產配置風險指標

- A
- 安定基金之提撥比率：依照總保費收入，並依經營管理績效指標評等及資本適足率調整

70. 現行人身保險業所提撥之人身保險安定基金，將提撥率共分為幾級？

(A) 4 級　(B) 6 級　(C) 8 級　(D) 9 級

- B
- 安定基金提撥比率區分為 6 級

71. 主管機關近來為推行保險國際化，積極推動國際保險業務分公司，並在網站設有相關專區介紹，請問國際保險業務分公司的英文簡稱為？

(A) UIO　(B) OIU　(C) IOU　(D) IUO

- B
- 國際保險業務分公司英文　OIU，overseas insurance unit

72. 保險業設計結合穿戴裝置之非實物給付型之健康管理保險商品，依據穿戴裝置所記錄之步數情形，提供健康回饋金或保費折減，引導保戶做好健康管理。此種健康管理保險商品具下列何種經濟學效果？

(A)行動支付效果　　(B)個體經濟效果
(C)新創效果　　　　(D)外溢效果

- D
- 外溢效果或稱外部利益保單：提供健走的民眾健康回饋金或保費折減，屬於具外溢效果(促進健康效果)的健康管理保單。

73. 下列何者主要不是為因應高齡化社會所推動之保險商品？
(A)實物給付型保險　　**(B)**小額終老保險
(C)微型保險　　　　　**(D)**保單活化

- C
- 因應高齡化社會，可推動年金保險、長期照護保險、高齡醫療險、小額終老壽險、實務給付型保險或保單活化等商品。
- 微型保險主要提供經濟弱勢或身心障礙族群基本保障。

74. 依據保險業內部控制及稽核制度實施辦法之規定，保險業為維持有效之內部控制制度運作,達成所定內部控制之目標,應建立之防線中不包括下列何項？
(A)自行查核制度
(B)法令遵循制度
(C)風險管理機制
(D)獨立董事機制

- D
- 保險業內控內稽由高到低涵蓋公司治理制度、稽核制度、風險管理制度、法令遵循制度、自行查核制度；獨立董事機制僅為公司治理制度的一小部分。

75. 依據保險業各種準備金提存辦法之規定，人身保險業對於保險期間一年以下之保險自留業務提存之特別準備金應包括：①未決賠款特別準備金 ②危險變動特別準備金 ③保費不足特別準備金 ④重大事故特別準備金

(A)①②   (B)①③   (C)②③   (D)②④

- D
- 特別準備金包含重大危險變動及重大事故準備金。保費不足特別準備金主要用於壽險商品，若保費低於計算壽險責任準備金之保費時應額外提存，與特別準備金不同。

76. 目前主管機關要求各壽險業者在其各自公司網站，對所公布之資本適足性之揭露，下列何者正確？

(A)依資本適足率區隔為4級水準，揭露該公司介於何種水準

(B)依資本適足率區隔為5級水準，揭露該公司介於何種水準

(C)依資本適足率區隔為6級水準，揭露該公司介於何種水準

(D)揭露實際資本適足率之數字

- D
- 現行主管機關要求壽險業者於資訊公開專區揭露資本適足率與淨值比率，而且需要揭露實際數值，已非揭露級距。

77. 有關新契約等價保費 FYPE（First Year Premium Equivalent）
   計算方式，對於躉繳與繳費期間 6 年（含）以上之保險應分
   別乘以多少百分比加以計算？
(A) 10%、100%　　(B) 20%、80%
(C) 10%、60%　　(D) 20%、60%

● A
● 新契約等價保費，對於躉繳乘上 10%；對於 6 年繳費以上
  則乘上 100%。

78. 壽險公司「核保」的定義，係將被保險人之重要具體事實
   區分為那兩項主要的過程？
(A)檢查與拒保　　(B)調查與篩選
(C)選擇與分類　　(D)選擇與再保

● C
● 核保：將保險案件進行危險選擇與分類。

79. 對壽險公司而言，近五年各通路業績由多至少依序為：
   ①壽險公司本身的行銷體系 ②銀行通路 ③傳統保經代通路
(A)①②③　　(B)①③②　　(C)②①③　　(D)②③①

● C
● 通路業績佔率高低排名：銀保通路>業務通路>傳統保代

80. 為有效評估及檢測各險種核保作業的績效，保險業應設定下列那些「核保風險管理之指標」，作為管理階層之參考？①照會率 ②契約撤銷率 ③投保率 ④出單率
(A)①②③④　(B)僅①②③　(C)僅①②④　(D)僅①③④

● C
● 核保風險管理指標：照會率、契約撤銷率、出單率(發單比率)；投保率指國人投保件數。

81. 依據保險業辦理電子商務應注意事項之規定，保險業得辦理網路投保之人身保險商品種類，包括下列那幾項？①定期人壽保險 ②利率變動型年金保險 ③傳統型年金保險 ④萬能壽險 ⑤長期照顧保險
(A)僅①②③　(B)僅①③④⑤
(C)僅①②③⑤　(D)①②③④⑤

● C
● 網路投保：定期壽險、利率變動型年金、傳統年金、長照保險、變額年金。
● 未開放投資型壽險(變額萬能壽險)及萬能壽險。

82. 為消弭消費大眾與保險業間資訊取得之不對稱,以保障消費大眾之權益。現行保險法第 148 條之 2 規定,保險業於有攸關消費大眾權益之重大訊息發生時,應於幾日內以書面向主管機關報告,並主動公開說明?
(A)2 日內　　(B)3 日內　　(C)5 日內　　(D)10 日內

- A
- 重大訊息應於 2 日內向主管機關報告。

83. 在要保人投保時,壽險公司往往預先擬妥保險契約條款,要保人只能依此條款決定到底是否要投保,而不能對契約條款提出修正之意見。此種保險契約特有之性質,稱之為:
(A)諾成契約　　(B)單務契約　　(C)附合契約　　(D)有償契約

- C
- 附和(合)契約:定型化契約概念

84. 有關財產保險與人身保險的敘述,下列何者正確?
(A)財產保險屬定額保險,人身保險屬補償保險
(B)財產保險對再保險的依賴,高於人身保險
(C)財產保險的偶然事件發生率較規則與穩定,人身保險則相對較不規則亦較不穩定
(D)預定利率對財產保險保費的計算十分重要,但對人身保險就相對不是那麼重要

- B
- 財產保險保障功能大、損失風險波動大，十分仰賴再保險之分攤損失功能

85. 有關「利率變動型年金」的敘述，下列何者錯誤？
(A)在累積期間透過宣告利率累積保單價值準備金
(B)區隔資產帳戶成立逾1年者，宣告利率之上限不得高於本商品區隔資產前24個月（不含宣告當月）移動平均投資報酬率加計二碼
(C)要保人擁有分離帳戶
(D)非躉繳型商品，若要保人在保單中途不繳費，保單不會停效，其保單價值準備金仍繼續累積利息

- C
- 利變型商品並無分離帳戶，僅投資型保險有分離帳戶。

86. 保險公司違反保險法令經營業務，致資產不足清償債務時，有那些人應對公司之債權人負連帶無限清償責任？①董事長②董事 ③監察人 ④總經理 ⑤負責決定該項業務之經理
(A)僅①③④　(B)僅①②④⑤　(C)僅①③④⑤　(D)①②③④⑤

- D
- 保險公司資產不足清償債務時，以下人員須負無限清償責任：董事長、董事、監察人、總經理、**負責業務之經理**。

87. 下列何種指標可呈現一國平均每人每年的保費支出？
(A)普及率　　(B)投保率　　(C)保險滲透度　　(D)保險密度

- D
- 保險密度：平均每年每人保費支出=保費/人口數
- 保險滲透度：平均每年每人保費佔率=保費/所得

88. 保險業可辦理之放款業務，以下列何種型態為限？①以動產或不動產為擔保之放款　②銀行或主管機關認可之信用保證機構提供保證之放款　③人壽保險業以各該保險業所簽發之人壽保險單為質之放款　④經放款部門主管核可之信用放款
(A)①②③　　(B)①②④　　(C)①③④　　(D)②③④

- A
- 依據保險法，保險業不得承做信用放款(無擔保放款)

89. 依據保險代理人管理規則，個人執業代理人、受代理人公司及銀行所任用之代理人，應確實瞭解要保人之需求及商品或服務之適合度，並應於有關文件簽署。此所謂「有關文件」，在人身保險代理人包括下列那幾項：①契約內容變更申請書 ②要保書 ③批改申請書 ④終止契約申請書

(A)①②③　(B)①②④　(C)①③④　(D)②③④

- B
- 財產保險才有批改申請書，也需要簽署。
- 人身保代簽署人要在要保書、業報書、契變書、終止契約(解約)申請書上蓋章

90. 下列那些原則屬於保險契約之基本原則？
①最大誠信原則 ②保險代位原則
③危險分散原則 ④投資多樣化原則
⑤主力近因原則

(A)①②③　(B)①②⑤　(C)①②③⑤　(D)②③④⑤

- B
- 危險分散與否或投資多樣化原則並非契約基本原則，而屬於經營面或投資面的風險管理策略。

91. 團體保險第二年以後即按投保團體的實際損失經驗計費。
    此稱之為：
(A)實際費率　　(B)分類費率　　(C)追溯費率　　(D)經驗費率

● D
● 團險採經驗費率計算未來隔年的保費。

92. 下列哪兩個事件發生後，保險契約之法律效果相同？①要
    保人破產　②保險人破產　③保險期間屆滿　④要保人對於應
    通知之事項怠於通知
(A)①③　　(B)①④　　(C)②③　　(D)②④

● C
● 保險人破產及保險期間屆滿皆屬於契約效力終止。

93. 再保險契約之當事人約定，倘再保險人因原保險人分給業
    務而獲有利潤時，再保險人將給付一定比率之佣金給原保險
    人。此佣金稱之為：
(A)初年度佣金　　(B)續年度佣金　　(C)盈餘佣金　　(D)再保險
佣金

● C
● 再保險通常有二項佣金，一個為再保佣金(分保時領取)，
  另一為事後有再保盈餘時支付(盈餘佣金)

174

94. 下列有關保險業內部控制及稽核制度實施辦法的敘述,何者錯誤?

(A)自行查核報告及工作底稿應至少留存 3 年備查

(B)財務、業務及資訊單位每年至少應辦理一次定期自行查核,並依實際需要辦理專案自行查核

(C)內部稽核報告應交付各監察人(監事)或審計委員會查閱,除主管機關另有規定外,應於查核結束日起 <u>5</u> 個月內報主管機關

(D)保險業前 1 年度經會計師查核簽證之資產總額達新臺幣 1 兆元以上者,應設置具職權行使獨立性之資訊安全專責單位,並指派協理以上或職責相當之人擔任資訊安全專責單位主管

- A
- 金融保險業的相關報告及底稿至少應留存 5 年備查。

95. 根據保險業風險管理實務守則的定義,所謂:資產價值在某段期間因市場價格變動,導致資產可能發生損失之風險。稱為:

(A)價格風險

(B)市場風險

(C)利率風險

(D)資產負債配合風險

- B
- 市場風險涵蓋最廣。

96. 通常消費者可從下列那幾個構面分析保險公司之財務能力？
①資本與盈餘的充分性 ②財務槓桿比率 ③資產品質與多元化 ④流動性 ⑤經營績效
(A)僅①②③
(B)僅②③④
(C)僅①②③④
(D)①②③④⑤

- D
- 保戶可以從資本與盈餘的充分性、財務槓桿比率、資產品質與多元化、流動性及經營績效等角度分析保險公司財務能力

97. 下列何種現象可能引發壽險公司的流動性風險？①出現保單解約潮 ②大量的理賠超出預期 ③當市場利率低於保單預定利率時 ④眾多的要保人暫停繳納保費
(A)僅①② (B)①②③ (C)①②④ (D)②③④

- C
- 大量解約、大量理賠、市場利率高於預定利率、要保人停繳保費都造成資金流出過多、流入過少。

98. 為因應外匯風險，保險業應對國外投資資產建構外匯風險
管理及避險機制。根據「保險業風險管理實務守則」，其內容
至少應包括下列那些項目：①訂定外匯風險的下限及其核算
標準 ②重大波動時之模擬情境及因應措施 ③外匯曝險比率
的控管機制與計算基礎 ④外匯曝險的範圍及其相對應之避
險工具及策略

    (A)①②③   **(B)①②④**   **(C)①③④**   **(D)②③④**

●   D
●   通常訂定外匯風險自己承擔金額上限。

99. 依據我國保險業資本適足性管理辦法，資本適足率下列何
者正確？①公式計算：（自有資本／風險資本）×100% ②公
式計算：自有資本／風險值×100% ③要求比率小於或等於
200%，保險公司不得分配盈餘 ④要求比率小於200%，保險
公司不得分配盈餘

    (A)①③   **(B)②③**   **(C)①④**   **(D)②④**

●   C
●   資本適足性管理辦法規定，(自有資本/風險資本)至少要大
於200%；若低於標準不得分配盈餘。

100. 依我國保險業資本適足性管理辦法，人身保險業實際經營
所承受之風險，不包括下列何者？
(A)保險風險　　(B)利率風險
(C)信用風險　　(D)資產風險

● C
● 信用風險(倒閉風險)並非 RBC 的風險評估項目。

101. 下列有關我國人壽保險業法令遵循制度之規範何者錯誤？
(A)法令遵循單位應建立年度全公司之法令遵循風險管理及監
督架構
(B)人壽保險業法令遵循單位之設立隸屬於董事會
(C)保險業之總機構法令遵循主管，職位應相當於副總經理
(D)保險業總機構營業單位、資金運用單位、資訊單位與其他管
理單位及國外分公司應指派人員擔任該單位法令遵循主管，負
責辦理法令遵循業務

● B
● 法令遵循制度：總機構法遵副總隸屬於總經理，並定期向
董事會報告；各單位應另設立單位法令遵循主管。

102. 依保險業內部控制及稽核制度實施辦法,人壽保險業內部稽核單位對財務、業務、資訊及其他管理單位,至少多久應辦理一次一般查核?

(A)每月　　(B)每季　　(C)每半年　　(D)每年

- D
- 一般查核:指全部業務查核。

103. 人壽保險業內部控制三道防線實務守則之執行程序,依法規係由中華民國產物保險商業同業公會及下列那個單位共同訂定,並報主管機關備查?

(A)中華民國人壽保險商業同業公會

(B)財團法人保險事業發展中心

(C)保險公司之財務委員會

(D)保險公司之外部稽核

- A
- 內控三道防線屬於公會訂定的實務守則。

104. 保險業之內部控制制度依法需進行個別評估監督作業，下列何者不屬個別評估職責者？
(A)內部稽核人員　　(B)審計委員會　　(C)執行委員會　　(D)監察人（監事）

● C
● 稽核人員、審計委員會或監察人皆負責評估及監督內控制度的有效性，並無執行委員會組織，只有風管委員會、公司治理委員會等。

105. 下列那些財務業務指標項目不屬於我國人身保險業「經營能力」績效衡量指標之一？
(A)新契約費用率　　(B)關係企業投資額對業主權益比率
(C)保費收入變動率　　(D)淨利變動率

● B

106. 財團法人保險安定基金之墊付適用範圍，依規定下列何者正確？①再保險契約 ②依法許可之外國人身保險業在我國境內銷售之有效保險契約 ③國內人身保險業之國外（總）分支機構在國外銷售之保險契約 ④保險商品之專設帳簿部分

(A)②   (B)①③   (C)②③   (D)②③④

- A
- 安定基金之墊付範圍只包含在國內銷售的有效契約。

107. 下列何者係因應各該險別損失率或賠款異常變動而提存之準備金？

(A)重大事故特別準備金   (B)保費不足額準備金
(C)賠款準備金   (D)危險變動特別準備金

- D

108. 依據國際保險業務分公司管理辦法，經會計師查核簽證之財務報告中的那一部分，最低要求應達 100 萬美元？

(A)資產   (B)風險基礎資本額   (C)保留盈餘   (D)淨值

- D
- 依據國際業務分公司管理辦法，淨值應達 100 萬美元。

109. 請問下列何種再保險是指只有在原保險公司的全年累積理賠經驗超出原先預設的水準時,再保險人才開始支付損失?

(A)分散損失再保險(Spread-loss Reinsurance)

(B)停損再保險(Stop-loss Reinsurance)

(C)溢額再保險(Surplus Share Reinsurance)

(D)巨災再保險(Catastrophe Reinsurance)

● B

● 停損再保險:全年累積理賠損失超過預設金額,由再保公司賠

110. 團體壽險與個人壽險行銷之特性不同,下列敘述何者正確?
①團體壽險需要的專業技術較個人壽險為高 ②團體壽險的售後服務較個人壽險為少 ③團體壽險的佣金計算方式與個人壽險相同 ④團體壽險的價格競爭較個人壽險為高

(A)①② **(B)**①③ **(C)**①④ **(D)**②④

● C

● 團體壽險,尤其是大團體的團保費率競爭激烈;另由於同一團體人數多且年齡性別差異,因此核保或訂價需要額外專業

111. 保險費中的附加費用估算，一般有三部分，除「依每一保
單所需花費的固定費用」之外，還需考慮那兩大部分？
(A)隨到達年齡保費而變動之費用、隨資產額份而變動之費用
(B)隨保險年齡純保費而變動之費用、隨每單位保險金額而變動
之費用
(C)隨資產額份而變動之費用、隨每單位保險金額而變動之費用
(D)隨保費收入而變動之費用、隨每單位保險金額而變動之費用

● D
● 保險費的附加費用部分包含新契約費用、維持費用及收費
等相關費用項目；有些費用為固定(如行政費用)、有些費
用與保費金額高低有關(如佣金費用)，有些費用則與保險
金額有關(如理賠調查費用)。

112. 我國現行保險法對於「團體保險」保險利益有何規範？
(A)設有專章規範
(B)明文規範比照個人人身保險規定
(C)明文規範團保如保障 1 年期商品比照財產保險規定
(D)沒有明文規範

● D
● 我國保險法對於團體保險之保險利益並無明文規範，與個
人壽險併用解釋模式。

113. 依據被保險人是否吸菸經驗、健康狀況、生活方式、家族病史等因素,對死亡率風險作更精確評估之人壽保險,稱之為:

(A)外溢保單　　(B)微型壽險

(C)優體壽險　　(D)簡易分級壽險

● C

● 優體保單主要以吸菸與否進行分級費率。

114. 臺灣地區實務上人壽保險業的組織實際存在有下列那些型態?

①相互保險公司　　　　②保險股份有限公司

③簡易人壽相互保險社　④保險合作社

(A)②　　(B)①②　　(C)②③　　(D)②④

● A

● 台灣保險法並不允許相互保險公司型態,實際上也無壽險保險合作社型態;依據保險法僅限股份有限公司型態,但依據簡易人壽保險法得由中華郵政辦理簡易人壽業務,但非保險社。

115. 下列何者為保險業資金運用之原則？①集中性 ②流動性 ③收益性 ④公益性
(A)②③ (B)①②③ (C)①③④ (D)②③④

● D
● 資金運用當然要符合分散性，不得集中，不然曝險過高。

116. 保險營運資金之來源，下列何者正確？①保險業之資本 ②責任準備金 ③賠款準備金 ④營業費用
(A)①② (B)②③ (C)①②③ (D)①②③④

● C
● 保險業可運用資金來源=各種準備金+淨值(資本+盈餘等)

117. 保險業對於承保之業務，可運用何種方法達成危險分散原則？①再保險 ②附約保險 ③共同保險 ④綜合保險
(A)①② (B)①③ (C)③④ (D)①③④

● B
● 保險業可透過再保險或共同保險進行危險分散；但共同保險制度主要由產險業者使用。

118. 依「保險業財務報告編製準則」之內容可知，下列何者是評估人身保險業償債能力之指標？
①關係企業投資額對權益比率 ②初年度保費比率
③續年度保費比率 ④負債占資產比率
(A)①②③　　(B)①②④　　(C)②③④　　(D)①③④

● 　A
● 　依據財務報告編製準則，負債佔資產比率屬財務結構指標。
● 　初年度保費比率=本期初年度保費／上期初年度保費；可得知保費是否大幅下滑而影響資金流入。

119. 依「保險業公司治理實務守則」之規定，保險業執行公司治理制度，應以保障下列何者之權益為最大目標？
　(A)保戶　　(B)股東　　(C)董事　　(D)利害關係人

● 　B
● 　股份有限公司仍應依公司法以股東權益為最大目標。

120. 下列有關「不喪失價值條款」的敘述，何者正確？
(A)不喪失價值條款保護要保人的權利不會因未繳費而喪失
(B)保險人能沒收該保單之現金價值
(C)保護保險人終止契約時之權益
(D)亦可稱為「不沒收條款」

- D
- 不喪失價值又可翻譯為不沒收條款，強調不可沒收保單價值。未按期繳納壽險保費，壽險會停效。

121. 下列何種衡量指標係以自然人為主體，較適用於個人保險業務？①投保率 ②普及率 ③保險密度 ④保險深度
(A)①② (B)①③ (C)①④ (D)②③

- B
- 投保率及保險密度的**分母**都為人口數。
- 普及率及滲透度可計算團體險或法人案件。

122. 下列何者是人身保險經營的本質？
①決定壽險保單成本之因素有死亡率、利率與費用率
②壽險公司當年度的新契約越多、獲利越多
③壽險契約多屬於長期保單性質，保險公司對於預收保費部分應於年底提存保單價值準備金
④保單型式大多為定額保險
(A)①② (B)①③ (C)①④ (D)②③

- C
- 新契約越高、由於初年度費用偏高,因此當年度費用愈高。
- 準備金應平時每月評價提存，非年底才提存。

第四章 資本適足、風險管理、資訊公開與考題解析

123. 下列有關壽險行銷理念中，那一項較重視客戶需求？
(A)市場導向　　**(B)商品導向**
(C)銷售導向　　**(D)業績導向**

- A
- 市場導向又稱行銷導向

124. 依「保險業辦理電子商務應注意事項」之規定，下列何者為保險業得辦理網路投保之人身保險商品種類？①微型保險 ②長期照顧保險 ③定期人壽保險 ④旅行平安險
(A)僅①②③　　**(B)僅①②④**　　**(C)僅①③④**　　**(D)①②③④**

- D
- 高額旅平險及投資型壽險不得辦理網路投保

125. 依「投資型保險商品銷售應注意事項」之規定，保險業從事投資型保險商品招攬、核保、保全之業務單位，應於多久辦理專案自行查核作業？
(A)每月　　**(B)每季**　　**(C)每半年**　　**(D)每年**

- B
- 投資型保險專案查核至少每季一次，例如：應抽查商品文宣。投資型保險稽核至少每年一次。

126. 根據「保險業承保身心障礙者處理原則」之規定,保險公司對於心智障礙者評估危險時,應考慮下列那些因素?①被保險人之心智及身體狀態 ②被保險人從事職業內容之危險程度 ③個人或家庭之財務狀況 ④投保險種之特性

(A)僅②③　　(B)僅①②④　　(C)僅①③④　　(D)①②③④

● 　D
● 　整體考量相關風險。

127. 依保險業招攬及核保理賠辦法之規定,保險業對於未承保件個人資料之保存期間,原則上不得超過未承保確定之日起多少年?

(A) 3　　(B) 5　　(C) 7　　(D) 10

● 　B
● 　相關資料記錄都規定至少應保存五年。

128. 保險業招攬及核保理賠辦法之規定,保險業於訂定核保處理制度時,應明定受理要保書至同意承保出單之程序及流程圖,其中至少應包括核保準則、財務核保機制、生調體檢標準、保險通報機制、分層負責授權權限、再保險安排等內容。上述何者得不適用於微型保險?

(A)財務核保機制、保險通報機制
(B)生調體檢標準、保險通報機制
(C)財務核保機制、生調體檢標準
(D)財務核保機制、生調體檢標準、保險通報機制

- C
- 微型保險無財務核保及生調體檢問題，因為保費保額低而且已限制客戶職業或年收入

129. 保險業核保的主要目的包括那些？①防止道德危險 ②維護清償能力 ③查核要保疏漏或重複④滿足可保危險要求
(A)僅① (B)僅②③ (C)僅②③④ (D)①②③④

- D
- 全部相關項目皆與危險控管或死差益攸關

130. 根據「保險業評估洗錢及資恐風險及訂定相關防制計畫指引」之內容可知，保險業應建立定期且全面性之洗錢及資恐風險評估作業，以適時且有效地了解其所面對之整體洗錢與資恐風險，並依據風險評估結果分配適當資源，藉以採取有效的反制措施，預防或降低該等風險。至於風險評估項目，應包含下列那些？
　　①地域風險 ②客戶風險 ③商品風險 ④通路風險
　　(A)僅①② (B)僅①③④
　　(C)僅②③④ (D)①②③④

- D
- 有時整併為商品及通路風險

131. 依保險業資本適足性管理辦法之規定,「資本不足」等級之
標準為何?①資本適足率介於150%-200%②資本適足率介於
200%-300% ③最近二期淨值比率未達3%,且其中一期在2%
以上 ④最近二期淨值比率未達4%,且其中一期在3%以上
(A)①③　(B)①④　(C)②③　(D)②④

● A
● 主管機關採雙指標判定保險業資本適足。RBC 低於 200%
或淨值比率未達 3%皆屬於資本不足。

132. 金融監督管理委員會為強化壽險業經營體質,自 109 年 4
月 1 日起將下列何項指標,納入資本適足率等級之劃分標準,
期能藉此健全壽險業之財務結構?
(A)淨值比率　　　　　　(B)槓桿比率
(C)股東權益對負債比率　(D)運用資本對資產總額比率

● A
● 淨值比率=淨值/資產;資產不包含投資型保險商品分離帳
戶。

133. 根據「保險業風險管理實務守則」之內容可知，風險管理流程除風險辨識、風險衡量以外，尚應涵蓋下列那些項目？①風險回應 ②風險監控 ③資訊 ④溝通 ⑤文件化
(A)僅①④　　　(B)僅②③⑤
(C)僅②③④⑤　(D)①②③④⑤

● D
● 風險辨識、風險衡量、風險回應、風險監控並結合資訊、溝通及文件化

134. 保險業為落實內部控制制度之推動，應建立內部控制三道防線，其第二道防線包括下列那些項目？①自行查核制度 ②法令遵循制度 ③風險管理機制 ④內部稽核制度
(A)①②　(B)②③　(C)③④　(D)②④

● B
● 第一道防線：自行查核
● 第二道防線：風管、法遵、專責部門
● 第三道防線：稽核

135. 我國人身保險安定基金係以總保險費收入為基礎,並按「資本適足率」及「經營管理績效指標評等」等兩項風險指標核算差別提撥率,其中有關「經營管理績效指標評等」之規定,下列何者正確?

①評等標準共分為 5 個等級 ②評等標準共分為 6 個等級
③指標項目共分為 5 個類別 ④指標項目共分為 6 個類別

(A)①③　　(B)①④　　(C)②③　　(D)②④

● 　A
● 　評等標準共分為 5 個等級、指標項目共分為 5 個類別

136. 依「保險業負責人應具備資格條件準則」第 4 條,有關保險業負責人兼職之原則性規定,下列敘述何者錯誤?

(A)保險業之董（理）事長、總經理或與其職責相當之人,不得擔任非保險相關事業之董（理）事長、總經理或職責相當之人

(B)保險業董（理）事長不得兼任總經理

(C)保險業負責人不得兼任其他保險業、金融控股公司、銀行、信託公司等金融機構之負責人

(D)保險業負責人違反兼職限制規定者,主管機關得逕行予以解任

● 　D
● 　產金分離政策:保險業與非保險業應專業分離
● 　董事長與總經理各有專業,不得兼任。
● 　競業禁止:不得兼任其他金融保險同業負責人
● 　違反兼職限制,**應限期改善**。

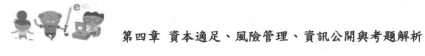

137. 下列何種準備金之給付對象為受益人？
①賠款準備金 ②特別準備金
③未滿期保費準備金④責任準備金
(A)僅④　　(B)僅①②　　(C)僅①②③　　(D)①②③④

- B
- 退還保費及保價金給付對象為要保人(繳費者)；賠款或特別準備金多出現於賠款變動時，賠付對象為受益人。

138. 下列有關人壽保險契約中「受益人」之敘述，何者正確？
(A)要保人須經保險人同意指定受益人
(B)受益人故意致被保險人於死者，喪失其受益權
(C)胎兒不得為受益人
(D)無受益人時，其保險金須收歸國有

- B
- 指定受益人之權利為要保人
- 胎兒亦得為受益人
- 無受益人時，其保險金須返還予應得之人，例如：要保人。

139. 下列有關復效條款之敘述，何者正確？
(A)若要保人未申請復效，保險公司則不必退還保單價值準備金
(B)停效期間屆滿而要保人未申請復效時，保險的效力即行終止
(C)相較於寬限期間的規定，復效條款所引發的危險逆選擇疑慮較小
(D)要保人可在繳保費後的 3 年內申請保單復效

- B
- 停效滿 2 年、保單終止，若有保價金應返還要保人
- 復效前後仍存有危險逆選擇疑慮

140. 下列有關契約撤銷權的敘述，何者正確？
(A)要保人行使契約撤銷權時，應以書面為之
(B)契約撤銷權僅能由保險人同意而為之
(C)契約撤銷權之效力應自保費停繳後生效
(D)保險契約撤銷生效後，保險人仍負理賠責任

- A
- 須由客戶填寫書面的契撤申請書
- 收到申請後，保險人不得拒絕客戶之申請
- 應從收到保單時起算
- 撤銷契約後，契約無效

141. 下列有關定型化人壽保險契約之說明，何者正確？

(A)定型化人壽保險契約是消費者所提出預先擬定之契約條款

(B)定型化人壽保險契約可以降低計畫性詐欺

(C)定型化契約具有加速交易的功能

(D)消費者對人壽保險需求的異質性高，所以可以透過定型化契約滿足消費者需求

- C
- 定型化契約由保險公司單方提供、定型化契約仍存有保險詐欺問題
- 異質性高則難透過定型化契約滿足
- 定型化契約可便於加快交易速度，因為條款固定

142. 下列有關壽險公司理賠部門所須負責之工作，何者正確？

(A)對被保險人作危險選擇　　(B)評估被保險人之危險

(C)對理賠案件進行調查　　(D)維持公平的保費

- C
- 核保：危險選擇及評估危險、維持公平的保費

143. 下列有關政府對壽險公司作嚴格監理的理由，何者正確？
(A)維持要保人的清償能力
(B)極大化壽險公司利潤
(C)使壽險商品更便宜
(D)壽險保單通常多屬長期性契約

● D
● 長期性契約，有賴永久經營
● 壽險業資產，絕大部分來自於保費積存金

144. 下列何者與被保險人須自行承擔部分損失的概念無關？
(A)自負額　　(B)危險逆選擇　　(C)部分負擔　　(D)等待期間

● B
● 危險逆選擇指要保人選擇對自己有利的方式投保，例如：改選擇團體保險或 1~4 級保費相同的意外險。

145. 下列有關簡易壽險的敘述，何者正確？
(A)只針對低收入戶推出
(B)通常屬於較低面額之壽險保單
(C)每單位保障之費率較低
(D)簡易壽險之商品不包括生存保險

● B
● 簡易壽險可銷售給一般大眾、因無體檢問題，因此保額不高。簡易壽險銷售許多儲蓄保險商品，因此費率也不低。

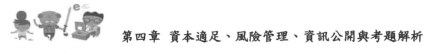

146. 下列有關萬能壽險的敘述，何者正確？
(A)保費繳納較具彈性　　(B)保單期間確定
(C)保險給付固定　　　　(D)不允許部分解約

* A
* 萬能壽險可規劃為終身契約，保單期間終身。
* 萬能壽險可隨時全部或部分解約；保險給付金額隨保價金浮動。

147. 下列有關變額壽險的特質，何者錯誤？
(A)有分離帳戶
(B)要保人可以選擇投資工具
(C)變額壽險就是保費變動的保險
(D)保險金額會隨分離帳戶中之投資績效不同而變化

* C
* 變額壽險指結合投資標的與定期壽險保障的商品；並非保費變動，意義不同。

148. 下列有關影響壽險業內保單革新之環境因素，何者錯誤？
(A)利率上升　　　　(B)新金融工具出現
(C)電腦科技之發展　(D)保險從業人員離職率高

* D

● 業務員離職率高的因素很多，不一定會造成保單革新，或
  許為內部人事管理或成本問題。

149. 下列有關壽險死亡率之敘述，何者正確？
(A)壽險業每隔兩年都必須重新編製死亡率表
(B)死亡率表與壽險公司營運所需費用相關
(C)死亡率表亦稱為生命表
(D)編製死亡率表時通常有假設一個最高利率

● C
● 死亡率表即生命表；與營運所需費用或利率無關
● 不一定每兩年重新編製生命表

150. 下列有關計算純保費所需考量的要素，何者正確？
(A)危險事故之發生率　　(B)保險人的利潤
(C)促銷保單之成本　　　(D)行政管理成本

● A
● 利潤、促銷或管理成本主要可納入營業費用內

151. 下列有關保險資訊與道德危險之敘述,何者正確?
(A)賣方資訊不足會導致「檸檬市場」
(B)買方資訊不足會導致危險逆選擇
(C)訊息不對稱可能會導致道德危險
(D)社會保險可以降低道德危險

- C
- 保險賣方(保險公司)資訊不足會造成危險逆選擇
- 檸檬市場因為買方資訊不足而造成
- 訊息不對稱可能產生道德危險
- 社會保險仍有詐保的道德危險

152. 下列有關可以增強壽險公司的市場競爭力之因素,何者正確?
(A)強迫推銷　　(B)資產價值波動
(C)商品創新　　(D)利率波動

- C
- 商品創新可取得專利權或市場先機,也可以增加公司競爭力。

153. 下列有關精算中介之特質的敘述，何者正確？

(A)精算中介強調將資金進行投資，並回饋給予保險參與者

(B)精算中介將不同的危險集中、分散，然後獲得一個平均死亡危險

(C)精算中介強化貨幣中介的功用

(D)精算中介強調壽險招攬

- B
- 壽險精算為大數法則及平均保費之概念

154. 下列有關影響壽險公司釐訂自留額的主要因素，何者正確？

(A)壽險公司股票價格的高低

(B)行銷通路的選擇

(C)多角化經營的發展

(D)壽險公司自身承擔風險的能力

- D
- 再保險自留額，與公司承擔的保額風險高低攸關。

155. 下列有關我國壽險業從事再保險業務的敘述,何者錯誤?
(A)原始發行保單的壽險公司可稱為分保公司
(B)接受移轉危險的公司稱為再保險人
(C)再保險是人壽保險公司從事危險移轉的一種方式
(D)我國壽險業僅能向國外再保險公司分出保險業務

● D
● 也可分保給國內再保險公司。

156. 下列有關產險業可以經營健康保險與傷害保險之理由的敘述,何者正確?
(A)基於我國保險市場特性之考量
(B)健康險與傷害險之保費屬於費用性質
(C)健康險與傷害險的危險發生率呈現規則現象
(D)健康險與傷害險是採用平準保費

● B
● 費用性質無儲蓄投資或長期保障功能
● 意外險或健康險多採一年期附約形式

157. 下列有關危險逆選擇問題的敘述，何者正確？
(A)通常壽險公司會比消費者更了解消費者自己的健康狀況
(B)壽險公司透過理賠降低危險逆選擇問題
(C)危險逆選擇問題將對壽險公司造成負面的財務影響
(D)危險逆選擇問題導致買方資訊不足

- C
- 保險賣方(保險公司)資訊不足會造成危險逆選擇
- 逆選擇造成保險公司的損失

158. 依保險法第 64 條規定，保險人得解除契約須具備的要件
有
(A)要保人故意隱匿或過失遺漏，或為不實之說明
(B)須足以變更或減少保險人對於危險之估計
(C)要保人之不實告知，須在契約訂立時所為
(D)以上皆是。

- C

159. 投資型保險契約所提供連結之投資標的發行或經理機構破產時,應由何人向該機構積極追償?
(A)受益人
(B)要保人
(C)銷售商品之保險公司
(D)投資標的之保管銀行

● C

160. 張先生為自己投保新台幣 100 萬元保額的定期壽險,若其在契約有效期間內因意外事故而致十足趾缺失,則可獲得的失能保險金為新台幣多少元?

(A)無給付 (B) 10 萬元 (C) 50 萬元 (D) 100 萬元

● A

第五章 壽險市場、商品與行銷體系要點

- 第一節 壽險市場概況
- 第二節 壽險業行銷體系職能要點
- 第三節 人身保險商品要點

第五章 壽險市場、商品與行銷體系介紹

第一節 壽險市場概況

一、壽險市場重要指標[15]

1. 保險密度
- 公式 = 期間內總保費收入 / 人口數；代表平均每人的保費支出金額。
- 意義：若以人身保險為例，人身保險保險密度金額愈高，代表當年度平均每人繳納保費愈高，通常也表示民眾對於高保費的儲蓄型或投資型保險商品的偏好愈強。
- 108 年度台灣地區之人身保險保險密度約為 14.7 萬元，金額頗高。

2. 保險滲透度
(1) 公式 = 期間內總保費收入 / GDP；代表當年度平均保費收入之所得佔率。
(2) 若以人身保險為例，人身保險保險滲透度愈高，代表當年度民眾花費在人身保險的支出佔率愈高。
(3) 108 年度台灣地區之人身保險保險滲透度達 18.3%，居全球之冠。

3. 人壽保險及年金保險普及率
(1) 公式 = 該時點人壽保險及年金保險(有效契約)保額 / 國民所得。

---

[15] 參金管會保險局，保險市場重要指標，保險事業發展中心網站資訊

(2) 意義：代表人壽保險及年金保險有效契約保額的國民所得倍數。若以人壽保險為例，普及率高，表示有效契約保額高達國民所得的數倍。

(3) 108 年底台灣地區之人壽保險及年金保險普及率約為 303.7%，代表有效契約保額約為當年度國民所得的 3 倍。

4. 人壽保險及年金保險保險投保率

(1) 公式 = 該時點人壽保險及年金保險(有效契約)投保件數 / 人口數。

(2) 意義：相當於平均每人已投保之有效保單數。若以人壽保險為例，特定年齡層投保率高，表示該年齡層平均每人投保多張保單；反之，若該年齡層投保率偏低，表示該年齡許多民眾尚未投保壽險或投保件數少。

(3) 108 年底台灣地區之人壽保險及年金保險投保率約為 256.1%，代表整體平均來說，平均每人已投保 2.56 張保單。

5. 壽險業資產佔金融機構資產比率

(1) 公式 = 壽險業資產 / 金融機構資產。

(2) 意義：壽險業資產佔率愈高，代表著壽險業累積資產金額高，對於整體金融機構影響大，對於整個國家的經濟影響大。

(3) 108 年底壽險業資產金額約 30 兆台幣；台灣地區之壽險業資產佔金融機構資產比率為 35.5%。

二、壽險市場保費概況

　　壽險業保費收入可以分出初年度保費收入與續年度保費收入，初年度保費收入或新契約保費收入(First Year Premium, FYP)主要為當年度新投保的保單，在當年度繳納的保費收入金額。續年度保費收入(Renewal Year Premium, RYP)則為過去年度的所有有效契約保單在當年度繳納的保費金額。壽險公司隨著業務成長，分期繳業務的續年度保費收入通常呈現逐年成長趨勢，因為每年都有新契約投保，將於隔年成為續年度保費收入的加項。最後將初年度保費收入加上續年度保費收入，就成為總保費收入(Total Premium)。

　　壽險公司每月都會填報壽險公會或保險事業發展中心保費收入金額，可進一步計算出各公司初年度保費收入排名。另外，為避免壽險公司盲目追求業績排名或市場佔率，而過度推動蔓繳或短繳期商品，保險事業發展中心另行制訂新契約等價保費收入，透過將繳費年期低於六年的保費打折計算方式[16]，另行計算新契約等價保費收入金額與排名，以避免保費收入排名失真情事。另外，因應保險業實施 IFRS 4 國際會計準則，壽險業的保費收入認列，必須符合其要求，否則將被認列為負債、而非保費收入，例如：許多變額年金保險由於保障功能低，因此該變額年金的保費常列為負債。

---

[16]計算比率：蔓繳 10%；2 年繳 20%；3 年繳 30%；4 年繳 40%；5 年繳 50%；6 年繳以上為 100%。

1.保費金額與佔率之險種別分析
● 整體壽險業的初年度保費收入金額近 1 兆台幣。其中傳統型
保險保費佔率約 65%，投資型保險保費佔率約 35%。

2.保費金額與佔率之行銷通路來源分析
● 就壽險業 109 年初年度保費收入分析，保費佔率最高的行銷
通路來源是銀行保險通路，佔率約 52%；其次為壽險公司
的業務人員，佔率近 39%；一般保經代的保費佔率約 9%。
● 須留意銀行保險通路之主力商品以躉繳或短繳期為主，因此
若以等價保費分析，則銀保通路佔率將大幅下滑。
● 若以傷害險及健康險比較，主要通路為壽險公司業務員通
路。

3.歷年台灣壽險業人身保險商品配置趨勢
● 89 年度之前，主力商品全部為傳統型壽險商品，包含人壽
保險、傳統型年金、傷害險與健康險商品。
● 89 年度之後，利率變動型年金、萬能壽險、利率變動型壽
險、投資型壽險與投資型年金上市後，也讓整體保費收入迅
速攀升。
● 93 年後，投資型保險與利變型保險之業績佔率增加迅速，
商品保費佔率之波動區間也加大。銀行保險通路的崛起，也
提供投資型保險與利變型保險良好的成長環境。
● 金融海嘯後投資型保險業績大受衝擊，但傳統型保險與利變
型保險的業績反而逆勢攀上高峰。隨著資本市場起飛，投資
型保險業績已升溫。

● 因應投資環境變化、IFRS 導入及主管機關政策規範，台幣
薑繳及短繳期儲蓄型壽險商品佔率下滑。108 年底至 110 年
全球因新冠肺炎疫情衝擊，各國政府採行寬鬆貨幣政策及紓
困救市策略，導致利率下滑及匯率波動，也使得外幣壽險商
品業績伴隨調整，利率變動型商品宣告利率逐漸調降。

三、壽險公司市場趨勢概況

1. 近年來壽險公司家數呈現減少，主要是由於公司合併或業務
移轉以及外商出售，壽險公司家數由 30 家減少為 21~22 家。

2. 台灣壽險業總保費收入與總資產規模迅速攀升，也反映出商
品組合的變動與商品多元化的業務擴充。

3. 壽險公司資產規模與保費規模大幅增加，但內勤人數並未大
幅增加。

4. 業務人員 13 個月定著率約 5 成：第 13 個月定著率指當年度
登錄保險業務員，在第十三個月仍在職，且舉績 1 件以上人
數與當年度登錄業務員人數比率。觀察發現業務人員數呈現
波動，而且近年業務人員 13 個月定著率約 5 成，反映出業務
員因招攬不易而離職以及部分業務員轉職至經紀人與代理人
之狀況。

5. 登錄於壽險代理人業者與壽險經紀人業者之人數相當，合計
已達 16.5 萬人，接近於壽險公司登錄業務員人數 22.5 萬人。

6. 由於銀行多成立保代部門從事保險業務，因此代理人業者的
登錄人數、保費收入與佣獎收入向上攀升。

7. 保單繼續率維持高檔，代表保單持續繳費比率增加與保單持
續有效的比率增高。

表 5.1 壽險公司業務財務概況統計(最新數值)

項目	數值概況 (108 年或 109 年)
新契約保費收入(109 年)	近 1 兆
總保費收入(109 年)	約 3 兆
整體壽險公司資產規模 (109 年)	約 31 兆
佔率(壽險業資產佔金融 保險業資產) (109 年)	約 36%
壽險公司內勤員工數	3 萬人
壽險公司登錄業務員 人數	22.5 萬人
壽險公司登錄業務人員 13 個月定著率	50%
保單第 13 個月件數 繼續率	93%
保單第 25 個月件數 繼續率	89%

基礎資料來源：保險事業發展中心財務業務統計或壽險公會
　　　　　　　數值彙編估算

表 5.2 壽險經代業者業務概況統計

項目	業務概況
登錄於壽險經紀人業者業務員人數	8.2 萬人
壽險經紀人總保費收入	3,400 億
壽險經紀人通路保費佔率	10%
壽險經紀人通路佣獎收入	230 億
登錄於壽險代理人業者業務員人數	8.3 萬人
壽險代理人總保費收入	9,800 億
壽險代理人通路保費佔率	28%
壽險代理人通路佣獎收入	550 億

資料來源：保險事業發展中心 108 年財務業務統計

四、台灣壽險業行銷現況與趨勢

　　觀察近年來台灣壽險業的行銷現況與趨勢，可歸納出四大趨勢，摘列如下：

1.全方位個人理財與多元化商品行銷趨勢：

　　壽險商品已成為個人理財與保障商品的重要一環。業務員同時必須熟悉多元化商品，僅熟悉單一類型壽險商品的業務員已難以存活或難以符合公司要求。

2.壽險、產險、投信投顧、證券、銀行及其他產業相互合作競　爭的時代：

　　壽險業陸續與產險、投信投顧、證券、銀行、醫療照護及醫療健檢機構合作，甚至合作產業擴及禮儀服務、藥局、長照、3C 產業等其他產業，邁向相互合作競爭的時代。

3.多元化行銷通路及多證照時代趨勢：

　　多元化行銷通路同時存在於市場，競爭加劇；另外業務員被要求擁有多元化證照並須參與愈來愈多的訓練，才能符合招攬資格。

4.主管機關嚴格監理及壽險業強化內控內稽管理狀況：

　　主管機關對於不當招攬銷售行銷依法規從嚴裁罰、加強檢查並透過法令規範要求壽險業強化內控內稽管理，壽險業必須投入更多人力、財務、系統等各式資源進行業務、行政或財務各方面之管理，以符合規範。

五、壽險商品與其他金融商品整合優勢

　　從財富管理觀點來看，壽險商品之儲蓄投資與保障功能，更能強化銀行財富管理商品之缺口，也因此壽險商品已成為財富管理或個人理財規劃中，不可或缺的重要一環。進一步分析，

壽險商品與銀行存款或基金商品的整合優勢如下：

1. 人壽保險商品為長期商品，銀行存款商品主要為短期商品，透過長期商品可補銀行商品之不足。

2. 萬能保險、利率變動型年金或躉繳儲蓄保險之儲蓄功能強，而且中長期商品報酬率常高於定期存款利率或活期存款利率，因此頗受存款戶青睞。

3. 變額年金保險或投資型保險提供多元化基金商品與壽險或年金保障，商品特質與共同基金各有優劣，可以補強銀行基金信託商品平台。

4. 透過壽險商品的稅惠，結合信託商品的專業安全管理與投資，可讓保險金給付更具彈性、安全性與誘因。

第二節 壽險業行銷體系職能要點

一、壽險業行銷通路體系職務要點

壽險行銷仰賴多元通路且壽險行銷不僅止於銷售，壽險行銷涵蓋銷售通路管理、佣獎制度與晉升考核、人事管理與佣獎審核發放及考核、訓練與法令宣導遵循、商品策略與上下市、行銷通路系統支援與服務、行銷活動規劃、KPI 追蹤與客戶管理與行政支援等各層面。壽險行銷與壽險經營管理、監理環環相扣，壽險經營與行銷絕非簡單的銷售解說，涉及多元專業，各專業部門間又相互依存。

依照主要的職務區分，壽險業的行銷通路體系，依照主要的職務區分，可區分為業務行政人員與業務行銷人員。業務行政人員負責業務管理、目標訂立與追蹤、業績統計、人事管理、

行政管理、獎勵制度、活動規劃與人員訓練等各職務。業務行銷人員則主要負責單位或個人的業務招攬、業務推動、客戶管理、增員與輔導訓練等事務。另外，並非所有的業務行銷人員都是低底薪高佣金制，許多業務行銷人員其實是固定薪搭配獎金制，例如：團體保險推廣人員、經代推廣人員、銀行保險輔導推廣人員或理財專員等。

　　壽險業的業務行政人員提供許多業務行政支援，以協助業務行銷人員推展業績；業務支援系統就是其中一項資訊系統面的支援。就壽險公司或保經代公司的業務支援資訊系統而言，通常具備以下功能：

1. 訊息：公文訊息、電子郵件收發、活動訊息、新商品公告、人事公告。

2. 教材與表單：證照考試題庫與教材、商品資訊與佣金率查詢。

3. 保單與客戶查詢：保單核保進度查詢與保單基本資料查詢。

4. 績效管理：所屬單位業績(FYP)、佣金(FYC)、件數、考試通過率、回購率、繼續率與定著率查詢。

5. 建議書系統：提供客戶管理、商品給付內容圖示、簡介與保費計算功能。

6. 其他：諸如：行銷活動管理與名單傳送與跨售訊息等。

壽險公司的主要行銷部門職能或職務，可列舉如下表供參：

表5.3 壽險公司的主要行銷部門職能或職務

部門	主要職掌
業務管理部	業務人員人事行政管理、單位業績與指標統計、業務推動與業務員通路行銷策略研擬等事項
經紀代理部	保代公司業務推廣及行政事務等事項
團險營業部	團險業務拓展、核保、保全與客戶服務
銀行保險部	銀行保險業務之開發、訓練與推廣
直效行銷部	電話行銷、郵件行銷、網路行銷與電視行銷等業務推廣
教育訓練部	內外勤人員教育訓練與刊物編輯等事項
CRM與技術支援部	CRM制度推動與業務支援軟體之維護開發
業務控管部	業務品質控管、業務管理與法令遵循
行銷企劃部	行銷獎勵活動規劃與執行、行銷策略推動、行銷專案規劃與執行
商品企劃部	商品構想提出，商品上下市管理作業管理、商品審查與協調

二、壽險行銷通路介紹

1. 直接行銷通路

　　投保案件業務來源由壽險公司轄下直屬員工招攬，銷售人員屬於公司自己內聘的銷售團隊；諸如通訊處壽險業務員、團體保險業務員、理財業務員、公司內部的網路或電話行銷業務員等。直接行銷通路可能透過賣方主動的模式進行，例如：以業務人員拜訪客戶的模式行銷、透過資料庫系統郵寄給目標客戶行銷或電話行銷；也可能採取買方主動模式，例如：網路投保、臨櫃投保或電視媒體投保等模式。

2. 間接行銷通路

　　業務來源為簽約合作的外部銷售單位，諸如：銀行、保經公司、保代公司、電視媒體、電話行銷公司等。

三、多元化行銷通路趨勢

　　壽險業的行銷通路已走向多元化行銷通路，涵蓋業務人員通路、銀行通路、一般經代通路、直效行銷通路、團體保險與關係企業行銷、VIP 客戶行銷等其他通路。就各行銷通路項目，可以列述如下：

1. 業務員通路：又可依照業務人員是否負責收取續期保費，區分為收展制(招收合一制)或專招制(專門招攬制)。

2. 銀行證券通路或銀行經代通路：銀行或證券公司普遍皆設立保險經代部門或公司，以便於其理財專員、營業員、投資專員或行政人員招攬人身保險業務並為公司賺取佣酬及發揮綜效。

3. 一般經代通路：非由銀行或證券公司投資成立的經代公司，實務通稱為一般經代公司。一般的經代公司目前主要透過登錄於保代公司或保經公司的業務人員招攬業績。

4. 團體保險：主要目標客戶為法人或企業客戶；透過向法人或

企業客戶推展團體保險商品並提供後續保單相關服務,協助企業法人實施員工福利與落實勞基法雇主責任,通常可透過員工自費投保方式推廣個人保險。

5. 其他通路:諸如:關係企業行銷、VIP 客戶行銷、電視行銷、網路行銷、電話行銷、DM 郵件行銷等。

四、壽險經代公司行銷通路主要部門職能或職務

　　壽險經紀人公司或代理人公司行銷通路部門之主要職能或職務,可列舉如下表供參。國內仍以地理位置區分行銷單位,例如:東區、北區、中區、南區等。

表 5.4 壽險經代公司的主要行銷部門職能或職務

部門	主要職務
北區業務部	北區業務推展與單位管理
中區業務部	中區業務推展與單位管理
南區業務部	南區業務推展與單位管理
業務支援部	全省業務管理、統計、人事管理與訓練

　　另外,若由銀行兼營保經保代業務,則多成立保代部門或保經部門,專門負責相關業務之管理與推動,銀行的業務人員則為各分行的理財業務人員。

表 5.5 銀行保經代主要銷售通路範例

部門	主要職務
保險經代部	負責契約行政受理、商品及佣獎管理、佣獎核對、行銷訓練資訊及活動、法令遵循等
財富管理處	理財人員管理、教育訓練、行銷訓練資訊及活動、獎金核對與管理等。
各分行	招攬作業、客戶管理及內部控制 (台北分行、民生分行、信義分行、板橋分行、市府分行……………)

五、壽險公司的直營業務通路與經代通路之比較

　　壽險公司的直營業務通路，主要透過所屬各職級業務人員推展業務；保險經代通路主要也透過各職級業務人員推展業務，但進一步分析仍可比較二者差異如下：

表 5.6 直營業務通路與經代通路之比較

項目	直屬業務通訊處	保險經代通路
銷售商品	● 壽險公司商品部門開發，開放業務通路銷售之商品	● 專屬代理人：只可銷售單一簽約壽險公司授權銷售商品 ● 一般經代：可銷售多家公司的簽約商品
業務制度	● 壽險公司訂立	● 經代公司訂立
佣金支給	● 由壽險公司支付各職級業務人員適用的佣金支給 ● 佣金支給發放作業由壽險公司負責	● 壽險公司支付經代公司佣金支給 ● 經代公司所屬業務人員之佣金支給由經代公司自行發放
教育訓練	主要由壽險公司訓練部或業務部門負責	主要由經代公司自行負責
業務管理	主要由壽險公司業務行政/管理部門負責	主要由經代公司行政部門負責

六、新型態銷售通路或服務

1. 電話行銷：保險業或保經代透過電話行銷中心由電話行銷人員從事招攬保險，並經要保人同意於電話線上成立保險契約。

2. **電話投保線上成交規範**：限為免體檢及免健康告知的案件、要保人與被保險人為同一人、被保險人須成年、限外撥電話（Outbound）的方式、壽險為免體檢及免告知之保件、商品與金額受限，例如：傷害保險之保險金額最高為新臺幣 6 百萬元、投資型壽險不可電話投保。

3. 電視行銷：保險業以電視台為保險商品行銷通路，從事招攬保險之行為。電視行銷人員，包含電視主持人、製作人及講解販售商品者，應具備保險業務員資格。

4. 行動投保服務：指客戶於保險公司所出具的**書面或採經主管機關核准之驗證方式**確認同意透過業務員或服務人員提供之含有觸控書寫功能之平板電腦、手機、筆記型電腦及個人電腦等電子設備輸入客戶要保資料，以電子文件方式代替紙本要保書及相關文件，與保險公司締結保險契約之業務。

5. 網路投保：指要保人經由網路與保險公司電腦連線，完成首次註冊及身分驗證程序後，輸入要保資料並完成投保及身分驗證程序，直接與保險公司締結保險契約者。

第三節 人身保險商品要點

一、傳統壽險商品

　　人壽保險依契約期間可區分為終身壽險與定期壽險；進一步可再區分出無生存還本商品或有生存還本的商品類別。

1. 終身壽險(保障型、無還本)：保障型的終身壽險提供被保險人終身身故或完全失能保障；若被保險人身故或完全失能，壽險公司依約定給付身故完全失能保險給付。一般壽險學理上所述的終身壽險，指純保障型平準終身壽險。

2. 終身還本保險(還本型)：終身還本保險除了提供被保險人終身身故或完全失能保障外，另外提供生存保險金等生存給付，讓保戶同時享有終身保障與定期還本。

3. 定期壽險(保障型、無還本)：定期壽險提供被保險人特定期間內的身故完全失能保障；若被保險人在期間內身故或完全失能，壽險公司依約定給付身故完全失能保險給付。一般壽險學理上所述的定期壽險，指純保障型平準定期壽險。

4. 定期壽險(還本型)：除提供被保險人特定期間內的身故完全失能保障外，另外提供生存保險金或滿期保險金等生存給付，讓保戶同時享有定期保障與儲蓄。一般壽險學理上所述的養老保險或儲蓄保險，通常為涵蓋定期身故完全失能保障與滿期領回滿期保險金的壽險商品。

表 5.7 定期壽險、終身壽險與養老保險商品特色比較

	保障型態	優缺點	適合投保族群
定期壽險	● 提供特定期間內的身故完全失能保障 ● 通常保障期間內並無生存保險金或滿期保險金	● 優點：保費低、保障高 ● 缺點：無生存還本、無終身保障、解約金低	● 社會新鮮人新婚族群 ● 家庭經濟重擔 ● 房貸族、信貸族
終身壽險	● 提供終身的身故完全失能保障 ● 通常保障期間內並無生存給付	● 優點：終身保障、解約金逐步成長 ● 缺點：保費較定期壽險貴，通常儲蓄功能弱於養老保險	● 有一定收入或資歷的上班族 ● 喪葬費用與遺產規劃族群 ● 終身保障族群與強迫儲蓄族群
養老保險	● 提供特定期間內身故完全失能保障 ● 保障期滿被保險人仍生存，可領取滿期保險金	● 優點：滿期領回多、儲蓄功能強、契約期間較短 ● 缺點：保費最貴、保障低、通常無終身保障	● 中高齡族群 ● 定期儲蓄族群 ● 已有基本保障族群

二、其他壽險商品或年金商品

　　除傳統型壽險商品外，壽險商品透過創新設計或差異化，衍生許多不同的商品設計；諸如：分紅保單、不分紅保單、利率變動型壽險、小額終老壽險、優體或弱體保單、微型保單、實物給付型保單、具外溢效果健康管理保單、外幣傳統型保單與投資型保單、附保證給付變額保險商品、傳統年金、利率變動型年金、變額年金、投資型壽險、萬能壽險等商品陸續上市。

　　其次，109 年 7 月起壽險商品進入壽險商品保障轉變期，因為主管機關要求壽險商品須符合最低壽險保障倍數，並停售保障倍數低的儲蓄型或投資型壽險商品，引發壽險商品結構的重新配置。

三、商品特色簡易比較表

1.萬能壽險與傳統壽險特色比較

項目/商品別	萬能壽險	傳統壽險
商品概念	定期存款 ＋ 定期壽險	定期壽險、終身壽險、養老壽險
保單價值準備金累積	依照宣告利率累積(宣告利率每月或每年調整)	依照預定利率累積(預定利率固定不變)
保費繳納	彈性繳費、躉繳、分期繳	定期繳納保費、躉繳
費用揭露	費用明確揭露	費用未明確揭露
保險金額	保額可彈性調整	保額固定

2. 變額萬能壽險與傳統壽險特色比較

項目/商品別	變額萬能壽險 (投資型壽險)	傳統壽險
商品概念	共同基金等標的 + 定期壽險	定期壽險、終身壽險、養老壽險
保單價值準備金累積	依照基金淨值與單位數累積保單帳戶價值	依照預定利率累積(預定利率固定不變)
保費繳納	彈性繳費、躉繳、分期繳	定期繳納保費、躉繳
費用揭露	費用明確揭露	費用未明確揭露
投資風險承擔	保戶承擔投資風險	壽險公司承擔投資風險
保險金額	保額可彈性調整	保額固定
其他	多元化投資標的選擇、免費基金移轉	

3.傳統壽險與利率變動型壽險特色比較

項目/商品別	利率變動型壽險	傳統壽險
商品概念	傳統壽險(定期壽險、終身壽險或養老壽險) ＋ 利差回饋	定期壽險、終身壽險、養老壽險
保單價值準備金累積	傳統壽險部分：依照預定利率等變數累積 利差回饋：依照宣告利率扣除預定利率計算累積	依照預定利率等變數累積(預定利率固定不變)
保費繳納	定期繳納保費、躉繳	定期繳納保費、躉繳
費用揭露	費用未明確揭露	費用未明確揭露
保險金額	傳統壽險 保額固定	保額固定
備註	利差回饋若選擇增額繳清保額，保額將增加	可以設計為分紅或不分紅保單

*答題時只需要挑選考題要求的答案，不需要多寫。

**不同商品可以跨表比較，因為比較項目相同。

四、年金商品與壽險商品比較

　　年金保險就年金給付始期分類，可分為即期年金保險與遞延年金保險。另外，就遞延年金保險商品可進一步分類如下：

1. 傳統型(遞延)年金保險：壽險公司將要保人繳交的保險費扣除費用後，依預定利率累積年金保單價值準備金；遞延期滿再依年金保單價值準備金計算年金金額並給付年金。

2. 利率變動型(遞延)年金保險：壽險公司將要保人繳交的保險費扣除費用後，依宣告利率累積年金保單價值準備金；遞延期滿再依年金保單價值準備金計算年金金額並給付年金。

3. 變額(遞延)年金保險：壽險公司將要保人繳交的保險費扣除費用後，投入要保人選擇的投資標的，並依據標的淨值與單位數累積保單帳戶價值；遞延期滿再依保單帳戶價值計算年金金額並給付年金。

表 5.8　利率變動型年金與傳統壽險之比較

項目	利率變動型年金保險	傳統型人壽保險
主要商品	即期年金，遞延年金	定期壽險、終身壽險、養老保險
身故保障	● 即期年金：無身故保障，保證期間身故退還未支領保證年金餘額 ● 遞延年金：累積期間身故退還保單價值準備金予要保人，並無額外壽險身故給付予受益人	● 身故保險金：依契約約定的保險金額給付 ● 若為儲蓄型保險，身故保險金常採保險金額、保單價值準備金、所繳保費扣除已領生存金，依三者取高者給付。

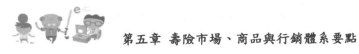

項目	利率變動型年金保險	傳統型人壽保險
純保費計算基礎	● 傳統型年金或遞延年金給付期間之費率,通常考慮生存率、預定利率或宣告利率 ● 年金給付日年齡愈輕,保費愈貴	● 考慮死亡率與預定利率等變數 ● 年紀愈輕,通常保費愈便宜
年金或生存給付	● 活得愈久、領得愈多 ● 屬於年金給付型態,例如:可選擇每年給付、每月給付。	● 可能為一次給付的滿期保險金、定期給付的生存保險金或純保障型態
費用揭露	● 費用明確揭露	● 費用未明確揭露,保戶無法得知費用明細
保單貸款	● 即期年金:不可辦理保單貸款 ● 遞延年金:累積期間可辦理保單貸款,年金給付期則否	● 可辦理保單貸款
解約或提領	● 即期年金:投保後不可辦理解約或提領 ● 遞延年金:累積期間可辦理解約或提領,年金給付期則否	● 可辦理全部解約或部分解約
責任準備金提存	● 累積期間:提存金額為年金保單價值準備金 ● 給付期間或即期年金:甲型為平衡責任準備金	● 台幣保單的責任準備金提存利率約為0.5%~2%。 ● 採修正制責任準備金

五、利率變動型年金與變額年金商品特色比較

　　就利率變動型遞延年金與變額遞延年金商品，比較二者特色如下：

商品別	變額遞延年金	利率變動型遞延年金
商品概念	共同基金等標的＋年金給付	定期存款+年金給付
保單價值準備金累積	依照基金淨值與單位數累積保單帳戶價值	依照宣告利率累積(宣告利率每月或每年調整)
保費繳納	彈性繳費	彈性繳費
費用揭露	費用明確揭露	費用明確揭露
客戶主要風險承擔	投資風險由保戶承擔	利率波動風險由保戶承擔
其他	多元化投資標的選擇、免費基金移轉	IRR通常高於定存利率、費用低

六、健康及傷害保險商品

　　壽險業銷售多元化健康險及傷害保險商品,諸如:終身醫療險、終身手術險、失能扶助保險、重大疾病或特定傷病保險、定期或一年期住院醫療或傷害醫療保險等。

　　其次,產險業可經營傷害險及健康險業務,可銷售商品限以保險期間為三年以下且不保證續保的保單,藉以與壽險業經營之健康險市場有所區隔。產險公司經營的醫療保險為短年期非保證續保;產險公司可因被保險人體況差或罹患重大疾病而拒絕保戶的續保;但不可以因為個別被保險人體況差或罹患重大疾病而針對該保戶加費承保。

表5.9　健康及傷害保險商品摘要表

商品類型	商品要點
一年期住院醫療保險(實支實付)	✧ 保證續保年齡受限,例如:70 歲 ✧ 由於年輕時期保費便宜,可作為年輕期間額外醫療費用補償
一年期住院醫療保險(日額型、綜合型)	✧ 住院津貼或醫療費用補償 ✧ 保證續保年齡受限,例如:70 歲 ✧ 可作為年輕期間額外醫療費用補償
一年期傷害醫療保險(實支實付)	✧ 自付傷害醫療費用補償 ✧ 保證續保年齡受限,例如:75 歲 ✧ 可作為 75 歲前額外醫療費用補償
一年期傷害住院醫療保險(日額型、綜合型)	✧ 意外住院日額津貼與骨折未住院日額津貼 ✧ 保證續保年齡受限,例如:75 歲 ✧ 可作為 75 歲前額外醫療費用補償

商品類型	商品要點
終身醫療保險	◇ 可提供終身的住院日額津貼、手術費用或醫療費用補償。 ◇ 給付項目：住院醫療日額、出院療養、手術、加護病房或燒燙傷中心等給付；部分商品另涵蓋身故給付、重大疾病或特定傷病給付，保障可更完整。
癌症保險	◇ 專門針對癌症量身訂作的健康保險，並未涵蓋意外及一般疾病的身故或住院手術醫療保障。 ◇ 提供癌症住院醫療、出院療養、手術治療、化療或放射線治療及癌症身故等各類給付。
重大疾病保險	◇ 當罹患重大疾病時，可以立即給付重大疾病保險金。 ◇ 重大疾病包含腦中風後障礙、急性心肌梗塞、冠狀動脈繞道手術、末期腎病變、重大器官移植或造血幹細胞移植、癌症與癱瘓等七項。
特定傷病保險	◇ 提供約定的特定傷病保險給付。 ◇ 例如：除了包含七項重大疾病提前給付外，另外提供契約約定的其他特定傷病，例如：老年相關疾病。

商品類型	商品要點
失能扶助保險	◇ 保費計算基礎涉及失能機率、失能期間長短與費用率等變數。 ◇ 當被保險人因為疾病或意外事故而完全失能或部分失能時，依契約提供被保險人或受益人定期失能給付，以彌補被保險人所得收入之損失。 ◇ 失能之定義：被保險人因遭受意外/意外或疾病事故，經醫師診療後症狀無法改善，因而失去工作能力，無法獲得原有薪資收入。
長期照護保險	經醫師診斷判定符合長期照護狀態時，壽險公司依約定金額給付長期照護給付之保險商品。長期照護狀態通常是指判定符合下列二種情形之一者： ◇ 生理功能障礙：進食、移位、如廁、沐浴、平地移動與更衣障礙等六項日常生活自理能力持續存在三項以上(含)之障礙。 ◇ 認知功能障礙：被診斷確定為失智狀態並有分辨上的障礙，在意識清醒的情況下有時間、場所與人物分辨上之障礙，判定有三項分辨障礙中之二項(含)以上者。

七、團體年金保險與賦益權

　　金融監督管理委員會於 2015 年發布的團體年金保單示範條款中,可透過契約帳戶價值讓與方式的規定,設計保單的「賦益權」。其中團體年金保險採納美國 401K 退休金計畫的「賦益權」(Vesting plan)設計,企業員工只要服務滿一定年資,便可取得保單帳戶價值,以補強其退休準備,更可作為企業留住好人才或招募時的重要福利。

　　「賦益權」指公司以公司費用定期支付保費幫員工投保,員工只要服務滿限定年資,便可取得保單帳戶價值。若員工留任越久,帳戶分得的比例也越高,服務到約定期滿所累積的帳戶價值全歸員工所有。企業雇主為要保單位,員工為被保險人,保險期間員工異動不會影響整體保單及其他被保險人權益。

八、其他保險商品

1. 小額終老保險:包含終身壽險並可附加傷害保險。終身壽險(保額最高 50 萬元)及可附加傷害保險(保額最高 10 萬元)。

(1)小額終老商品限制:限平準型、不得有增額或加倍給付,而且僅限為死亡保險,不得有生存還本之給付。

(2)小額終老壽險商品精算基礎規範:

- 第五回生命表死亡率:100%
- 預定利率:2%
- 附加費用率:10%
- 繳費年期為6年期以上。

2. 實物給付型保險商品：保險契約中約定保險事故發生時，保
   險公司以提供約定的物品或服務履行保險給付責任之保險商
   品。現行開放之商品型態：
(1)保險商品結合健康檢查服務及相關物品。
(2)保險商品結合殯葬服務及相關物品。
(3)保險商品結合長期照護服務及相關物品。
(4)其他：保險商品結合醫療、護理或老人安養服務及相關物
   品。

3. 具健康管理外溢效果的保險商品
   　　在商品設計時結合客戶健康管理的機制，若客戶自主健康
管理良好，則壽險公司給予保費調降或提供客戶額外給付或服
務。健康管理的保險商品，可以設計成實物給付型態或非實物
給付型態，例如針對客戶定期健走或控制血糖得宜者，提供保
費折減 10% 優惠及免費健康檢查。

4. 其他商品：
   　　外幣傳統型保單、外幣投資型保單、附保證給付變額保險
商品、優體保單、弱體保單、微型保險、傳統型年金保險、變
額年金保險、投資型人壽保險、分紅保單、不分紅保單、利率
變動型年金保險、萬能人壽保險、利率變動型人壽保險及
OIU(外籍人士)保單等。

第六章 壽險行銷管理與數位行銷

- 第一節 行銷觀念、策略與行銷管理
- 第二節 行銷策略與行銷組合
- 第三節 數位行銷與客戶關係管理
- 第四節 壽險業務員招攬流程要點

第六章 壽險行銷管理與數位行銷

第一節 行銷觀念、策略與行銷管理[17]

一、壽險商品與一般買賣業商品之比較

　　壽險商品與一般傳統產業商品差異頗多,從商品、價格、專業與監理各面向比較如下表:

表 6.1 壽險商品與一般傳統產業商品比較

項目/險種	壽險商品	一般買賣業
無形商品	● 無形商品	● 有形商品為主
契約內容	● 複雜專業難懂	● 相對上,簡單易懂
商品功能	● 涉及生老病死等人身風險事故 ● 商品具有保障、儲蓄、投資或節稅功能	● 購買後即可使用 ● 商品未涉及人身風險事故 ● 商品不具保障、儲蓄、投資或節稅功能
等價關係	● 保費與保險給付常不存在等價關係,僅有對價關係	● 商品價格與商品品質數量常有等價關係
成本或價格	● 成本不確定,僅能採精算預估 ● 契約生效後,未來事故發生才能獲得保障	● 成本容易預估 ● 購買後即可使用

---

[17] 參 Kotler 著,吳文清譯(1989),第二章;許長田(2000), P.34~45, P.90, P.123~127;Tony Fletcher & Neil Russell-Jones(1996), P.21-24, P.51-60, P.21-24,P.65, P.78,P.87, P.91, P.108;Clive W. bonny(1999), P.100, P.102

項目/險種	壽險商品	一般買賣業
契約期間	長期契約	短期契約或不須簽訂契約
經營專業	專業複雜	相對上，單純簡單
商品需求	缺乏主動投保需求	民眾常有主動購買需求
項目/險種	壽險商品	一般買賣業
監理	嚴格監理	未嚴格監理
主管機關	金管會保險局	經濟部

二、行銷觀念

　　Kotler 指出行銷是個人和團體透過創造、提供與他人自由交換有價值的商品和服務的社會過程。因此行銷是以客戶需求為導向，期望能夠滿足客戶需求以及提高客戶滿意度，以便公司能夠獲得長期利潤。進一步來說，行銷觀念有賴進行客戶資訊的收集分析，以便進一步了解客戶需求，並透過跨部門合作以提供客戶適當的商品或服務。

三、銷售導向與客戶導向(行銷導向)比較

1.銷售導向法：

(1)以公司業績與利益為導向，期望公司的商品能夠提供給客戶以便公司能夠獲得更高的短期利潤。

(2)業務人員擁有高超的銷售技巧，透過高度強調商品優勢方法並批評競爭對手的類似商品，搭配圓滑精明的展示技巧與自我推銷，而將商品銷售出去。

2.客戶導向(行銷導向)法：

(1)滿足客戶需求。

(2)業務人員需要了解客戶需求並為客戶解決問題，因此業務人員應該透過接觸與分析客戶以了解客戶需求，然後進一步提出對於客戶最佳的解決方案並兼顧客戶滿意度與公司長期利益。

四、社會行銷觀念

　　公司在制定行銷策略時，同時兼客戶需求、公司利潤以及社會福祉，以追求三贏的行銷成果。近年來，ESG 觀念成為企業社會責任的代表，ESG代表Environmental(環境)、Social(社會)、Governance(公司治理)等社會責任面向。

　　在氣候環境變遷劇烈及強調公司治理與社會責任之際，相當多企業已關注環境議題及公司治理議題，在生產、製造至行銷等方面帶領環境保護及永續經營理念，這是企業社會責任最佳表現。

五、行銷管理的流程

　　壽險商品的存在意義，即為不確定情況帶來的財務風險尋求降低負面影響的解決方案，免於財務危機，而需要人身安全財務風險解決方案者，就是購買保險商品的客戶。有需求就形成市場。當市場太大則要有效率的開發，此時，需要一套可靠的行銷程序，由市場機會分析、目標市場的選擇、 定位確定、行銷策略計畫、執行控制等程序來完成。

(一)分析市場機會

　　行銷主要要素有研究與分析、策略、計畫、執行戰略,按次序執行的第一步,也是行銷的基礎,就是研究與分析。簡言之,透過這步驟找出客戶、購買者及市場機會,並確認你的商品是滿足客戶的需求(needs)或是奢侈的慾望(wants),而且這基礎步驟,將影響及協助之後各行銷階段的決定效率及效能:

1. 分析與研究市場環境:經過系統化方式蒐集現有市場、目標市場或潛在市場、未來市場資訊,以仔細了解市場及市場競爭情形、客戶需求及其想要的、市場動態及未來發展等面向,更進一步地找到競爭者動態、自身成功或不成功原因、可改進處、甚至發現新市場或新藍海。

2. 分析與研究消費行為:市場研究的目標是透過客戶消費行為以確認客戶的需求、目標客戶特徵及目標市場,進而建立一套為客戶創造價值的解決方案。

3. SWOT 分析:在進行擬訂市場策略時,其前端佈署工作成功與否,端賴企業公司自身的 SWOT 分析及市場分析做得充分到位與否,更有利接續的市場政策訂定、市場缺口確認與進行後續的行銷程序。

(1)透過 SWOT 分析,有利企業公司藉此機會重新檢視自身現況,找到以前尚未察覺、說明或解決之處。

(2)先進行**內部**評估(internal),辨識及找出企業的優勢(Strenghs)及待改進的弱勢(Weakness)。

(3)接著進行**外部**評估(external),辨識及找出企業的具攻勢力的機會(Opportunities)及須做好防禦工作以面對的威脅(Threats)。

　　透過研究分析可達到降低風險、聚焦及最大化回報的效果,畢竟在行銷活動開始前即清楚知道你所要的,不僅為公司企業節省時間付出及成本,也為後續行銷程序奠下基礎。

(二)選擇目標市場

選擇目標市場時，同時須考量其潛在市場發展性，再透過細分化目標市場確定計畫開發的市場區隔。有效的市場區隔須進行市場規模、市場成長率及獲利率的預測。

實務上，有些消費者會同時出現在不同市場區隔，有些企業鎖定單一市場區隔或多個市場區隔，端賴企業如何期許自己，這也影響著市場區隔過程。首先決定變數進行區隔，再一一分析區隔特色，甚至採SWOT方式找出區隔的吸引之處及排列優先順序，挑選前三個或五個並分別設計商品解決方案，最後確認個別區隔定位及為客戶創造價值的解決方案。

1.有效市場區隔的要件，列舉如下：
(1)可衡量評估：可以衡量市場規模大小或業績大小。
(2)客戶數夠多、營業規模或獲利金額夠高：客戶數量夠多、業績量或利潤須夠多；例如：目標市場客戶數達到5萬人。
(3)可以接觸到客戶：可能接觸到目標客戶，例如：目標市場客戶為國三學生或下個月退伍軍人，需有目標客戶名單才能進一步拜訪或聯繫成交。
(4)可行性：可能實施而非空談，例如：現行法規允許開發該商品或該市場。
(5)必須是呈現正成長的市場：市場成長比率及獲利率應為正數，否則虧損並值得投入。

2.區隔市場 (Market segments)：
市場區隔(Market segmentation)指將整體市場依照擁有共同或相似需求或特質之客戶團體切割劃分之過程。進行市場區隔

240

時可以透過許多區隔變數，需要挑選出有意義的市場區隔變數並進行市場區隔。區隔變數可能包含人口變數、地理變數、心理及行為變數及其他變數等，摘列如下：

(1)人口統計變數：年齡、性別、所得、職業、教育程度、家庭規模、婚姻狀況等。

(2)地理統計變數：國籍別、縣市別、城市或鄉村別、地區別等。

(3)心理統計變數：生活型態、消費習慣、個性、社會階層。

(4)行為特性變數：商品使用率、品牌忠誠度、消費習慣等。

(5)其他統計變數：與人身保險相關的其他統計變數，例如：生活作息與方式、健康狀況與疾病紀錄、是否抽菸或飲酒等。

3.客戶分類：

客戶可區分為個人或法人客戶，客戶屬性存在顯著差異：

(1)個別消費者：個人；個人客戶可進一步區分，例如：高資產客戶或高利潤貢獻客戶、中資產客戶或中利潤貢獻客戶、一般客戶。

(2)組織型客戶：企業客戶、公會協會客戶或團體客戶。組織型客戶較強調長期合作關係。

4.研究分析方法

(1)釐清研究分析目標：

首先確認幾個問題，為什麼需要這些資訊？如何利用這些資訊？資訊的格式是甚麼？哪些資訊在市場已經存在...等，這些問題釐清後，將對研究範圍及蒐集資訊方式做更明確的界定。

(2)選擇資料蒐集的類別：

市場資訊蒐集的方式有二大類，書面研究及實地研究。書面研究可以透過書籍、期刊、報章雜誌、各學會協會研究報告、

政府公告刊物等途徑取得，成本較低，所需工時較短。實地研究是當書面研究資料無法提供行銷所需資訊，一般多是要更了解消費者行為來佐證預定行銷方向。與書面研究相較之下，相對成本較高，所需工時較長。

(3)資料蒐集的方式：

　　為了有效率的蒐集資料，需要挑選同質性高的市場區隔(segments)及決定樣本大小，方具有統計顯著性並足夠代表一般市場。

● 　質化量化詢問：資訊可以通過質化問題詢問，例如：你最期待新增什麼服務、什麼功能、如何改進？或量化問題，例如：是否喜歡、請評分、有多少...等。

● 　蒐集方式：取得市場資訊的方式，主要有電話訪問、街頭訪問、書面問卷、面對面訪談、商品體驗、消費者座談、焦點小組討論、觀察等。有些方法適合某些特性行業，如商品實驗多由家用品或餐飲業採用，保險業多採焦點小組討論或面對面訪談或組合方式進行，以取得更深入的市場資訊。

● 　兼具時效及成本考量的研究分析報告：在時限及預算內，完成資料蒐集並彙整研究分析成果的報告，涵蓋了企業想了解的面向，如：市場規模、市長展望、競爭對象、客戶需求、目前市場定位等，企業並可依此進行後續市場行銷策略及計劃。

5.市場政策及應補強之處

　　企業的市場政策可以是企業每日執行市場策略、戰略所依循之原則，也可以是企業的最高原則，甚至可以形成公司的無

形文化；如有些企業喊出客戶永遠是對的口號，其市場政策必是首重客戶服務，若員工發生與客戶爭辯情形，就是與政策不符，也與公司紀律及文化衝突。

(1)品質與價格之定位：

　　一般來說消費者能理解高品質伴隨高價格，也不會以低價格索求高品質之商品或服務，所以企業在品質與價格二者之間須做出政策決定，牽涉著抵換及捨得之過程，甚至影響企業的市場定位。

(2)應補強之缺口分析(Gap Analysis)：

　　在比較分析內部外部評估後，可以辨認出企業待補強或改進之處，並擬出行動計畫，計畫中指出公司現在所提供的商品或服務、市場競爭者所提供或客戶所需要的商品或服務，三者之間的差距，就是缺口。公司依此分析可以決定需要開發的新商品或應改善現有商品來補足缺口；通常這也是需要時間及人力成本來完成，若耗時太長，有時還需規劃中繼商品或服務以完美銜接，但這也往往能為公司帶來利潤或提升競爭力。

(三)擬定行銷策略及規劃行銷方案

　　目標市場確立後，需進一步擬定行銷組合。傳統的行銷組合包含以下四個項目，簡稱4P，4P以行銷者的角度規劃，企業依照4P發展業務行銷商品或服務。

　　行銷組合並非一成不變，它會依商品、地點、行業、科技差異而不同。而且行銷最受挑戰之處，就在企業永遠有預算及資源的限制。摘列行銷組合如下：

1.商品策略(Product)：

　　需考量客戶利益、商品規格設計、商品利益與優勢、商品生命週期、商品開發企劃、新商品策略、品質、品牌包裝、服務及訓練等因素。

2.價格策略(Price)：

需考量各類型訂價方式 如：滲透訂價、加成訂價、促銷訂價、折扣訂價、組合或拆分訂價、一次性支付或按件計價。

3.通路策略(Place / Channel)：

指將商品或服務提供予客戶之所在地、通路或供應鏈，並須考量批發商、中間商、零售商、生產者、直效行銷、直接銷售、電子商務等因素。行銷通路可分為面對面直接行銷或遠距間接行銷。面對面直接行銷的通路，例如：實體店面、個人服務業務、仲介人。遠距間接行銷通路，例如：電話、報紙夾頁廣告、郵寄目錄、電視、網路行銷等。

4.促銷推廣策略(Promotion)：

透過促銷推廣可讓消費者知道商品或服務及如何取得商品或服務，可考量運用下列方法：

(1)廣告：

可選擇電視、報紙、廣播、電影、網路、海報、公共運輸工具、出租車等媒體。

(2)公關報導：

公共關係主要工具涵蓋新聞、演說、活動、事件、書面刊物、資訊視聽媒體廣告或廣播等各種媒介。透過公共關係(廣告及公關報導)，可以協助推動新商品宣傳、增加知名度、提升好感度與業績、提升公司形象等。因此企業有時透過製造新聞事件、贊助活動等各種方式，可增進公司的知名度、業績量、信賴感與好感度，並降低促銷成本。

(3)人員銷售推廣：多以商品推式銷售為主。

● 顧問式拉式行銷：以了解客戶需求為先，提供解決方案，再由客戶評量選擇。

● 電話行銷：以電話與消費者接觸，並介紹商品取得銷售。

- 直效行銷/型錄行銷：以書面資料邀約消費者填具訂購單或主動聯絡。
- 展覽行銷/見證行銷：透過第三者的說明或第三地的展覽，介紹商品或服務。

(4)促銷推廣：短期折扣銷售、限量銷售、贈品銷售，以提升業績量。促銷推廣可以針對客戶推動，也可以透過行銷通路推動，例如：壽險業常舉辦國內外獎勵活動、頒獎活動、提高短期獎勵金等活動，以吸引業務人員積極拓展業務。

5. 4P與4C策略[18]

由客戶需求角度出發，將4P組合轉為對客戶需求及利益角度重新調整，又稱4C。它是評量企業所提供的解決方案是否對客戶具有價值的工具。同時隨著數位時代到來，傳統的行銷組合透過新增的4C行銷策略，更能與快速轉變的消費者心態配合跟上腳步：

(1)客戶需求（Customer's needs）：

客戶的需求及想要(needs & wants)，隨著時間、環境、潮流而改變，甚至會受市場價格評比影響，企業可以定期透過研究了解並抓住變化，適時調整企業的商品或服務內容。

(2)成本（Cost）：

這是客戶感知的價值，企業須選擇並決定方向。例如：在定價上讓客戶覺得划算或覺得買到便宜。

(3)便利（Convenience）：

盡力讓客戶方便及容易接觸或取得商品或服務，客戶常因為不便利而放棄購買，也會為了便利而改變心意。例如出國旅遊時客戶會選擇在機場櫃檯購買旅行平安險。

---

[18]4P+4C 整合行銷理論由 Robert F. Lauterborn 提出。

(4)溝通（Communication）：

　　要在客戶每日接收的上千上百訊息中脫穎而出，必須透過準確的溝通管道並以客戶看得懂的文字、對他有利的利益優勢與客戶溝通。

圖6.1 4P+4C圖

　　行銷策略組合往往是企業就自身角度，考量市場區隔、資源分配、市場特性、客戶最佳價值方案等諸多因素，並搭配4P策略後所產生的溝通方案。不同企業會有不同的行銷策略組合，有些企業會特別倚賴其中的一項與客戶溝通。如保險業強調其顧問型壽險人員就是倚賴其通路(place)，不過企業同時也運用促銷推廣(promotion)告訴消費者這個訊息，但主要仍以通路為主，最後這個溝通方案經過4C的客戶角度檢視及調整，即成為可執行的行銷計畫。

(四) 執行及管理行銷方案

　　完整的行銷計畫，可視為行動計畫，包含計畫目的說明、行銷目標、行銷政策、整合市場特性、市場競爭及商品定位之行銷策略、通路建置、銷售計畫、溝通計畫、時程推動規劃及負責單位、預算控制等重點策略及行動細節內容。

　　行銷管理流程的最後關鍵步驟，即是將完整的行銷計畫安排資源並推動實現。簡言之，就是組織、人事、領導及控制。惟市場變化迅速，需定期透過衡量指標檢視及分析所訂之目標、政策、策略、計畫是否仍符合效能。

　　行銷計劃有賴持續追蹤管理與控制，摘列如下：
1. 時程控制：須明確規劃完成日期並運用圖表追蹤管理。
2. 責任歸屬：計畫沒有行動只是空談，行動沒有控制只是形式，一份計畫須清楚註明誰(who)應該在時限內(when)完成哪些行動(what)，以利追蹤評估。
3. 預算控制：包含所有成本(直接成本、間接成本、人力編制)預估、經費支出的財務回報數字(預算使用率、市佔率、獲利率等)及定期進行差異分析。

　　關於行銷計劃的重要績效指標，列舉說明如後：
1. 新商品成效：包括新商品推出的數目、新商品上市成功的比率、新商品的銷售額占全部銷售額的百分比等。
2. 通路的成效：包括通路業績、新通路的增加及通路的成長性、配銷的及時性等。
3. 銷售團隊成效：包括每位銷售人員的業績表現、平均每天進行銷售訪問的次數、每進行 1 百次銷售訪問所能成交的案件百分比、每次接洽的平均銷售訪問時間。
4. 行銷變異分析：可衡量不同因素影響銷售績效的相對百分比，

可進一步了解影響績效的主要變數。

5. 銷售百分比法為推廣預算或成本效益評估方式,主要用以計算推廣成本除上銷售績效之比率高低;比率愈高,代表成本過高。

6. 銷售反應函數:常用貨幣額來表示,而不是使用銷售量來表示,以方便求算出合理的行銷費用。

7. 壽險保單新契約價值=保單在未來所產生的經濟收益折現值/當期保費。

8. 回應率(成功率):常用於行銷活動計算成效。例如:回應率(成功率)比率為 3%,代表活動名單有 1 百份,最後成交 3 件。

第二節 行銷策略與行銷組合

一、商品之層次

1. 核心商品或服務:主要的商品功能,諸如:終身壽險提供身故與完全失能的保障及保單價值準備金。

2. 有形商品:包裝、特色、樣式、名稱,諸如:保單透過精美的包裝寄送。

3. 其他商品或服務:售後服務、保證、安裝及運送等相關服務,諸如:保單提供每年免費健檢及抽獎活動。

二、商品之分類

1. 消費品或便利品:日常用品或消費性商品,例如:衛生紙、飲料。

2. 選購品:客戶會耗費時間比較與挑選的商品,例如:汽車、家具、中高價電腦用品、產險商品等。

3. 特殊商品：獨特性或知名度商品，名錶、名車等。
4. 冷門品：客戶通常不知道或是不會主動購買的商品。例如滅火器、壽險商品、殯葬禮儀用品等。

三、商品線與商品線的廣度、長度與深度

1. 商品線愈寬愈廣，表示商品線愈多愈完整。
2. 商品線長度愈多，表示同一商品線的商品數愈多。
3. 商品線深度愈多，表示同一商品項目可提供愈多選擇。

　　舉例而言，富國人身保險公司同時銷售提供各險種或各種功能的人身保險商品，所以商品線廣，多達5種商品線。其次，富國保險提供完整的退休年金保險商品線，多達6個商品(長度)。最後，就利率變動型年金保險來說，客戶擁有4種選擇(深度)。

四、商品生命週期與行銷策略

　　商品上市後直到停賣，依據業績與利潤金額，通常可區分為下列四段期間：

1. 上市期或導入期-銷售量少、虧損：加強宣傳廣告及擴增營運據點。
2. 成長期-銷售量增加、利潤漸增：應採更新市場區隔及擴增營運據點。
3. 成熟期-銷售成長緩慢、利潤下降：市場接近飽和，只能搶奪同業市佔率。可刺激消費者對競爭者品牌轉換的意願，並採強調商品差異和利益的廣告及增加促銷等行銷策略。
4. 衰退期-銷售大幅下滑、虧損：減少相關支出。

　　如以保險商品為範例，上市期可能為新型態商品，諸如：UBI(依里程數計價)保單、具外溢效果保單等；成長期可能為寵物保險；成熟期為傳統不分紅終身壽險；衰退期則為壽險公司的個人意外險商品。

五、商品創意產生方法

商品創意可透過以下方式產生：

1. 市場實驗法已存在較明確的商品創新並透過實驗進一步測試。
2. 強迫關係法或強制關聯法透過創意發想後尋找關聯性而產生新商品或新服務。
3. 結構分析法：透過商品或製程的結構分析而尋找出創意。
4. 魚骨圖分析法：透過分析主要原因及次要原因而尋找出創意。
5. 腦力激盪法：要求成員在有限時間內發想思考出大量構想。

六、行銷策略

目標市場明確後，進一步需決定目標市場的行銷策略，企業可採取以下之行銷策略：

1. 無差異行銷或大量行銷：一個商品可以滿足所有客戶的需求。公司透過相同的商品、通路、價格與促銷推廣組合，提供所有客戶各項商品或服務之策略。
2. 差異行銷：公司將市場區分成數個目標市場後，提供客戶差異化的行銷組合。差異化策略包含許多面向，商品差異化、通路差異化、人員差異化、形象差異化等。人員差異化指透過聘僱與訓練更佳的人員，以獲得競爭優勢。
3. 集中行銷：公司集中資源，投入特定目標市場並針對該目標市場制定適宜之行銷組合策略。
4. 利基市場行銷：針對尚未被服務或尚未購買商品而且商品的獲利率較高的目標市場推動行銷服務。
5. 多區隔市場策略：一個商品可以滿足多個目標市場的客戶需

求，例如：屆退族與退休族皆適合。

6. 單一市場集中策略：一個商品僅針對特定一個目標市場推動，
例如：退休族群。

七、利基市場的意義

　　利基市場指相對成長潛力高、獲利率高而且同業競爭相對
較低的市場。企業如果能夠尋找出適當的利基市場，經常是企
業的主要獲利來源之一。適當的利基市場必須符合以下要件：

1. 成長潛力高、獲利率高且有一定數量的消費者。

2. 主要競爭者並未介入或不感興趣。

3. 企業擁有資源與技術，可服務該利基市場並鞏固該市場。

八、BCG 行銷策略, (Boston Consulting Group, Boston 顧問團體)

　　Boston 顧問團體依據市場成長率高低、市場佔有率高低，
將企業或商品所處狀態區分為四個象限，分別訂為金牛、明星、
問題或老狗等象限。處於不同的象限，企業所應採取的行銷策
略或行銷組合也應不同。

圖 6.2 BCG 的行銷策略

九、推拉策略

1. 推的策略：向業務人員推動獎勵，使業務人員加快向客戶推銷。

2. 拉的策略：向客戶推動獎勵，鼓勵客戶願意或加快購買公司商品。

十、策略行銷規劃

策略行銷規劃應由上而下循序漸近完成具體行銷規劃，步驟如下：

1. 經營理念

2. 經營目標

3. 策略

4. 戰術

十一、行銷策略分析 STP (Segmentation-Targeting-Positioning), (區隔、目標市場、定位策略)

透過市場區隔找出目標市場，並進一步於選定的目標市場中找出適合的商品與服務的定位。凡事起頭難，程序中最重要的在於如何由一個大市場找出機會，由細分成(Segmentation)具有特徵的區隔，選擇其一為目標市場(Target market)，再細分並鎖定更小且可以提供最佳服務的市場區隔及利基(market segments and niche)區隔，公司進而將商品定位在這具有共同特徵的區隔客戶偏好上，透過一系列行銷活動傳遞這客戶定位訊息(Positioning)，進而使客戶群感受到這就是他們所需要的。這過程就是行銷策略分析 STP：區隔市場、目標市場與定位法則。

十二、關係行銷四部曲

關係行銷指建立並維持與個別消費者之間的網路,並經由長期性、個人化、具有附加價值的接觸來強化此網路,以永續維繫彼此的利益

1. 辨認目標客戶

2. 區隔目標客戶

3. 與客戶互動

4. 提供標準化的商品或服務

十三、行銷人員的主要薪資報酬模式

在選擇行銷管道同時,也會對各行銷管道銷售的商品訂定銷售目標及追蹤評估銷售效益。銷售目標的對象,可以是銷售區域、地區、銷售處、銷售行銷人員。針對行銷人員所提供之佣酬模式列舉如下:

1. 固定薪

2. 固定薪+變動薪

3. 低底薪+佣金獎金

4. 佣金獎金制

以壽險業為例,針對壽險業務人員所提供之佣酬模式多為低底薪加上佣金獎金,以激勵業務人員達成目標。

十四、行銷相關解釋名詞

1. 大量行銷:企業針對特定單一商品大量生產製造並透過大量的通路銷售商品之行銷模式,大量行銷具有成本較低與價格較低的優勢。

2. 商品差異化行銷:市場上各家企業的商品、技術與服務品質其實相差不大,企業須在競爭商品的相同中找出相關的不同

處，且是消費者關注的利益點，作為與競爭者不同之行銷特色。

3. 目標市場行銷：先行將整體市場區隔成多種特質的市場，再挑選出一個或數個市場，並針對各個區隔市場推動商品或行銷組合。

4. 市場滲透策略：既有市場再深入開發。

5. 新市場策略：開發新市場。

6. 地區擴張策略：從既有市場向周邊地區客戶擴張。

7. 職域行銷(Worksite Marketing)：針對企業員工，透過員工自費投保個人保險商品，並透過每月薪資扣繳方式繳費的行銷模式。由於繳費便利、較寬的核保要求、保險商品可攜性以及企業團體保險預算有限，因此職域行銷的發展更受歡迎。

8. 直接回應行銷(直效行銷)：透過電話、郵寄、網路、電視、廣播或電腦媒體等各種方式直接與客戶聯繫並完成行銷流程的方式。

9. 內部行銷，以內部員工為對象，透過行銷的方式，以適當的人事制度、訓練、績效考核、獎懲方式管理員工，以利公司進而達到公司目標。對於內部行銷而言，員工訓練與人員管理是重點，而非商品或價格。

10. 整合行銷溝通：透過多元化管道與客戶溝通，使用不同的媒體管道來接觸不同的客戶。

11. Michael Porter（麥克波特）指出產業分析的五種競爭力，新進入市場者的威脅、與供應商間的談判力量、作為買方的談判力量、替代型商品或服務帶來的威脅、與市場既有公司之間的競爭對立。

考題重點

- 策略行銷規劃應由上而下循序漸近完成具體行銷規劃，步驟如下：①經營理念 ②經營目標 ③策略 ④戰術
- 目標市場區隔應考量因素：足量性：客戶數量夠多或業績量須夠多；可接近性：可能接觸到目標客戶；例如：目標市場客戶為國三學生，需有目標客戶名單才能進一步拜訪或聯繫成交。
- 傳統行銷組合4P：商品、價格、通路、促銷推廣。配合數位時代，加上其他3P(實體環境、服務人員與服務過程)[19]。
- 傳統行銷組合4P：商品、價格、通路、促銷推廣，加上4C：客戶（Customer）、成本（Cost）及便利（Convenience）、溝通（Communication）。
- 商品定位仍屬於傳統4P中的商品的範圍內。
- 關係行銷行銷四部曲①辨認目標客戶 ②區隔目標客戶 ③與客戶互動 ④提供標準化的商品或服務。最後才是提供符合客戶需求的商品或服務。
- 國內仍以地理位置區分行銷單位，例如：東區、北部、中部、南部等。
- 差異化策略包含許多面向，商品差異化、通路差異化、人員差異化、形象差異化等。人員差異化指透過聘僱與訓練更佳的人員，以獲得競爭優勢。
- 內部行銷，以內部員工為對象，透過行銷的方式，以適當的人事制度、訓練、績效考核、獎懲方式管理員工，以利公司進而達到公司目標。對於內部行銷而言，員工訓練與人員管理是重點，而非商品或價格。

---

[19] 7P 理論由 Booms & Bitner 提出，強化了服務業行銷理論。

- 無差異行銷策略:一個商品可以滿足所有客戶的需求。
- 多區隔市場策略:一個商品可以滿足多個目標市場的客戶需求,例如:屆退族與退休族皆適合。
- 單一市場集中策略:一個商品僅針對特定一個目標市場推動,例如:退休族群。
- 差異化行銷策略:針對不同目標市場,採取不同的行銷策略。
- 個別消費者:個人。組織型客戶:企業客戶、公會協會客戶或團體客戶;組織型客戶較強調長期合作關係
- 商品生命週期與行銷策略:
  - 導入期:加強宣傳廣告及擴增營運據點
  - 成長期則應採更新市場區隔及擴增營運據點。
  - 成熟期:市場依接近飽和,只能搶奪同業市佔率。可刺激消費者對競爭者品牌轉換的意願,並採強調商品差異和利益的廣告及增加促銷等行銷策略。
  - 衰退期:減少相關支出
- 推廣組合:廣告、公共關係、人員銷售與促銷。
- 推廣組合有助於達成人身保險業的行銷目標及滿足客戶需求。
- 行銷概念仍應為客戶導向,應了解競爭者但非競爭者導向。
- 執行推廣組合應注意行銷道德規範,不應有違反道德規範的推廣模式,例如:妨害醫護人員的形象與專業或攻擊特定族群或同業的名譽形象。
- 客戶脫退率高或保單繼續率過低會使人身保險業者喪失預期的報酬、無法收回初期費用而且可能造成實際理賠多於預期理賠;並造成保費增高。
- 公共報導會給人較為安全或客觀的感覺、會較容易讓群眾相信其訊息內容並可塑造公司的良好形象,但公關成本也高。

- 整合行銷溝通：透過多元化管道與客戶溝通，使用不同的媒體管道來接觸不同的客戶。
- 溝通策略，即是根據行銷策略之內容以規劃接觸消費者之方法，以求能達成行銷策略所希望的結果。
- 真正能將商品差異化的是存在客戶心目中的知覺價值。
- 上市前後其實都需要內外部行銷。
- 上市前就應該研討及模擬試銷、商品定位。
- 商品創意的產生方式：
  - 市場實驗法：適合已存在較明確的商品創新並透過實驗進一步測試。
  - 強迫關係法或強制關聯法：透過創意發想後尋找關聯性而產生新商品或新服務。
  - 結構分析法：透過商品或製程的結構分析而尋找出創意。
  - 魚骨圖分析法：透過分析主要原因及次要原因而尋找出創意。
  - 腦力激盪法：要求成員在有限時間內發想思考出大量構想。
- 選擇性偏誤包含選擇性展露(消費者自我篩選過濾資訊)、選擇性扭曲、選擇性記憶
- 個別銷售人員的目標還可根據活動或財務目標來設計。根據財務目標為基礎，則可包括利潤貢獻金額、銷售費用及利潤與費用比率。活動目標：例如：拜訪量。
- 愈重視客戶權益，可能代表客戶更信任業務員。
- 行銷人員對市場的服務績效：
  ①新客戶開發的數目　②新舊客戶的比率變動
  ③目標市場的忠誠性與偏好度
  *不包含行銷費用與成本分析。
- 促銷的效率應強調促銷前後之差異或成長率。

- 行銷組合效率：
  - 新商品效率：包括新商品推出的數目、新商品上市成功的比率、新商品的銷售額占全部銷售額的百分比等。
  - 通路的效率：包括新通路的增加及通路的成長性、配銷的及時性等。
  - 銷售團隊效率：包括每位銷售人員平均每天進行銷售訪問的次數、每進行1百次銷售訪問所成交的百分比、每次接洽的平均銷售訪問時間。
- 服務據點多沒用，因為客戶不會主動上門。
- 商品或服務廣告可讓消費者聽聞，但仍有賴進一步解說後才能接受與投保。
- 透過提供多元化服務，可以透過增加結構利益來強化客戶關係。
- 影響消費者壽險購買的因素有「環境因素」、「個人因素」、「壽險公司的行銷策略」及「其他因素」等。其中，文化、他人影響或家庭背景不屬於個人因素。
- 市場發展策略：將商品功能擴大到其他新市場。
- 廣告或公關活動僅為有助於接觸客戶的銷售導向概念。
- 親友、同儕或參考群體所提供的資訊和建議都屬於人脈的意見。
- 價格高，不代表價值高，有需要時價值就高。
- 服務品質的衡量：「保戶知覺的服務」與「保戶預期的服務」之間的差距。
- 維繫客戶關係的生命週期：注意期、探索期、擴充期、承諾期。
- 傳統銷售模式的目的在銷售商品與服務，關係銷售模式的目的強化與客戶關係並提供銷售建議與諮詢。
- 行銷是一種組織的功能，也是一套遞送給客戶的創造、溝通及傳遞價值的過程。

- 影響企業市場占有率動向的因素：企業對商品價格的選擇性、客戶滲透率、客戶忠誠度及客戶選擇性。
- 內部行銷近似於內部留才的過程。
- 行銷策略層次最高，應最先決定。
- 促銷推廣組合：包含廣告、銷售促銷、公共關係、人員銷售與直效行銷等各項工具。
- 以性別、年齡、學歷等做為市場區隔標準人口統計個人的基本資料：性別、年齡、學歷、居住地等。
- 同一個目標市場，不一定符合同質性，因為同一區隔市場只是 1~3 個特質相似，諸如：中部地區中年男性市場未必年收入皆相同。
- 市場滲透策略：既有市場再深入開發。
- 新市場策略：開發新市場。
- 地區擴張策略：從既有市場向周邊地區客戶擴張。
- 月暈效果：月亮周邊受月球亮度而延伸的影響，指消費者可能依據所知悉的部份情況而擴大解釋其他情況。
- 宏觀環境指總體環境，諸如：政治、整體經濟與法律
- 企業行銷策略僅有成本領導策略、差異化策略與集中策略；並無商品領導的競爭策略。

第三節 數位行銷與客戶關係管理[20]

一、數位行銷

傳統保險業有商品開發流程、銷售流程,依步驟推出商品,再由業務通路銷售給有保險需求的客戶,通路主動去找(推式銷售)客戶,這是單向溝通概念。在網路或數位行銷,保險業與消費者彼此連結成為互動的雙向網絡的商業模式,例如客戶自行主動在網路提出保險疑問與需求,並由保險業提供相關服務。

另一方面,傳統保險銷售流程主要依賴業務人員開發準客戶,並進行與客戶面對面說明而成交,再完成保單說明遞送。為確保品質,保險公司相對提供商品保險服務、辦公設備、教育訓練、佣酬等予業務員或經紀人。在業務人員主動接觸客戶的推式銷售模式下締造保險業大部分業務。因應網路及行動科技的快速發展,傳統保險銷售流程因而受到衝擊而需要轉變。

隨著智慧型手機使用率普遍,引領行動科技發展;為因應客戶需求,以提供客戶更快速的介面入口及銷售通路,不少公司已從電腦介面擴移至行動裝置介面,透過應用軟體 APP、Facebook、Line、官網與客戶進行直接溝通,包含電子簽章成交、電子化保單。

透過吸引客戶採取主動的拉式銷售已逐漸為保險業產生價值。保險消費者本身已有相當保險自覺,了解自己的需求,並能透過網站提供的資訊,決定並購買適合自己的商品,這是拉式行銷。公司並會分析消費者軌跡,精準找出消費者特徵及習

---

[20]參鄭鎮樑(2009),P.229~233 頁,P.251~253,P.297;許長田(2000),P.35~45。

慣，主動適時推播或郵寄活動訊息，這是推式，再引導客戶至活動網站了解內容或自行做出決定，這是推拉二者合作的循環。

二、社群行銷與平台經營

這是一個消費者與製造商、供應商之間的距離愈來愈近、界線愈模糊的時代。保險公司可以依平台特性選擇加入既有平台或與相關業者合作成立平台或獨立開發平台。諸如公司加入Facebook, Line, Instagram, Youtube 並製作相關圖文影音分享，也可設立 APP，以消費者關心或需求的角度來經營其平台內容。例如銀行業者開發可加入房屋買賣平台，並適時提供房貸服務、火災保險及壽險或意外險服務，以確保房屋財產不會因一時發生事故而繳不出房貸。

消費者使用平台經驗若是良好的，將會為業者帶來口碑效應，並透過數據分析，有利業者分析以改善服務、找出客戶關注的議題、強化客戶體驗與客戶關係的連結。以企業為例，透過社群媒體傳遞行銷內容，以符合成員需求，秉持為成員解決問題或困難為出發點，進而建立品牌形象，並可將潛在客戶引導至品牌網站的重要角色。

社群行銷可以是開發客戶及建立或維持客戶關係的利器，其以選定主打之社群媒體做為與成員長期溝通的平台，傳遞目標客戶關心的社群內容。在數位科技愈形發達的推動下，社群行銷之發展趨勢亦將更形興盛。

三、互聯網(物聯網)保險

互聯網保險屬於網路保險，經由電腦、手機或平板電腦等相關設備透過網路連結到社群媒體、影音媒體、購物網站、搜尋引擎或保險業網站，透過介紹或分享保險商品的方式，進一

步在網路上選購相關商品。互聯網保險具有隨時隨地取得資訊並隨時消費的特性，在平台上提供多家公司之多樣商品選擇特色。互聯網保險應定位為以簡單、易懂、不須體檢的保險需求為主，如旅行平安險、房貸保險、意外險、年金險、汽機車責任險等。尤其考量到商品的複雜性、保戶服務需求、保險利益風險與道德風險等，對於仰賴解說的複雜商品或擁有高額保障或儲蓄投資需求的客戶，保險公司仍以面對面銷售為主；並結合網路保險及互聯網保險的通路，二者相輔相成，可提供消費者最妥善的規劃，並為保險公司建立更廣的客戶關係。

四、數位行銷結合多元行銷人才趨勢

　　數位行銷伴隨著多元行銷人才後，可以預見未來全球逐漸走向以下趨勢：

1. 體驗行銷(體驗經濟)
2. 平台經濟與互聯網
3. 數位行銷(5G、網路與手機之發達、結合多元媒體或社群網站)
4. 大數據分析及 AI(人工智慧)分析
5. 圖文並茂的內容、業者的資金挹注及行銷人才的投入
6. 商品設計更形重要
7. 店面布置裝潢與品牌塑造更形重要
8. 事件式的即時行銷活動將是成敗關鍵之一
9. 虛擬結合實體通路服務的時代
10. 結合真人服務與機器人/電腦分析或客服
11. 整合行銷的時代：媒體的置入式行銷、廣告宣傳、人員推銷結合數位行銷的時代早已到來。

五、客戶關係管理 CRM 行銷

　　客戶關係管理 CRM(Customer Relationship Management)強調瞭解客戶需求，適時適地滿足客戶需求，以提高客戶滿意度及忠誠度。不僅金控公司、金融保險業者、科技公司、休閒娛樂業者、百貨業者、甚至於殯葬服務業者，無不導入 CRM 制度。然而，在台灣仍有不少消費大眾，權益受到侵犯損害或飽受企業員工的刁難與指責。企業應如何落實客戶關係管理，提高客戶滿意度，以創造雙方平等互惠的良好關係。

　　CRM 的建立，須建立資料倉儲或資料庫，之後再透過資料庫分析進行相關客戶研究與客戶管理、行銷活動規劃與執行及統計指標之各項追蹤。CRM 系統可整合客戶服務電話中心（Call Center），諸如：IVR 電腦語音查詢系統（Interactive Voice Response）、企業智慧（Business Intelligence, BI）、資料倉儲（Data Warehouse）、資料超市（Data Mart）、線上即時分析處理（On Line Analytical Processing, OLAP）、報表系統（Reporting）、隨興查詢（Ad Hoc Query）、資料採礦（Data Mining）、行銷活動管理系統等各相關系統。

　　透過 CRM 系統可使企業更容易進行客戶管理；也更容易進行報表分析、活動規劃設計及行銷活動管理，進而提高客戶滿意度，並增加跨售或進階銷售的效益。摘要列舉部分 CRM 要點如下：

1. 橫向銷售或跨售(cross-selling)：指企業對於既有客戶進行銷售其他類別且客戶尚未購買的商品。例如：客戶僅投保意外險、可進一步推介客戶投保醫療險商品或信用卡商品。

2. 進階銷售(up-selling)：指企業對於既有客戶進一步行銷其他銷售金額更高的同類商品或其他獲利較高的進階商品。例如：

　　客戶僅投保意外險、可進一步推介客戶投保年金保險商品。

3. 線上即時分析處理(OLAP)可透過使用者線上拖曳或挑選相關欄位，進行多維度分析及獲得迅速回應。例如：透過性別、商品及通路的欄位挑選及拖曳，可以透過圖表呈現業務員通路的男性客戶主要投保商品。

4. 1 對 1 行銷：CRM 系統愈來愈能符合個人化的需求，而提供客戶量身訂作的服務。

5. 80/20 法則：指 20% 的客戶，創造企業 80% 的銷售額或獲利金額。例如：保險業的最高前 20%的高額保單客戶或累積所繳保費較高的前 20%客戶，常對於公司的業務或利潤貢獻高達八成。

小分享：CRM或BI(企業智能)工具

1. 隨興查詢 Adhoc Query：自己寫 SQL 篩選資料。
2. OLAP 線上即時報表分析與 Cube 分析：透過拖曳欄位及函數運算。
3. Data Mining 軟體：透過模型建立並進行相關預測分析。
4. 行銷活動管理及名單發送系統。

➤　　Adhoc Query (SQL 程式語言)範例：

```
sel insured_id, insured_age, gender_code,
( ( zeroifnull(base_premium_amt)+
zeroifnull(extra_premium_amt))* supp_premium_paid_cnt),
zeroifnull(insurance_amt), life_insurance_product_code,
sum(zeroifnull(d.total_claim_amt )), count(*)
from acct_life
```

inner join acct_life_supp
on acct_nbr=acct_nbr
left join party_life on insured_id=party_id
where life_policy_status_code = '01' and
life_insurance_product_code like any
  ('PHI%', 'HIR%', 'HSR%')

➢ Cube 範例：

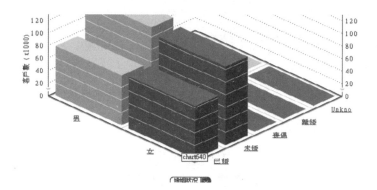

CRM 與金融保險科技相關行銷議題考試要點：

- 大數據的 3V：Volume（大量）、Velocity（速度）、Variety（多樣性）。
- AI 人工智慧：人工智慧已逐漸運用於相關產業。
- Block Chain 區塊鍊：屬於產業間的系統整合服務。
- Big Data 大數據：大數據的核心思維需要有效率的挖礦並發現商機而提供一對一行銷，非隨機抽樣。
- BI, Business Intelligence 商業智能系統：透過資料庫進一步產出多維度分析或 OLAP 線上即時處理報表。
- Cloud 雲端技術，改變資料傳輸儲存的方式。
- Data Mining 資料採礦，可進一步進行預測或預估客戶行為。
- Internet 網路科技更加發達，網路或 APP 消費購物與服務將更行便利。純網銀之發展或網路投保的穩健成長就是明顯的實例。尤其結合手機通訊、社交平台、消費或生活資訊與金融保險服務將是未來必然之趨勢。
- IoT,(Internet of Things)物聯網：透過物聯網設備的資料庫連結與網路連結，可以讓消費者享受更便利的生活。
- 多元支付時代：行動支付、第三方支付或電子支付讓支付消費更加便利。
- 受到金融科技衝擊，影響如下：客戶自我保險模式的業務競爭增加、客戶忠誠度降低、風險定價模式的轉變及商品設計轉為消費。
- 保戶終身(生)價值並非以完成交易為主要目的；主要強調保戶的終身利潤價值，而非單次交易成交與否。

第四節　壽險業務員招攬流程要點

一、人身風險與壽險行銷

　　人身保險提供保戶發生生老病死傷害失能等各項保險事故的保障。擁有壽險保障，個人或家庭得以在遭遇保險事故時，降低陷入財務困境，讓家屬擁有一定水準的生活品質及財務收入來源。

　　壽險行銷工作，其實是透過持續不斷的尋找準客戶、服務既有客戶、拜訪客戶、協助客戶進行保險需求分析、協助客戶規劃設計保單及解說保單的流程。

　　規劃設計適合客戶的良質(優質)保單非常重要。保險規劃需考量客戶適切的需求、保額是否足夠以及保費金額適當且客戶有能力負擔。

二、壽險商品特性及壽險業務員工作特性

1. 壽險商品為無形商品：客戶不會自己主動投保，常需要解說後，才知道自身需要壽險保障。
2. 壽險業務員需要具備許多層面豐富的知識：包含壽險商品、社會保險、保險相關法規、核保、理賠、保戶服務、醫療保健與健康檢查、租稅規劃、退休規劃、投資理財、人際溝通及數位網路科技等各個層面的豐富知識。
3. 工作內容及收入：壽險行銷為意義崇高的職業而且工作時間彈性、工作自由。具一定經驗後，業務收入與投入的時間，相對上更可以自行調整。

三、協助客戶編製家庭經濟理財計畫

　　人生旅程或稱生命週期需要經歷許多階段；透過家庭經濟理財計畫可以讓個人或家庭更了解當下及未來的財務收入狀況與可能的風險，並提早預先進行壽險規劃及理財規劃。

　　透過編製個人或家庭生活規劃書或生命週期表，可以讓個人或家庭更了解現在及未來的各個人生階段的財務收支狀況與需求。諸如：遺族生活需求、退休生活需求、購物資金需求、子女教育、結婚、創業資金需求、生病受傷所需的緊急預備金、旅遊教育等資金需求。

四、壽險銷售流程

　　壽險行銷的流程包含準備與自我介紹、蒐集資料並培養良好關係、協助客戶發現及了解可能的經濟問題、提出建議的解決對策、客戶拒絕問題的傾聽與處理、成交及售後服務。摘列如下：

1. 拜訪客戶、客戶資訊蒐集並了解商品專業
2. 編製客戶生活規劃書及保險建議書
3. 人身保險商品規劃解說、說明與溝通
4. 填寫要保文件
5. 成交、遞送保單及說明
6. 提供後續客戶服務事宜

　　另外，銷售實務上也有以下簡易的銷售流程：

1. 接觸客戶：了解客戶財務需求與收入狀況。
2. 解說：規劃客戶所需的保險內容並前往拜訪客戶與解說建議書。

3. 激勵或反對問題處理：鼓勵客戶接受建議書內容並適足回應客戶的相關疑問或反對。
4. 成交與後續服務。

　　因此，大部分企業之業務員教育訓練，著重於推銷技巧、商品介紹與建議書解說演練、銷售話術演練、成交技巧演練以及契約送件流程及法規訓練。然而，銷售僅是推的策略，從行銷觀點，應從客戶需求角度進一步幫助客戶發現自己的需求，再進一步提出商品或服務，才能提高行銷人員的專業性與中長期業績表現。

五、顧問式壽險行銷流程(導入 SPIN 行銷觀念[21])
　　本書秉持客戶需求角度進一步幫助客戶發現需求，再進一步提出商品或服務理念；參酌 Neil Rackham 提出的 SPIN 行銷流程，修訂壽險行銷流程如下：
1. 接觸及認識客戶。
2. 詢問及了解客戶現況（情境式問題 Situation Questions）：了解客戶現況。
3. 詢問客戶可能問題或風險（探究性問題 Problems Questions）：進一步詢問客戶可能問題或風險。
4. 進一步讓客戶了解可能需求（隱藏需求問題 Implication Questions）：透過詢問幫助客戶了解客戶自己的需求。
5. 提出解決方案(解決性問題 Need－payoff)：提出適合客戶的行銷解決方式。
6. 激勵或反對問題處理。
7. 成交與後續服務。

---

[21] 參閱 Neil Rackham, 王泱琳/吳佩芬譯(1997)，第四章，第八章

六、壽險業務員如何挑選準客戶

1. 符合商品投保規則的客戶：身體相對健康、有能力負擔保險費金額的客戶、方便聯繫並拜訪的客戶、更需要保險保障的客戶。

2. 準客戶之來源：

(1)緣故客戶：家人、親戚、同事、同業、過去的客戶朋友、同學、老師、曾有消費的商家店家、鄰居、興趣嗜好相同的親友、宗教信仰相同或社團/學會朋友等。

(2)陌生客戶或既有客戶轉介的客戶/業務。

(3)企業團體的業務開拓。

(4)透過廣告、新聞、展覽…等活動獲得並取得對方同意接觸之名單。

七、壽險業務員的時間管理

　　業務員的時間管理非常重要，良好的時間管理可以讓客戶服務量或拜訪量增加、滿意度提升、降低時間浪費並增加工作收入。為落實時間管理，業務員需要進行年度計畫、月份計畫、每週計畫以及最為具體明確的每日行程規劃。例如：5月份業務計畫如下：

(1)平均每日親自拜訪 2 位準客戶。

(2)平均每日透過電話或通訊軟體與 2 位客戶進行互動關懷。

(3)平均每 3 日向客戶解說 1 張壽險建議書。

(4)平均每天花費 1 小時充實壽險專業知識。

(5)每週參與讀書會並於下個月完成壽險業務員資格測驗考試。

八、壽險業務員的增員

　　透過增員，發展組織後，可以賺取整個小組的佣金貢獻的特定比率獎金。因此中長期而言，發展組織、招募績優屬下，是壽險業務主管重要的利潤來源之一。增員可區分為直接增員或間接增員，列述如下：

1. 直接增員：比照一般公開招聘甄選模式，透過媒體公開徵求後，遴選適任人員給予培訓後任用。

2. 間接增員：保險業務員透過其親友等緣故來源或對於其保戶增員後進行培訓任用。

九、壽險業務員之客戶管理

1. 強化客戶管理：善用客戶關係管理系統或客戶資料庫進行客戶管理，以協助業務推動。

2. 客戶關係管理(CRM, Customer Relationship Management)系統之優點：

(1)E化作業、效率提升，減少紙張書寫而且容易讀取及保存。

(2)容易以客戶需求為導向並推動事件式行銷活動：客戶分析更便捷、更快速；可以迅速規劃持續性的事件式行銷活動，諸如：客戶生日、客戶保險年齡增加1歲、三節祝福問候、滿期金到期、生存金或年金通知、客戶子女年滿15歲或客戶年滿60歲等。

(3)提供客戶1對1的行銷服務及持續性的行銷或服務。

(4)客戶分級服務：依據80/20法則，八成業務來自於二成客戶。所以將客戶依貢獻度，由高至低分排列區隔，並分別給予差異化的服務並配合推動增加客戶忠誠度及再購活動，有助於公司的中長期業務目標的達成。

(5)定期進行客戶滿意度調查並依回饋意見改進服務。

十、1 對 1 的行銷活動或準 1 對 1 的行銷活動

1. 目標客戶篩選流程與排除無效客戶。
2. 預先套印的個人化通知信函與口吻。
3. 規劃簡易的投保或確認交易流程。
4. 保費扣繳方式簡便。
5. 感人溫馨及令人心動的生活化關懷信函。
6. 針對每位目標客戶規劃適合的保險金額與商品建議。
7. 人員跟催與二次通知提醒。
8. 統計追蹤。

十一、壽險行銷演練與激勵方式

1. 角色扮演法：模擬與準客戶劑型接觸與解說建議書等流程。
2. 通關競賽法：透過逐步通過各關卡關主考試方式才能完成競賽。
3. 遊戲演練法：搭配遊戲活動，引導業務員了解保險銷售技巧與準客戶之需求。
4. 實地銷售演練：實際前往準客戶所在處進行拜訪或接觸等行銷活動。
5. 鏡子練習法：進行電話約訪演練或實戰時，在面前放置鏡子以觀察並改進自己的表情，因表情影響語調並影響邀約成功率。
6. 其他：精神講話與安撫、早會分享、辯論比賽、旅遊活動、小組競賽、旅遊進修課程、唱歌跳舞活動。

考試要點

- 關係銷售摘要如下：
  - 強調人身保險從業人員與客戶之間的互利夥伴關係。
  - 人身保險從業人員應扮演客戶的顧問。
  - 是經由伙伴關係來維持並加強與客戶間的互動。
  - 人身保險經紀人應秉持客戶導向，並可採用拉力行銷策略來開發新客戶。
- **人身保險經紀人的主要任務：商品+顧問服務。**
- **人身保險經紀人必須是其商品與服務的專家。**
- **人身保險經紀人需了解各家人身保險商品的內容，並知曉各商品的優勢與劣勢何在。**
- **從事利潤導向定價法時，不可能要求新保單在商品導入期達成銷售量極大化，而是追求利潤逐漸呈現。**
- 經紀人書面分析報告提供時機：保險金額 1,000 萬元之旅行平安保險、具保費調整機制之長期健康保險、投資型保險、壽險、年金險等。
- 被保險人危險增加屬於承保風險(死差損風險)。
- 繳費方式的便利性屬於附加商品，而非核心商品(壽險商品)或其他商品。
- 保險推廣（Promotion）的任務告知、說服、提醒、試探。

第七章 壽險招攬規範、案例與考題解析

- 第一節 壽險業務員之招攬規範
- 第二節 壽險業公平待客原則與評議制度
- 第三節 壽險稅賦規範
- 第四節 行銷與商品案例分析
- 第五節 近年壽險行銷考題解析

第七章 壽險招攬規範、案例與考題解析

第一節 壽險業務員之招攬規範

　　依據保險法第8條之1規定，保險業務員指為保險業、保險經紀人公司、保險代理人公司或兼營保險代理人或保險經紀人業務之銀行，從事保險招攬之人。壽險業務員從事保險招攬，務必了解相關法規並遵循相關法規，以免誤觸紅線而遭受處罰。

壹、不當招攬行為可能涉及之處罰

　　壽險業務員若涉及不當招攬行為，可以牽涉到刑法、民法、金融消費者保護法、保險法規及主管機關裁罰。列舉如下：

一、刑法：可能涉及偽造文書、詐欺行為、侵占行為、背信行為等相關法規。

二、民法：侵權行為損害賠償。

三、金融消保法、業務員管理規則、勞動法規等相關法規：業務員與公司間之勞動法規及員工賠償責任；另外壽險公司須依照業務員管理規則予以懲罰。

四、主管機關行政裁罰：主管機關對於壽險公司及業務員之處罰，諸如：糾正、罰款、解除職務、限期改善等。

貳、招攬規範：保險業務員管理規則法條摘要

第十五條(招攬行為與授權規範)
業務員經授權從事保險招攬之行為，視為該所屬公司授權範圍之行為，所屬公司對其登錄之業務員應嚴加管理並就其業務員招攬行為所生之損害依法負連帶責任。

業務員同時登錄為財產保險及人身保險業務員者，其分別登錄之所屬公司應依法負連帶責任。

前項授權，應以書面為之，並載明於其登錄證上。

第一項所稱保險招攬之行為，係指業務員從事下列之行為：
一、解釋保險商品內容及保單條款。
二、說明填寫要保書注意事項。
三、轉送要保文件及保險單。
四、其他經所屬公司授權從事保險招攬之行為。

業務員從事前項所稱保險招攬之行為，應取得要保人及被保險人親簽之投保相關文件；**業務員招攬涉及人身保險之商品者，應親晤要保人及被保險人。**但主管機關另有規定者不在此限。**業務員應於所招攬之要保書上親自簽名並記載其登錄字號。**但主管機關另有規定者不在此限。

第十六條
業務員從事保險招攬所用之文宣、廣告、簡介、商品說明書及建議書等文書，應標明所屬公司之名稱，所屬公司為代理人、

經紀人或銀行者並應標明往來保險業名稱,並不得假借其他名義、方式為保險之招攬。

前項文宣、廣告、簡介、商品說明書及建議書等文書之內容,應與保險業報經主管機關審查通過之保險單條款、費率及要保書等檔相符,且經所屬公司核可同意使用,其內容並應符合主管機關訂定之資訊揭露規範。

保險代理人、經紀人公司或銀行所屬業務員使用之文宣、廣告、簡介、商品說明書及建議書等文書應經其往來保險業提供或同意方可使用。

第十七條
業務員如有涉嫌違反保險法令之情事或主管機關就業務員從事保險招攬相關事項之查詢,所屬公司或業務員應於主管機關所訂期間內,向主管機關說明或提出書面報告資料。

第十八條
業務員所屬公司對業務員之招攬行為應訂定獎懲辦法,並報各所屬商業同業公會備查。
前項獎懲辦法之訂定或修正程序,所屬公司應納入業務員代表參與表達意見,秉持公正、公開及維護保戶權益之方式辦理,並於懲處業務員前應給予其陳述意見機會或程序及事後救濟之機制。
主管機關或各相關公會對熱心公益有具體事蹟或就保險市場推展著有貢獻之績優公司或優秀業務員得予以表揚或以其他方式獎勵之。

第十九條

業務員有下列情事之一者,除有犯罪嫌疑,應依法移送偵辦外,其行為時之所屬公司並應按其情節輕重,予以三個月以上一年以下停止招攬行為或撤銷其業務員登錄之處分:

一、就影響要保人或被保險人權益之事項為不實之說明或不為說明。

二、唆使要保人或被保險人對保險人為不告知或不實之告知;或明知要保人或被保險人不告知或為不實之告知而故意隱匿。

三、妨害要保人或被保險人為告知。

四、**對要保人或被保險人以錯價、放佣或其他不當折減保險費之方法為招攬。**

五、對要保人、被保險人或第三人以誇大不實之宣傳、廣告或其他不當之方法為招攬。

六、**未經所屬公司同意而招聘人員。**

七、代要保人或被保險人簽章、或未經其同意或授權填寫有關保險契約文件。

八、以威脅、利誘、隱匿、欺騙等不當之方法或不實之說明慫恿要保人終止有效契約而投保新契約致使要保人受損害。

九、未經授權而代收保險費或經授權代收保險費而挪用、侵占所收保險費或代收保險費未依規定交付保險業開發之正式收據。

十、**以登錄證供他人使用或使用他人登錄證。**

十一、**招攬或推介未經主管機關核准或備查之保險業務或其他金融商品。**

十二、為未經主管機關核准經營保險業務之法人或個人招攬保險。

十三、以誇大不實之方式就不同保險契約內容，或與銀行存款及其他金融商品作不當之比較。

十四、散播不實言論或文宣，擾亂金融秩序。

十五、挪用款項或代要保人保管保險單及印鑑。

十六、違反第九條、第十一條第二項、第十四條第一項、第十五條第四項、第五項或第十六條規定。

十七、其他利用其業務員身分從事業務上不當行為。

前項業務員行為時之所屬公司已解散或註銷公司執業證照者，由現行所登錄之所屬公司予以處分。

最近五年內受停止招攬行為處分期間累計達二年者，所屬公司應予撤銷其業務員登錄處分。

第十九條之一

業務員不服受停止招攬登錄、撤銷登錄處分者，**得於受處分之通知到達之日起一個月內，以書面具明理由向原處分公司提出申復，並以一次為限，**原處分公司並應於申復書面資料到達一個月內將復查結果以書面通知業務員。

業務員對前項復查結果有異議者，得於收到復查結果之日起三**個月內以書面具明理由向各有關公會之申訴委員會申請覆核，並以一次為限。**

前項申訴委員會之組織，其成員應包含業務員代表，並由各有關公會訂定後報主管機關備查。

● **補充規範：**

1. 依據主管機關 85.9.18 函，保戶因不實文宣廣告而投保，若產生疑義而退保時，壽險公司至少退還全部所繳保險費並加計利息。

2. 經紀人為被保險人洽訂保險契約前，應依主管機關規定之適用範圍及內容主動提供書面分析報告，向要保人或被保險人收取報酬前，應明確告知其報酬收取標準。書面分析報告之適用範圍包括人身保險及財產保險。但不包括：

■ 微型保險。

■ 保險金額新臺幣 500 萬元以下之旅行平安保險。

■ 一年期傷害保險續保業務（已約定續保條款且保險金額及承保條件不變之續保件）。

■ 強制汽車責任保險（含同保額附加駕駛人傷害保險）。

■ 住宅火災保險續保業務（已約定續保條款且保險金額及承保條件不變之續保件）。

3. 關於保險經紀人管理規則第三十三條第五項所定電話訪問之保險種類及比例如下：

■ 投資型保險商品：其電話訪問之比例不得低於 5%。

■ 以外幣收付之非投資型人身保險商品：其電話訪問之比例不得低於 5%。

■ 其他險種：無須電訪。

4. 保險經紀人向要保人或被保險人收取報酬之標準，應符合公平合理原則及公平交易法等相關法令規定，並以從事下列業務範圍為限：

➤ 洽訂保險契約

➤ 提供風險規劃服務，包含人身風險規劃、財產風險規劃、責任風險規劃、損害防阻規劃、其他與保險或風險規劃相關諮詢與服務

➤ 提供再保險規劃服務

➤ 保險理賠申請服務

參、依據保險業辦理電子商務應注意事項及保險代理人公司保險經紀人公司辦理網路投保業務及網路保險服務管理辦法

保險業(保險公司)得辦理網路投保之人身保險商品種類如下：

（一）旅行平安保險及其附加之實支實付型醫療保險。

（二）傷害保險及其附加之實支實付型傷害醫療保險。

（三）定期人壽保險。

（四）實支實付型健康保險。

（五）傳統型年金保險。

（六）利率變動型年金保險。

（七）保險年期不超過二十年及歲滿期不超過七十五歲之生死合險。

（八）小額終老保險。

（九）微型保險。

（十）長期照顧保險。

（十一）實物給付型保險。

（十二）健康管理保險。

（十三）投資型年金保險。

● 網路投保之限制：

✓ 要保人與被保險人以同一人為限，並應具行為能力。

✓ 身故受益人以直系血親、配偶或法定繼承人為限。

✓ 確認投保電訪比率：新保戶：10%；既有客戶：5%；投資型年金：100%。

● 開放銷售商品無萬能壽險、投資型壽險(變額萬能壽險)。

肆、保險代理人公司保險經紀人公司辦理網路投保業務及網路保險服務管理辦法摘錄

1. 網路投保業務：指為自然人之要保人於完成首次註冊及身分驗證程序後，經由網路透過保經代公司與保險公司締結或洽訂保險契約之業務。
2. 網路保險服務：指保經代公司既有保險客戶於完成註冊及身分驗證程序後，經由網路透過保經代公司與保險公司連線辦理除網路投保以外之各項保險服務。
3. 保經代公司辦理網路投保業務及網路保險服務，應於公司建置網站專區、網頁或公司設置之行動應用程式（APP ）投保平台，且其所屬業務員不得自行建置。
4. 保經代公司受理要保人與被保險人不同人，以網路投保人身商品時，要保人以自然人憑證註冊後，被保險人限以自然人憑證為意思表示。
5. **保經代公司得辦理網路投保業務之保險商品種類及範圍，以代理或業務合作之保險公司得辦理網路投保之保險商品種類及範圍為限。**

伍、保險業保險代理人公司保險經紀人公司辦理電話行銷業務應注意事項

　　人身保險業及保險代理人公司以及保險經紀人公司辦理電話行銷業務，銷售之人身保險商品以下列為限：

● 傳統型人壽保險：限為免體檢及免告知之保件；額度限制為免體檢額度扣除被保險人已投保之保險金額。

● 健康保險：限為免體檢及免告知之保件；額度限制為免體

檢額度扣除被保險人已投保之保險金額。產險業者相同。

● 年金保險：含傳統型年金、利率變動型年金或投資型年金。

● 傷害保險：保險金額不得超過新臺幣六百萬元。產險業者
相同。

● 電話線上投保之限制：

✓ 要保人與被保險人為同一人、被保險人須成年

✓ 限外撥電話（Outbound）的方式

✓ 特定商品與金額限制：投資型壽險不可電話投保

✓ 壽險為免體檢及免告知之保件

**陸、保險業保險代理人保險經紀人與異業合作推廣附屬性保險
商品業務應注意事項**

保險公司直接或透過保險代理人或保險經紀人與異業
合作，辦理下列業務：

1. 透過銷售旅遊商品之網路平臺或行動應用程式（APP），合作
推廣旅遊相關保險。

2. 與行動裝置製造業者之官方網站、直營店或經銷商，合作推
廣行動裝置保險。

3. 與中華郵政股份有限公司之官方網站或網路平臺，合作推廣
房貸業務相關火災及地震保險。

4. 與電動機車製造業者之官方網站或 APP，合作推廣 UBI
(Usage Based Insurance)機車車體損失保險、UBI 機車第三人
責任保險及其附加保險商品。

5. 透過提供糖尿病服務管理平臺業者之網路平臺或 APP，合作
推廣糖尿病患者健康保險。

柒、保險業保險經紀人公司及保險代理人公司防範保險業務員挪用侵占保戶款項相關內控作業規定

保險業、保險經紀人公司及保險代理人公司應建立保險業務員管理制度且應至少包括下列事項：

1. 於登錄保險業務員前，應採行盡職調查程序，建立適當機制瞭解業務員品性素行、專業知識、信用及財務狀況，亦應瞭解其是否涉有保險業務員管理規則第七條及第十九 條之情事。

2. 保險業、保險經紀人公司及保險代理人公司應要求保險業務員應秉持誠信原則招攬及服務，不得代要保人或被保險人保管保險單及印鑑、網路投保或網路保險服務之帳號及密碼、已簽章空白保險契約文件，及不得未經保戶同意或授權辦理相關交易或業務或有不當招攬等行為。

3. 保險業、保險經紀人公司及保險代理人公司應建置事前宣導、事中控管及事後查核之控管機制，避免保險業務員擅自為保戶辦理投保、簽收保單、保險契約轉換、保全、復效、理賠、解約、投資標的變更及未經授權而代收保險費（包括匯款至保險業務員個人帳戶）等作業。

4. 保險業、保險經紀人公司及保險代理人公司為防範保險業務員持有或使用保戶網路投保或 網路保險服務之帳號及密碼，應建立控管機制至少包括下列事項：

   ● 保戶網路投保或網路保險服務之帳號及密碼應由保戶自行設定，不得由保險業務員為保戶辦理更換密碼之設定，並應建立控管機制。

   ● 透過定期產出異常檢核報表，檢核保險業務員與保戶

是否有共用同一電子郵件信箱或 同一手機號碼，及是否有同一保險業務員招攬之保件共用同一 IP 位址進行交易之情事。

- 定期向保戶發送保單狀態資料，提供保戶確認保單狀態及明細。
- 建置網路投保及服務作業確認之控管機制。

5. 保險業、保險經紀人公司及保險代理人公司應依風險基礎方法建立防範保險業務員與保戶私下資金往來之預防控管機制。

6. 保險業、保險經紀人公司及保險代理人公司為防範保險業務員自行製作並提供保險單、送金單、保費繳納證明或收據等情事，並應建立控管機制至少包括下列事項：
- 建立適當查核機制，確認保險業分支機構場所是否有相關類似自製之上開文件或檔案。
- 由獨立作業部門製作、發送保險單、送金單、保費繳納證明或收據並設立退件及遺失之追蹤控管機制。
- 定期檢視保戶所留存之通訊資料（含電子郵件信箱／地址／電話／手機）是否與保險業務員本人或與其所屬公司、分支機構等資料相同，或以其他機制定期通知保戶其通 訊資料與他人相同，以避免保戶有無法收到保險契約相關通知之情事。
- 透過非業務單位人員確認保戶清楚保單狀態資料。

捌、業務員登錄訓練

第九條

業務員登錄證有效期間為五年,應於期滿前辦妥換發登錄證手續,未辦妥前不得為保險之招攬。

業務員換證作業規範,由各有關公會訂定報主管機關備查。

第十條

業務員有異動者,所屬公司應於異動後五日內,依下列規定向各有關公會申報:

一、登錄事項有變更者,為變更登錄。

二、業務員受停止招攬行為之處分者,為停止招攬登錄。

三、**業務員有第七條、死亡、喪失行為能力、終止合約、或其他終止招攬行為之情事者,為註銷登錄。**

四、業務員有第十三條或第十九條撤銷之情事者,為撤銷登錄。

前項第二款至第四款情形,業務員應向原所屬公司繳銷登錄證。

前項第三款業務員之異動日,應以業務員辦妥異動手續日為準。

所屬公司在辦妥異動登錄前,對於該業務員之保險招攬行為仍視為所屬公司之行為。

所屬公司如有停業、解散或其他原因無法繼續經營或執行業務者,應為其業務員向各有關公會辦理註銷登錄;所屬公司未辦理者,業務員得委由其所屬公司之商業同業公會向各有關公會辦理註銷登錄。

業務員與所屬公司之勞務契約終止後，所屬公司無正當理由不予辦理註銷登錄者，業務員得向其所屬公司之商業同業公會申請處理。

前項申請事由經查證屬實者，各有關公會應依本規則規定辦理註銷登錄並通知所屬公司。

第十二條

業務員應自登錄後每年參加所屬公司辦理之教育訓練。

各有關公會應訂定教育訓練要點，並報主管機關備查後通知所屬會員公司辦理。

前項教育訓練要點應依業務員招攬保險種類訂定相關課程。

第十三條

業務員不參加教育訓練者，所屬公司應撤銷其業務員登錄。

參加教育訓練成績不合格，於一年內再行補訓成績仍不合格者，亦同。

第十四條

業務員經登錄後，應專為其所屬公司從事保險之招攬。

保險業、保險代理人公司之業務員，取得相關資格，得登錄於另一家非經營同類保險業務之保險業或保險代理人公司，並以一家為限。

保險經紀人公司之業務員取得相關資格，得登錄於另一家非經營同類保險業務之保險經紀人公司，並以一家為限。

業務員轉任他公司時，應依第六條規定重新登錄；異動後再任原所屬公司之業務員者，亦同。

● 業務員如果曾經受業務員管理規則第13條或第9條的撤銷登錄處分,應重新參加業務員資格測驗合格,才能重新辦理登錄。

● 壽險業務員登錄作業由中華民國人壽保險商業同業公會(壽險公會)辦理。

玖、壽險業務員的教育訓練時數要求

1. 登錄第 1 年:每年至少 30 個小時(至少 6 小時的共通法令課程)。

2. 登錄第 2 年以後:每年至少 12 個小時的教育訓練(至少 6 小時的共通法令課程)。

3. 壽險業務員銷售年金保險需要額外參與之訓練課程: 第一年度教育訓練課程中,須完成年金保險課程訓練並測驗合格後,向公會申請並備查。訓練教材應包含利率變動型年金保險商品與條款等規範,而且課程時數應符合要求:

   ● 上課時數:至少 3 小時。

   ● 須保存受訓證明。

4. 投資型保險:每 **3** 年進行投資型保險商品、相關法規及基金標的相關課程**至少 6 小時(法規至少 2 小時)**並完成測驗。

5. 外幣傳統保險:應將匯率風險及外匯相關法規納入教育訓練課程。各公司並應將外幣傳統保單教材列入教育訓練,**時數至少 5 小時。**

補充規範：

● 業務員因註銷或停止招攬等異動，再登錄間隔期間≧1年，發證日期以再登錄日期為準重新計算。

● 業務員因離職等原因而異動，若再辦理登錄間隔期間在1年以下且尚未完成教育訓練，由再登錄公司(新公司)辦理補訓。若間隔期間超過1年者，教育訓練年度以再登錄日期為準重新計算。

● 業務員無故未按時辦理每5年換證，所屬公司應予以3個月以上1年以下停止招攬行為或撤銷其業務員登錄處分。

拾、保險業業務人員酬金制度應遵行原則摘錄

業務人員酬金指因銷售保險商品或服務，而由保險業給予之佣金、獎金及其他具有實質獎勵性質之報酬。但不包括與業務人員個人業績表現無關之獎金或紅利。保險業訂定其業務人員酬金制度，至少應符合下列原則：

一、應衡平考量客戶權益、保險商品或服務對公司及客戶可能產生之各項風險，並應綜合考量財務指標及非財務指標因素。

二、避免引導業務人員為追求酬金而從事逾越公司風險胃納之行為，並應定期審視酬金制度，以確保其符合公司之風險管理政策。

三、應注意業務人員是否充分瞭解要保人及被保險人之事項，並考量招攬品質及招攬糾紛等因素，避免業務人員不當賺取酬金之情事。

四、酬金應經精算部門審慎評估，並考量其與保險商品附加費用率之關係。

五、保險商品依保險法令、公會自律規範或各會員公司規定致
　　保險契約撤銷、無效、解除時，應按與業務人員所簽訂之
　　合約或其所適用之辦法規定追回已發放之酬金。

六、酬金制度不得僅考量業績目標之達成情形，應避免於契約
　　成立後立即全數發放。

七、業務人員之離職金約定應依據已實現之績效予以訂定，以
　　避免短期任職後卻領取大額離職金等不當情事。

補充說明：

1. 財務指標為依據可數量化的衡量項目作為衡量指標，例如：
   保費收入、洽訂保險契約件數、人身保險保單繼續率、申訴
   件數等。

2. 非財務指標為依據較無法數量化的衡量項目(質化項目)，例
   如：相關法令或自律規範或作業規定遵循情形、稽核缺失情
   形、招攬糾紛情形、執行充分瞭解客戶作業（KYC）之確實
   度、招攬報告書填列之詳實度等項目。

拾壹、洗錢防制法規摘要-金融機構防制洗錢辦法

1. 洗錢防制作業主要目的為降低非法洗錢等犯罪行為，諸如販
   毒、詐騙所得、掏空企業之防制。打擊資恐作業主要目的為
   降低任何形式的資助(協助)恐怖(攻擊)或毀滅武器活動。

2. 洗錢防制法第五條
   金融機構，包括下列機構：
   ◇ 銀行。
   ◇ 信託投資公司。
   ◇ 信用合作社。

- ✧ 農會信用部。
- ✧ 漁會信用部。
- ✧ 全國農業金庫。
- ✧ 辦理儲金匯兌、簡易人壽保險業務之郵政機構。
- ✧ 票券金融公司。
- ✧ 信用卡公司。
- ✧ 保險公司。
- ✧ 證券商。
- ✧ 證券投資信託事業。
- ✧ 證券金融事業。
- ✧ 證券投資顧問事業。
- ✧ 證券集中保管事業。
- ✧ 期貨商。
- ✧ 信託業。
- ✧ 其他經目的事業主管機關指定之金融機構。

3. 指定之非金融事業或人員，指從事下列交易之事業或人員：
   銀樓業、地政士及不動產經紀業、律師、公證人、會計師等。

4. 通報門檻：須限期內向<u>法務部調查局</u>申報
   **大額通貨交易通報：指<u>新臺幣 50 萬元</u>（含等值外幣）；
   包含現金收取或支付或換鈔。**

5. 疑似可疑交易申報門檻：不論金額多寡，皆須限期內向法務部調查局申報。

6. 金融機構確認客戶身分措施，應依下列規定辦理：

(1)金融機構不得接受客戶以匿名或使用假名建立或維持 業務關係。

(2)金融機構於下列情形時，應確認客戶身分：
   a.與客戶建立業務關係時。

b.進行下列臨時性交易：

(1)辦理新臺幣五十萬元以上交易(含國內匯款)或五十張以上電子票證交易時；多筆顯有關聯之交易合計達一定金額以上時，亦同。

(2)辦理新臺幣三萬元(含等值外幣)以上之跨境匯款時。

(3)發現疑似洗錢或資恐交易時。

(4)對於過去所取得客戶身分資料之真實性或妥適性有所懷疑時。

7. 相關文件至少保存 5 年。

8. 保險業對於經評估為高洗錢風險客戶，應加強確認客戶身分及強化持續審查，至少每年檢視一次。

9. 疑似可疑交易行為：摘列如下

(1)現有客戶過去投保習慣皆為投保低保費之保險，並以定期繳費方式繳交保險費，突欲投保大額躉繳之保險，且無法提出合理說明者。

(2)客戶購買保險商品時，對於保障內容或給付項目完全不關心，抑或對於具高保單價值準備金或具高現金價值或躉繳保費之保險商品，僅關注保單借款、解約或變更受益人等程序。

(3)客戶平時以定期付款方式繳交保費，突然要求訂立一次付清保費的大額契約。

(4)客戶短期內密集投保具高保單價值準備金之保險商品，且投保內容與其身分、收入顯不相當，或與其營業性質無關者。

(5)同一客戶各項現金收入或支出(含同一營業日同一交易帳戶數筆款項之合計數)在新臺幣 50 萬元(含等值外幣)以上之通貨交易，且符合疑似洗錢交易表徵者。

(6)大額保費非由保險契約之當事人或利害關係人付款，且無法提出合理說明。

(7)保戶於短期內密集繳交多筆增額保費,且總金額達一定金額以上,並申請辦理部分贖回、解除契約或終止契約、保單借款等,達一定金額以上,且無法提出合理說明者。

(8)客戶以躉繳大額保費方式購買長期壽險保單後,短期內申請辦理大額保單借款或終止契約,且無法提出合理說明者。

(9)客戶刻意規避確認身分相關規定程序者。

拾貳、個資法摘要

1. 立法目的:為規範個人資料之蒐集、處理及利用,以避免人格權受侵害,並促進個人資料之合理利用。

2. 個人資料之蒐集、處理或利用,應尊重當事人之權益,依誠實及信用方法為之,不得逾越特定目的之必要範圍,並應與蒐集之目的具有正當合理之關聯。

3. 有關病歷、醫療、基因、性生活、健康檢查及犯罪前科之個人資料,不得蒐集、處理或利用。但有下列情形之一者,不在此限:

(1)法律明文規定。

(2)公務機關執行法定職務或非公務機關履行法定義務必要範圍內,且事前或事後有適當安全維護措施。

(3)當事人自行公開或其他已合法公開之個人資料。

(4)公務機關或學術研究機構基於醫療、衛生或犯罪預防之目的,為統計或學術研究而有必要,且資料經過提供者處理後或經蒐集者依其揭露方式無從識別特定之當事人。

(5)為協助公務機關執行法定職務或非公務機關履行法定義務必要範圍內,且事前或事後有適當安全維護措施。

(6)經當事人書面同意。但逾越特定目的之必要範圍或其他法律另有限制不得僅依當事人書面同意蒐集、處理或利用,或其同意違反其意願者,不在此限。

第二節 壽險業公平待客原則與評議制度

壹、公平待客原則摘要

　　金融監督管理委員會頒佈「金融服務業公平待客原則」，作為金融服務業推動與執行金融消費者保護之參考，並要求業者每年至少對於業務員進行 3 個小時的公平待客原則教育訓練，關於公平待客原則摘列如後。

一、訂約公平誠信原則

（一）公平原則

（二）誠實信用原則

（三）對客戶解釋之原則

（四）審閱期間或撤銷契約機制之告知

二、注意與忠實義務原則

三、廣告招攬真實原則

(一) 廣告不得有誇大不實、誤導、混淆客戶之情事

(二) 廣告應以顯著方式揭露風險或限制，並提供完整交易條件資訊

(三) 洽訂之商品須經主管機關核准或備查、公司核可

(四) 廣告招攬，應標明往來保險業名稱，不得假借其他名義招攬保險

四、商品或服務適合度原則

(一) 充分瞭解客戶之相關資料以落實執行確保商品或服務對客戶之適合度

(二) 適合度原則之實踐

五、告知與揭露原則

　　(一)訂約前充分揭露資訊，說明重要內容

　　(二)告知與揭露之方式：訂約前以顯著方式或當面表
　　　　達，核保前再次確認

　　(三)向客戶收取報酬者，應告知客戶報酬標準

　　(四)個人資料保護之相關權益

六、複雜性高風險商品銷售原則[22]

　　(一)訂約前充分告知與揭露之方式

　　(二)內部控制及稽核制度之建立

　　(三)不當銷售之處理

七、酬金與業績衡平原則

　　(一)酬金制度制定及修正

　　(二)酬金制度應衡平考量各項風險，不得僅考量業
　　　　績目標

八、申訴保障原則

九、業務人員專業性原則

　　(一)一定資格及登錄

　　(二)教育訓練

　　(三)業務人員之專業判斷及職務執行客觀性

---

[22] 複雜性商品：指連結結構型債券的投資型保險。

貳、金融消費者保護法實施後的申訴與評議制度

金融消保法於 101 年度開始實施，制定目的為保護金融消費者權益，公平、合理、有效處理金融消費爭議事件，以增進金融消費者對市場之信心，並促進金融市場之健全發展。

一、金融消費者保護法對於金融服務業之義務與責任規範

1. 對金融消費者之責任，不得預先約定限制或免除。違反者，該部分約定無效。
2. 訂立契約，應本公平合理、平等互惠及誠信原則。
3. 訂立之契約條款顯失公平者，該部分條款無效；契約條款如有疑義時，應為有利於金融消費者之解釋。
4. 應盡善良管理人之注意義務。
5. 應確保廣告內容之真實性。
6. 由業者或業務員負擔舉證責任。

二、金融消保法規範摘錄

1. 適用的金融產業：銀行業、證券業、期貨業、保險業、電子票證業及其他經主管機關公告之金融服務業，皆需要納入規範。
2. 金融消保法要求壽險業者應遵循以下事項：
3. 金融服務業與金融消費者訂立提供金融商品或服務之契約，應本公平合理、平等互惠及誠信原則。
(1)金融服務業刊登、播放廣告及進行業務招攬或營業促銷活動時，不得有虛偽、詐欺、隱匿或其他足致他人誤信之情事，並應確保其廣告內容之真實。

(2)金融服務業與金融消費者訂立提供金融商品或服務之契約前，應充分瞭解金融消費者之相關資料，以確保該商品或服務對金融消費者之適合度。

(3)金融服務業與金融消費者訂立提供金融商品或服務之契約前，應向金融消費者充分說明該金融商品、服務及契約之重要內容，並充分揭露其風險。

4. 依金融消費者保護法規定，金融保險消費者須先向金融保險業者提出申訴，如不接受金融保險業者的申訴處理結果，或金融保險業者超過 30 天不為處理者，始得向評議中心申請評議。

5. 金融保險消費者若同意壽險業者的處理結果，則僅列入申訴案件，而不需納入申請評議案件。

6. 金融服務業違反金融消費者保護法規定，導致金融消費者受有損害者，應負損害賠償責任。但金融服務業能證明損害之發生非因其未充分瞭解金融消費者之商品或服務適合度或非因其未說明、說明不實、錯誤或未充分揭露風險之事項所致者，不在此限。

7. **無相當因果關係之舉證責任必須由壽險公司或壽險業務員負擔**，若壽險公司或壽險業務員能夠舉證證明自身並無疏失、過失或故意行為，才得以免除責任，否則壽險公司或壽險業務員可能需要負擔賠償責任。

8. 評議成立後，得於成立之日起 90 日內，將評議書送請法院核可。**評議書經法院核可者，與民事確定判決具有相同效力。**

三、常見保險爭議類型

　　歸納評議中心的申訴及評議案件爭議類型如下：

表 7.1 近年常見爭議類型

機構別	保險消費爭議類型
壽險公司 主要爭議(理賠)	● 「必要性醫療」 ● 「理賠金額認定」 ● 「手術認定」 ● 「遲延給付」
壽險公司 主要爭議(非理賠)	● 「業務招攬爭議」 ● 「要保人/被保險人非親簽」 ● 「停效復效爭議」 ● 「未遵循服務規範」 ● 「契約變更」
壽險經紀人與代理人 主要爭議(理賠)	● 「違反告知義務」 ● 「契約效力爭議」 ● 「醫療單據認定」 ● 「承保範圍」
壽險經紀人與代理人 主要爭議(非理賠)	● 「業務招攬爭議」 ● 「未遵循服務規範」 ● 「契約撤銷」 ● 「保費之交付」 ● 「要保人/被保險人非親簽」 ● 「解約爭議」

資料來源：參考評議中心統計資料歸納整理

四、遵循評議決定之額度

1. 人身保險給付(不包含多次給付型的醫療保險金)與投資型保險商品或服務:**100 萬台幣**。

2. 經評議中心評議後,若決定後的壽險公司應給付金額在 **100 萬元**之內,壽險業者須遵循接受該決定,不得拒絕;但超出 100 萬元額度之評議決定,業者可拒絕接受。

3. 多次給付型的醫療保險金及非屬保險給付爭議類型:10 萬台幣。

4. 投資型保險商品或服務之遵循額度一律為 100 萬。

五、裁罰案例修訂摘錄

(一)案例一:招攬與服務

1. 處分之法令依據:保險法第 149 條第 1 項

2. 違反事實理由:

   ■ 該公司銷售投資型保險,有規劃目標保險費偏高情形,易使保戶於前期承擔較高之費用,不利消費者權益之保障,核有有礙健全經營之虞。

   ■ 該公司辦理新契約電訪作業,未將異常案件定期彙整分析,以及電訪話術範本未明確說明契約撤銷期權利,核有有礙健全經營之虞。

   ■ 該公司辦理新契約核保作業,未檢核保戶尚有其他同商品舊保單可辦理復效,不利消費者權益之保障,核有有礙健全經營之虞。

3. 處分:應予 4 項糾正。

(二)案例二：招攬與業務員報告書填寫

1. 裁罰之法令依據：保險法第 149 條第 1 項及第 171 條之 1 第 5 項規定。

2. 違反事實理由：該公司核保時未落實查證保戶保費來源、收入、財務狀況及瞭解保戶保險需求及適合度，核與保險法第 148 條之 3 第 2 項授權訂定之保險業招攬及核保理賠辦法第 7 條第 1 項第 4 款及第 17 條規定不符；且該公司對於往來保險代理人及其業務員之招攬管理，未見有效管控機制。

3. 裁罰：核處罰鍰新臺幣 60 萬元整，並予以糾正。

(三)案例三：招攬及新契約

1. 裁罰之法令依據：保險法第 167 條之 2 規定

2. 違反事實理由：

辦理人壽保險商品招攬作業，有未落實辦理 KYC 情事：

■ 客戶短期內辦理房貸及購買投資型保險商品，有「房屋貸款批覆書」與「瞭解要保人及被保險人之需求及其適合度分析評估暨業務員報告書」所載個人年收入不一致之情形。

■ 對保戶以借款方式購買投資型保險，有未於業務員報告書正確說明原因及保費來源之情事。

■ 客戶短期內購買多筆保單，有保險業務員填報之「瞭解要保人及被保險人需求及其適合度分析評估暨業務員報告書」所填保戶財務狀況有明顯差異之情事，惟未瞭解原因及進行驗證。

3. 裁罰結果：核處限期 1 個月改正，併處罰鍰新臺幣 20 萬元整。

考題重點

- **年度營業收入(手續費收入)達 3 億或公開發行公司皆須建立招攬處理制度及程序。**

- 電話行銷對象限制：無論要保人或被保險人一定要成年；可銷售年金險，但佣獎過低，不划算；人壽保險限為免體檢及免告知之保件，因此名單資料須事先篩選。傷害保險之最高投保金額為 600 萬。

- 既有客戶再次網路投保，電訪比率只需 5%。

- 電話線上成交之規範：要保人與被保險人為同一人、被保險人須成年、限外撥電話（Outbound）的方式、特定商品與金額限制、壽險為免體檢及免告知之保件、投資型壽險不可電話投保。

- **財務核保主要目的為防範道德危險，因為財務核保的過程需審閱客戶收入資產及投保目的之合理性。**

- 保險行銷道德分成法律性道德、專業性道德與社會性道德等三個原則。
  - 法律性道德：一般法律要求之道德。
  - 專業性道德：專業保險業務員額外應遵守的專業倫理道德。
  - 社會性道德：一般民眾要求的道德。

- **挪用保費，違背法律與專業，但可能未違背社會性道德要求。**

- **以風險為基礎(本)，風險高的，應加強審查，風險低者，則採取簡化審查。**

- **保險費金額高低，影響保戶是否願意投保。**

- 人身保險經紀人在向保險公司洽訂那些人身保險契約時，須向受益人取得其姓名及身分證明文件。
- 個人業務員仍應充分揭露告知及留意 KYC 適合度。
- 專設帳戶可降低挪用或短少風險。
- 每一憑證僅限單一保險公司。
- 如以現金方式繳納者，單張保單當期保險費以新臺幣五萬元為上限。
- 經壽險公司同意，費率、解約金及給付範圍等 DM 資料可以公開揭露。
- 一致性愈高，代表商品線間關連程度愈高。
- 通常只有業務員有親自接觸客戶。
- 與定存比較、臆測等一定不合規範。
- 保險商品服務具有「易變性」，影響服務品質之變數很多。
- 由於壽險商品條款與給付受主管監管及審查限制，銷售不佳商品不見得會予以廣告包裝後行銷、也不會有導入新市場的過程或有突發性構想。但壽險業者仍可發揮創意及搭配網路科技開發具有差異化的商品。
- 微型保單之適合對象為低收入或身心障礙者，可透過人口統計變數加以區隔。
- 外溢效果之健康管理保險商品及實物給付型保險商品屬於差異化商品。

第三節 壽險稅賦規範[23]

一、遺產稅重要規範(依據遺產與贈與稅法)

1. 遺產稅按被繼承人死亡時,其遺產總額減除各項扣除額及免稅額後之課稅遺產淨額,課徵 10%~20%[24]。

2. 110 年度免稅額及主要扣除額

- 免稅額:1200 萬。
- 配偶扣除額:493 萬。
- 直系血親卑親屬扣除額、扶養兄弟姊妹、祖父母扣除額:每人 50 萬;未滿 20 歲,每年另加扣 50 萬。
- 父母扣除額:每人 123 萬。
- 喪葬費用扣除額:123 萬。

3. 約定於被繼承人死亡時,給付其所指定受益人之人壽保險金額、軍、公教人員、勞工或農民保險之保險金額,不計入遺產總額計算。

二、贈與稅重要規範(依據遺產與贈與稅法)

1. 贈與稅按贈與人每年贈與總額減除扣除額及免稅額後之課稅贈與淨額,課徵 10%~20%。

2. 贈與稅納稅義務人,每年得自贈與總額中減除免稅額 220 萬元(110 年)。

3. 贈與稅之納稅義務人為贈與人。

4. 被繼承人死亡前 2 年內贈與配偶及相關繼承人之財產,應於被繼承人死亡時,視為被繼承人之遺產,併入其遺產總額。

---

[23] 參壽險公會(2018);廖勇誠(2020)

[24] 5000 萬以下:10%;5000 萬~1 億部分:15%;超過 1 億部分 20%。

5. 若有贈與行為且超過免稅額,需在贈與行為發生後 30 日內向國稅局申報。

三、個人綜合所得稅重要規範(依據所得稅法)

1. 納稅義務人、配偶或受扶養直系親屬之人身保險、勞工保險、國民年金保險及軍、公、教保險之保險費,每人每年扣除數額以不超過 24,000 元為限。但全民健康保險之保險費不受金額限制。

2. 人身保險、勞工保險及軍、公、教保險之保險給付,免納所得稅。

四、最低稅負制(依據所得稅基本稅額條例)

1. 個人之基本稅額:基本所得額扣除新臺幣 670 萬元(110 年額度)後,按 20%計算之金額。

2. 個人之基本所得額:依所得稅法規定計算之綜合所得淨額,加計下列各項金額後之合計數:

(1)境外所得:未計入綜合所得總額之非中華民國來源所得,但一申報戶全年之境外所得合計數未達新臺幣 100 萬元者,免予計入。

(2)施行後所訂立受益人與要保人非屬同一人之人壽保險及年金保險,受益人受領之保險給付。但死亡給付每一申報戶全年合計數在新臺幣 3,330 萬元以下部分(110 年額度),免予計入。

(3)私募證券投資信託基金之受益憑證之交易所得。

(4)依所得稅法或其他法律規定於申報綜合所得稅時減除之非現金捐贈金額。

(5)施行後法律新增之減免綜合所得稅之所得額或扣除額,經財政部公告者。

五、適用實質課稅原則要點

　　指定受益人之人壽保險給付不計入遺產總額，其立法意旨是考量被繼承人需要保障並避免遺族生活陷於困境，因此提供免課徵遺產稅稅惠。但如果個案有鉅額投保、高齡投保、重病投保、短期密集投保、躉繳投保、舉債投保、保險費相當於保險給付之儲蓄保險、投保年金保險或投資型保險等情況，可能被國稅局依照實質課稅原則，就該保險給付併課遺產稅。

六、團體保險之稅惠

　　依據營利事業所得稅查核準則，營利事業為員工投保之團體人壽保險、團體健康保險、團體傷害保險及團體年金保險，其由營利事業負擔之保險費，以營利事業或被保險員工及其家屬為受益人者，准予認定。每人每月保險費合計在**新臺幣 2 千元以內部分，免視為被保險員工之薪資所得**；超過部分，視為對員工之補助費，應轉列各該被保險員工之薪資所得。

　　另外，企業若符合勞工退休金條例規定之年金保險制資格條件，則雇主每月提撥繳付的退休金額度內(通常 6%)，得享免列入員工薪資所得；員工自願提繳的部分(6%內)也可免列入員工當年度薪資所得。

第四節 行銷與商品案例分析

一、客戶分級服務與 CRM 行銷案例

> 案例：小英投入保險業務二個月了，已逐漸克服被拒絕與覷觎，勇於嘗試與開發客戶。由於害怕親友排斥與拒絕，因此小英前二個月都全力投入陌生客戶開發，然而績效卻一直掛零，不知該怎麼辦？應該怎麼修正才對？

　　保險業務人員或理財專員銷售人身保險，確實非常辛苦！尤其初入社會的新鮮人，通常沒有足夠的客戶基礎，只有熱血與企圖心絕對不夠！開發新客戶確實非常重要，然而，在成為客戶前，往往需要先認識、認同後，客戶才會聽信保險理財建議，並簽下要保書及繳納保費，所以銷售流程非常需要時間的醞釀與發酵，絕無法速成。相形之下，由於既有緣故客戶，不論父母、親戚、同學、學長、學姐、學弟、學妹、同鄉、同事、社團同好、老師、鄰居、平常光顧的店家、醫院診所的醫護人員、打工過的公司或銀行既有客戶等，都是您的潛在緣故客戶，千萬別忽略他們！

　　首先，針對既有緣故客戶應該依據關係親疏，區分出客戶分級：VIP 客戶、中級客戶與一般客戶。VIP 客戶需要提供多元化的貼心服務，而且不要開口閉口就是保險，服務範圍需要涵蓋保單健檢、理財健檢與資訊、股票與基金投資諮詢與叮嚀、匯率與利率提醒、保戶服務與理賠協助、健康問候與提醒、退休與節稅規劃、企業保險與員工福利諮詢、三節禮品等多元化服務。中級客戶與一般客戶同樣需要提供貼心服務，只是受限時間有限與資源有限，並避免過度騷擾，因此聯繫頻率需要降

低，服務範圍也需要縮減。中級客戶可提供投保保單服務諮詢、新商品提供、提供健保或勞保、國民年金保險或產險諮詢等服務，約每月關懷聯繫。最後，對於一般客戶之服務範圍最窄，提供壽險保單、健保或勞保、國民年金保險或產險諮詢，並每季定期問候拜訪與聯繫，以建立長期關係。

客戶分級	關係與聯繫	可考慮服務範圍
VIP 客戶 (每週關懷)	✧ 關係良好之既有客戶或與高資產客戶，而且累積保費金額高 ✧ 經常聯繫、無所不談、無所不聊	提供保單健檢、理財健檢與資訊、股票與基金投資諮詢與叮嚀、匯率與利率提醒、保戶服務與理賠協助、企業保險與員工福利諮詢、健康問候與提醒、退休與節稅規劃、生日與三節送禮等多元化服務
中級客戶 (每月關懷)	✧ 既有客戶或已建立信任與關心的潛在客戶，例如：親友、好同學、好朋友或經常聯繫的親戚	既有客戶可提供投保保單服務諮詢、新商品提供、提供健保或勞保、國民年金保險或產險諮詢等
一般客戶 (每季關懷)	✧ 陌生拜訪客戶、尚未成交的潛在客戶或關係普通、少有聯繫的同學親友等緣故客戶	接觸初期以閒聊為主，例如提供健保或勞保、國民年金保險或產險諮詢，可以每半年或每季問候或拜訪

　　隨著職級晉升、保單成交及客戶推薦客戶，客戶人數增多後，更需要系統化的客戶管理，才能作好貼心的客戶管理，為未來的永續業務奠定良好基礎。同時，客戶管理系統內，需要更詳細的資訊，例如何時領取生存金、滿期金、醫療理賠、傷害理賠、定存何時到期、生日、職業、目前的基金獲利或虧損、是否有外幣需求、是否有貸款、客戶的家人資訊、客戶的理財偏好、客戶的家庭病史與客戶的朋友資訊等各面向，才能建立獨一無二的有用資訊！當然資料建立後，應該好好善用，多多善用事件式行銷(Event Marketing)，例如：生日、出國旅遊、小孩出生、領取滿期金或生存金與領取醫療或傷害等給付，則成交機率增高且客戶滿意度當然更加提升！

　　最後，提醒小英可以從客戶分級，透過貼心關懷緣故客戶開始，逐步建立客戶資料庫並依循客戶分級理念行銷，適度擴大服務或諮詢範圍，向業務發展邁出成功的一大步！另外，建議小英不要因為自己的佣金收入或手續費收入，而銷售不適合客戶的商品或欺瞞客戶，否則今日的業績可能導致未來的障礙或損失，實在得不償失啊！

小叮嚀：

1. 千萬別忽略或放棄緣故客戶！應該針對既有緣故客戶依關係親疏、成交可能性、保費或資產規模，區分出客戶分級：VIP 客戶、中級客戶與一般客戶。

2. 善用事件式行銷：生日、出國旅遊、小孩出生、領取滿期金或生存金與領取醫療或傷害等給付，則成交機率與客戶關係當然更加提升！

3. 避免不當銷售：例如誇大或保證商品收益率、誇大稅惠效果、提供投資型保險或利率變動型商品收益率保證。例如：客戶擁有短期儲蓄需求，但卻推薦分期繳費終身壽險或分期繳費投資型保險等。

二、體驗行銷與顧問行銷分享

體驗行銷與顧問行銷已經是時代趨勢了，除了關懷客戶與洽談保險建議外，如何透過行銷技巧搭配行銷訴求，讓客戶的需求增強，感受更強烈，並立刻簽約成交，是非常重要的！除了口語上的解說與勸誘外，體驗行銷或顧問行銷的效果更強。畢竟憑著三寸不爛之舌解說，效果還是有限，若客戶有真實體驗、感受或了解數據後，才更能接受保險理財。

小叮嚀：We did, saw and felt so we learned.

(一)體驗行銷

肢體動作或活動	體驗	適合的商品
杯子置於桌子邊緣，快掉下去了！	● 應該透過保險規劃，讓自己的生活更安心！ ● 不要有破碎的人生！	● 保障型商品
椅背搖晃，差點重心不穩！	● 應該透過保險規劃，讓自己的生活更安穩！ ● 身體也要定期健檢。	● 保障型商品
旅遊活動—雲霄飛車、衝浪活動	● 人生不要像搭乘雲霄飛車般，起伏過大，膽顫心驚！ ● 投資要像搭乘雲霄飛車般，掌握完整波段，不要像自由落體般，直接落下，而放棄讓資產增值的機會！	● 投資型保險 ● 基金 ● 股票
幼童理財活動、理財遊	● 你幫你的小朋友儲蓄了嗎？	● 儲蓄型保險 ● 還本型保險

肢體動作 或活動	體驗	適合的商品
戲—分享子女學會開源節流與儲蓄。	投資了嗎？父母如何幫助子女儲蓄投資？	● 投資型保險 ● 基金
新聞行銷：颱風、地震、土石流事件	● 真是可怕的意外！ ● 地震搖的好厲害！	投保地震保險、汽車保險、意外保險、終身壽險、醫療保險
新聞行銷：車禍事件、意外事件	● 真是可怕的意外！ ● 車子有買保險嗎？ ● 車子有買保險、人比車子更重要，一定要買足額的保險。 ● 萬一發生事故，家庭怎麼辦？	投保旅平險、汽車保險、意外保險、終身壽險與醫療保險
生活案例行銷	● 汽車都有防盜鎖、備胎、需要定期車檢與安檢，但妳/你有定期健檢與周全保障嗎？ ● 汽車都要保險	● 別忘了定期健康檢查 ● 投保醫療保險與傷害保險 ● 增加壽險保障、增加重大疾病或特定傷病保障

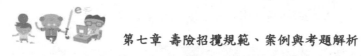

肢體動作 或活動	體驗	適合的商品
●	了，但人卻沒有足夠保障？ 騎腳踏車或機車，一定要戴安全帽才安全，也才不會被罰錢，但你個人有安全防護罩嗎？	

(二)時事議題行銷

數據或時事	訴求	適合的商品
癌症是十大死因之首你知道嗎？	● 每10分鐘就有人死於癌症。 ● 癌症治療費用驚人？一個月15萬。 ● 萬一發生在你或妳親人身上，怎麼辦？	● 重大疾病保險、終身防癌保險 ● 特定傷病保險、還本癌症險
全民健康保險不夠！	● 病房費差額單人房需要自己負擔2,500~5,000元！ ● 診斷關聯群(DRGs)實施 ● 全民健保許多項目不給付	● 終身醫療保險、一年期醫療保險 ● 重大疾病或特定傷病保險 ● 長期看護保

數據或時事	訴求	適合的商品
	● 全民健保需要自己負擔	險
人口老化？退休金？醫療費？	● 老年人口佔率已達15%，持續攀升！ ● 每個家庭生不到1個小孩，別指望小孩養你/養妳！ ● 勞工退休金與公務人員退休金、勞工保險退休金未來保費將提高，給付將縮減。	● 利率變動型年金保險、變額年金保險 ● 終身醫療保險、重大疾病保險與長期看護保險
投資虧錢？	● 需要設定停損點與停利點。 ● 重新調整自己的資產配置。 ● 不要將所有資金一起投入特定基金。 ● 透過資產配置穩紮穩打。 ● 不了解的標的不要買。 ● 你的風險承受度多高？	● 善用儲蓄型保險商品搭配資產配置，可以降低整體風險，並且可同時兼具保障與節稅。
要不要買某某股票？	● 不了解的標的不要買。 ● 不要將所有資金一起	● 善用儲蓄型保險商品搭配資產配

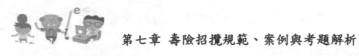

數據或時事	訴求	適合的商品
	投入特定股票。 ● 你的風險承受度多高？ ● 透過資產配置穩紮穩打。 ● 就基本面、技術面與消息面而言，該股票可買進、賣出、觀望？ ● 購買基金或全委帳戶，透過專家理財較穩當。	置，可以降低整體風險，並且可同時兼具保障與節稅。 ● 長期透過投資型保險與變額年金保險的連結標的投資。
有存款保險才放心	● 銀行資本或資產雄厚，都要存款保險了，更何況你(妳)個人？	● 保障型保險 ● 儲蓄型保險

三、儲蓄型保險與存款相輔相成

案例：辛苦了一年，黃小姐領到年終獎金了！到銀行刷存摺時，A理專推薦黃小姐投保利率變動型年金保險，年收益率也比較高，但儲蓄期間需要超過6年。同時，蔡先生到B銀行存錢時，B理專介紹利率變動型壽險，也說收益率比較高，究竟哪一個比較划算？真不知道到底該怎麼選擇？

　　壽險公司推出許多類似存款功能的儲蓄型保險商品，可以提供民眾儲蓄兼顧保障的理財需求。概念上，利率變動型年金商品類似一年定期存款或定期儲蓄存款加上終身生存年金保險保障，但民眾必須留意宣告利率隨市場狀況機動調整，而且通常在前幾年解約還需要負擔解約費用。相形之下，銀行定存通常只存放一年或二年，但利率變動型年金保險的持有期間更久，更可以作為退休後的活得愈久領得愈多的退休規劃商品。

　　另外，利率變動型壽險之宣告利率隨市場狀況機動調整，與利率變動型年金保險類似，概念上類似一年定期存款或定期儲蓄存款加上人壽保險保障。利率變動型壽險同樣有解約費用，而且解約費用期間較長，需要留意。就黃小姐獎金30萬元，列舉目前銀行常賣的躉繳利率變動型年金保險、利率變動型壽險商品與定期存款相比較，摘要說明如下：

項　目	內容摘要	注意事項
1. 利率變動型年金保險	● 宣告利率：1.7% ● 保費費用：2% ● 解約費用：前6年如	● 宣告利率非保證利率。 ● 前幾年解約需

項目	內容摘要	注意事項
(遞延)	下： ● 前 2 年：1.5% / 1% ● 3~6 年：0.5% ● 退休後可以每年領取年金給付	● 負擔解約費用。 ● 沒有壽險保障
2. 利率變動型人壽保險	● 宣告利率：2.0% ● 每年計算增值回饋分享金 ● 壽險保障 60 萬 ● 保險期間終身	● 宣告利率非保證。 ● 前幾年解約解約金常低於所繳保費。
3. 銀行定期存款一年期	0.8%	適合一年期的短期儲蓄
4. 銀行定期儲蓄存款二年期	0.82%	適合二年期的短期儲蓄

　　最後，假如黃小姐的獎金想要規劃作為退休儲蓄的用途，五年內不會動用，建議她可以考慮投保利率變動型年金保險。另外，如果黃小姐目前的保障不足，而且又有小孩教育基金儲蓄規劃，建議可以考慮利率變動型人壽保險。此外，如果黃小姐明年或後年就要動用這筆錢，建議她還是存在定存或定儲，若倉促投保保險，卻短期解約反而不划算！

四、保單也要定期健檢！

> 案例：
> 今年五十歲的小劉手上保單一堆，但是不太了解買了什麼？有沒有重複買？有沒有浪費錢？最近閒錢變少了，趁機會來個保單健檢！

　　小劉從事家飾用品店員多年，買了一堆保單，這天終於保單拿來檢查一番。仔細一問，小劉說道：「買什麼也不太瞭解，但好像名稱有些是重複的。」因此讓我們幫忙他檢查與調整一下；也希望讀者朋友們不要跟小劉一樣、浪費錢又不瞭解商品。

　　首先小劉投保了以下壽險商品：

1. 終身平準型壽險 10 萬元保額附加終身癌症險附約 3 單位。
2. 投資型壽險每年繳費 5 萬元，包含壽險保障 150 萬元、住院醫療附約日額 1 千元、一年期癌症險附約 2 單位、傷害險附約保額 150 萬、傷害醫療日額附約日額 1,500 元；投資型壽險選擇投入 A 投信、B 投信及 C 投信的基金標的共 4 檔。
3. 變額年金險每季繳費 1.5 萬元，選擇投入 A 投信的 1 檔台灣股票型基金。

　　保單健檢的第一個健檢項目：檢查投保內容是否重複？仔細審視後，精明的朋友們應該發現到，小劉同樣都買了癌症險，確實是重複了。因此建議他可以刪除一年期癌症險附約，這樣一年可以節省 4 千元~6 千元的保費。

　　保單健檢的第二個健檢項目：檢查投保內容是否過高或過

低？仔細審視後，精明的朋友們應該發現到，小劉如果因為疾病住院，一天可領取住院醫療津貼1千元，這樣確實不夠！相形之下，因為意外受傷門診或因意外住院所獲得的保障每日達2,500元，相對就比較足夠。因此建議他提高住院醫療日額為1,500元，這樣保障額度才夠。

保單健檢的第三個健檢項目：檢查是否承擔過高的儲蓄投資風險？仔細審視後，我們發現小劉的投資型保單投資標的需要調整，尤其近期國際股市大幅下跌，導致他的帳面損失已高達50%。因此建議他變額年金險不能只投資台灣股票型基金一檔，應該分散為5檔基金，包含台灣基金、全球基金、亞太基金及國外債券型基金等多樣化基金標的。

保單健檢的第四個健檢項目：檢查保費負擔是否過重？是否有契約效力風險？審視後發現，小劉買的投資型壽險所收取的附約保費以及150萬的壽險保障，需要持續繳費扣款；而且隨著年齡增高，所扣收的保費持續增加。尤其壽險保障保費現在每年約5.1千元，70歲時每年將提高為3萬元上下，因此未來小劉應該考慮調降壽險保額，否則他的帳戶價值將迅速下降而導致保單失去效力。

保單健檢的第五個健檢項目：檢查是否變更地址、電話或受益人等資料？隨著人生階段的更迭，或許搬家了、或許門牌整編、或許電話變更了，受益人是否修改為配偶或小孩？

項目	健檢前	健檢後
一年期癌症險附約	◇ 保障重複：同時投保終身癌症險與一年期癌症險。	◇ 刪除一年期癌症險 ◇ 每年保費約節省4千~6千元。
一年期住院醫療	◇ 日額1千元	◇ 日額提高為1,500元
變額年金保險投資標的	◇ 只投資台灣股票型基金一檔，近期大幅虧損。	◇ 分散為5檔基金，包含台灣、全球基金、亞太基金及債券型基金等多樣化基金標的。
投資型壽險	◇ 身故保障150萬	◇ 預計65歲退休後，需要調降壽險保障額度，以避免扣收的壽險保費大幅調升導致契約失效。

小叮嚀：

健檢項目1：檢查投保內容是否重複？
健檢項目2：檢查投保內容是否過高或過低？
健檢項目3：檢查是否承擔過高的儲蓄投資風險？
健檢項目4：檢查保費負擔是否過重？契約效力風險？

五、行銷企劃書撰寫範例

(一)分析市場機會與選擇目標市場
1. 台灣已步入人口高齡化社會,年齡高於65歲人口佔率及老年人數已達15%,約350萬人。考量之後,以65歲以上老年人的住院醫療日額需求為出發點分析。
2. 市場機會與同業商品分析、外在威脅:普遍缺乏高齡醫療商品,無法滿足高齡者之醫療需求,因此老年醫療商品具有良好商機。然而,高齡者普遍身體健康有些問題,核保體檢問題可能造成銷售阻力。
3. 內部優勢與劣勢:老年醫療商品之保費貴,可能業績差,而且企業可能較難接觸到老年人客戶。

(二)擬定行銷策略及行銷組合

● 目標客群:老年,定義:65~85歲,性別不拘。
● 方向:老年住院醫療日額保險。

1. 商品、保費(利潤測試):
◇ 方案一:一年期醫療險,保證續保至90歲。
◇ 方案二:終身醫療險(身故退還保費),保障至95歲-平準保費。
◇ 方案三:定期醫療險(身故退還保費)-10/20/30平準保費。

綜合評估後選擇方案三,另外為使保費低廉,朝向考慮脫退率無解約金方向設計。

2. 銷售通路
   ◇ 網路行銷：不可行
   ◇ 電視行銷：不可行
   ◇ 電話行銷：可行，搭配核保放寬/免體檢
   ◇ 業務員通路：可行，搭配核保放寬/免體檢
   ◇ 經代通路：可行，搭配核保放寬/免體檢

3. 廣告宣傳報導、推廣或促銷組合
● 廣告宣傳：媒體曝光(新聞稿、雜誌廣告)。
● 人員推廣：內外勤人員參與活動。
● 行銷活動規劃：65歲-80歲，即將增加保險年齡1歲的保戶行銷活動；搭配健檢、泡溫泉活動、活動中心餐會等活動。
● 客戶誘因：配合健走給予保費優惠，並送健康手環，抽獎活動預估中獎比率為3%，有機會獲得 Apple WATCH II。
● 業務員誘因或要求：獎金率增加5%、旅遊活動(加重計績20%)、責任額：至少每人一件。

(三)執行及管理行銷方案
● 各單位 FYP 目標及每月追蹤。
● 各單位繼續率目標及每月追蹤(繼續率差將降低年終獎金比率)。
● 行銷活動名單須於限期內回覆客戶成交金額，並回覆拜訪結果。

六、銷售對話範例：傳統式的壽險銷售流程

● 　張業務：

陳伯伯好，我是富樂人壽的張先生，感謝您特別撥空給我。

陳伯伯看起來很健康，很有活力。

● 　張業務：

陳伯伯退休後都做哪些運動？

● 　陳伯伯：

每天到公園走走或找老朋友泡茶，只是有些老朋友突然因病
而住院，真是無常！

● 　張業務：

是啊，人生本來就有許多變數與意外；就像我朋友那天突然
得到癌症，現在還在治療中呢，還好她有先做好準備金。

今天剛好介紹陳伯伯我們公司一個終身壽險新商品，很適合
您的，保費只要每年 15 萬，立即享有 150 萬終身保障。

● 　陳伯伯：每年要 15 萬？哪麼多？

● 　張業務：其實每年 15 萬不多的。

● 　陳伯伯：哪要繳幾年？

● 　張業務：
● 　繳六年，才繳了 90 萬，就能擁有 150 萬保障，很划算。

● 　陳伯伯：喔！但是我的錢不夠用的。

● 　張業務：
建議陳伯伯用銀行帳戶扣繳保費，還可以享有 1%保費折扣喔！

● 　陳伯伯：
好的，改天再聊吧。我還要出去找朋友。

● 　張業務：
喔！好的。下次再來拜訪了。……………………………………

七、銷售對話範例：**顧問式壽險行銷流程(導入 SPIN 與行銷觀念)**

● 張理財顧問：(開場白+閒聊+信任) (情境式問題)
陳伯伯好，我是富樂人壽的張顧問，感謝您特別撥空給我。
陳伯伯的家裡整理得真乾淨而且裝潢真是典雅，剛剛還看到您的媳婦、孫子與孫女在客廳讀書，真是乖巧。
● 陳伯伯：
對啊！孫子孫女很貼心，小孩與媳婦也孝順而且都有穩定的收入。
● 張理財顧問：
陳伯伯退休後都做哪些運動？
● 陳伯伯：
每天到公園走走或找老朋友泡茶，只是有些老朋友突然因病而住院，真是無常！
● 張理財顧問：
是啊，人生本來就有許多變數與意外；就像我朋友那天突然得到癌症，現在還在治療中呢！還好她有先做好準備金。
陳伯伯您有先準備好準備金吧？(探究性問題)

● 陳伯伯：什麼準備金？

● 張理財顧問：

　例如：意外受傷準備金？疾病準備金？

● 陳伯伯：

　喔！這些啊！我有準備一些了，不準備些存款是不行的。

● 張理財顧問：

　對啊！多少要準備一些。不過，老後費用準備金也要準備喔！(探究性問題)

● 陳伯伯：

　什麼是老後費用準備金？

● 張理財顧問：(探究性問題)

　其實是降低老人家對於小孩子們的負擔啊！改天我們病了或走了，如果還要他們付錢、花時間陪伴，也是他們的負擔啊。尤其年輕人工作辛苦啊！

● 陳伯伯：

　說的也是；哪張先生您有什麼好的建議(解決方式)嗎？

● 張理財顧問：(隱藏需求問題)

　首先您現在有銀行存款，您的銀行存款需要每月約5萬元生活開銷。另外您還需要另外有150萬的老後費

用準備金？
● 陳伯伯：這樣錢不夠用的。
● 張理財顧問： 所以您不想造成子女的負擔，而且現在退休金錢不夠用？
● 陳伯伯：是啊！(隱藏需求問題：協助客戶發現隱藏需求)
● 張理財顧問： 有一個解決方式，您可以買個150萬終身壽險保障計畫，立刻就為您儲備150萬的老後費用準備金，而且每年只需要付出15萬元。(解決方式)
● 陳伯伯：這樣喔！您可以詳細的說明一下解決方式嗎？
● 張理財顧問：(解決方案問題)
稍待我一下，我拿一下我的平板電腦為您解說一下。
好了！這張圖表呈現陳伯伯您如果投保就能夠立刻擁有150萬保障來做老後準備。每年繳費金額約15萬元，平均每月約1.3萬元。不過這個商品需要持續繳費6年，而且中途解約對您不划算！……………………………
建議您用銀行帳戶扣繳保費，還可以享有1%保費折扣？
● 陳伯伯：
好的！哪請撥空幫我一下，我要投保您介紹的終身保險計畫。

● **張理財顧問：**

好的。這是要保書，您的基本資料我幫您填寫？還是由您自己填寫？‥‥‥‥‥‥‥‥‥‥‥‥‥‥‥‥‥

八、銀行理財專員獎勵制度範例

理財專員每月獎勵金評核之標準以客戶淨貢獻為主軸，而且除了既有銀行的薪資及相關福利外，每季另有額外獎勵金並搭配非財務指標給予調整。

1.季超額獎金金額 ＝
(季累積理財總收益 － 季責任額)× 獎金比率（10%）
2. 季責任額= (個人薪資 ×5)
3.季超額獎金金額：業績達成率超過責任額部分，才能針對超過部分，獲得額外獎金10%。
4.非財務指標評分< 80 分：獎金金額須以 7 折計算。
5.佣獎計算範例：

● 新台幣利率變動型終身壽險，2 年期繳費，假設第一年實繳保費金額為 50 萬台幣。

● 商品佣金表如下：

保單年度	1	2
佣獎比率	6%	0.5%

● 假設個人薪資 4 萬，當季完成 10 件，總理財總收益(3 萬) x 10=30 萬；扣除門檻標準後剩餘 10 萬乘上 10%=1 萬元。

5. 各銀行或證券公司制度各有差異，部分銀行只有固定薪無獎金、部分銀行採固定薪與超額獎金制；另部分銀行採固定薪、超額獎金外，並每件支付銷售人員特定比率的推廣獎金。

九、通訊處或保經代業務員 (AG)佣金支給制度範例

1. 業務職級：
   業務專員→業務主任→業務襄理→區經理→處經理
2. 業務專員（AG）佣獎項目如下：
● 承攬佣金：依據商品佣金表比率乘上實繳保費計算。
● FYC 業績換算：繳費年期 6 年期以上商品採 100%的承攬佣金計算。

● 年終獎金：
● 全年 FYC 達到 **10 萬元**，可領取年終獎金，金額比率為全年度 FYC x 5%。
● 全年 FYC 達到 **30 萬元**，可領取年終獎金，金額比率為全年度 FYC x 10%。

3. 業務專員（AG）新契約承攬手續費(FYC)計算範例：
● 商品佣金表：以新台幣利率變動型終身壽險，15 年期繳費，假設第一年實繳保費金額為 10 萬台幣。

保單年度	1	2	3~6
佣金比率	12%	4%	2%

● 業務專員可獲得佣金=1.2 萬元；FYC 業績=1.2 萬。

十、通訊處或保經代業務主管佣金支給制度範例

1. 個人業績：
   ● 每月承攬手續費：同業務專員（AG）。
   ● 年終獎金：同業務專員（AG）。
   ● FYC 業績換算：繳費年期 6 年期以上商品採 100%的承攬佣金計算。

2. 月責任額 FYC：

業務經理	業務襄理	業務主任
50,000	30,000	20,000

*每半年考核，因此上表數值乘上 6 則為每半年責任額。

3. 組織津貼：依據全組所有組員達成的 FYC 金額乘上以下比率計算。

業務經理	業務襄理	業務主任
12%	10.5%	9%

4. 每月基本薪+月超額津貼：業務主管每月可領取基本薪加上超額津貼。

職級	業務經理	業務襄理	業務主任
基本薪	**15,000**	**12,000**	**10,000**
FYC 達成率 ≧70%	全組 FYC x 30%	全組 FYC x 25%	全組 FYC x 20%
FYC 達成率 ≧100%	全組 FYC x 35%	全組 FYC x 30%	全組 FYC x 25%

5. 計算範例：

● 假設業務主任全組 5 人(含本人)。

● 每人每月佣金=1.2 萬元；每人每月 FYC 業績=1.2 萬。

● 業務主任當月可領佣獎如下：

● 業務主任主管津貼(1.2 萬 x 5 x 9% +1 萬+(6 萬 x 25%))

● 主任個人承攬佣金：1.2 萬

● 合計 4.24 萬元。

第五節 近年壽險行銷考題解析

壹、選擇題考題解析

1. 依據行銷觀念，市場是指：
(A)商品的買賣場所
(B)消費者的購買力
(C)商品銷售範圍
(D)有能力並有意願與銷售者為商品進行交易的組織或客戶的集合

● D
● 市場為消費者的集合。

2. 若一家公司的政策「The guest is never wrong」(客戶永遠不會錯)，是什麼樣的管理概念？
(A)商品導向　　(B)銷售導向　　(C)生產導向　　(D)行銷導向

● D

3. 麥克波特 (Michael Porter) 指出產業分析的五種競爭力中，不包括下列何者？
(A)進入障礙　　　　(B)替代品威脅
(C)競爭者的對抗　　(D)員工抗爭力

● D
● 內部員工的抗爭屬於內部問題。

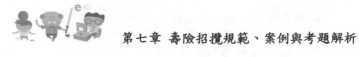

4. 麥克波特（Michael Porter）提出的三項基本競爭策略型態，不包括下列何者？
(A)成本領導策略　　(B)差異化策略
(C)集中策略　　　　(D)商品領導策略

- D
- 並無商品領導的競爭策略；僅有成本領導策略、差異化策略與集中策略。

5. 行銷決策深受各種行銷宏觀環境影響，下列那一項是屬於行銷宏觀環境的內容？
(A)目標市場　　(B)社會大眾　　(C)企業內部　　(D)政治與法律

- D
- 宏觀環境指總體環境，諸如：政治、整體經濟與法律。

6. 當研究人員對某些問題缺乏明確觀念時，應使用下列何種研究，有助於研究人員發展更清楚的概念，建立假說，並且判斷研究是否得進行？
(A)縱斷面研究　　(B)橫斷面研究
(C)因果性研究　　(D)探索性研究

● D
● 探索性研究有助於更明確建立概念。

7. 消費者通常對於商品有些了解，可是了解的程度還不足以到達輕易作選擇的地步，且所涉及的商品不算便宜，並且有一定的重要性，此時所做的決策，稱為：
(A)例行決策　　(B)有限決策　　(C)廣泛決策　　(D)風險決策

● B
● 有限決策：有限的了解下做決策。

8. 消費者在解釋資訊時，很容易根據他所接觸到的某項商品特質，來判斷商品的其他特質甚至是整體表現，此現象稱為：
(A)類比效果　　(B)蝴蝶效應　　(C)月暈效果　　(D)畢馬龍效應

● C
● 月暈效果：月亮周邊受月球亮度而延伸的影響。

9. 我們可能對某個廣告的情節或明星印象深刻,但是卻不記得它是那一個品牌商品的廣告,這種現象是:

(A)選擇性知覺　　(B)選擇性曲解
(C)選擇性記憶　　(D)選擇性學習

- C
- 選擇性的記憶某些場景事物。

10. 就保險行銷策略而言,在原有市場採促銷手段增加銷售業績,稱為:

(A)地區擴張策略　　(B)市場滲透策略
(C)新市場策略　　　(D)成本策略

- B
- 市場滲透策略:既有市場再深入開發。
- 新市場策略:開發新市場。
- 地區擴張策略:從既有市場向周邊地區客戶擴張。

11. 有效的人身保險市場區隔,下列何者不在其特性之中?
(A)可衡量性　　(B)可接近性　　(C)足量性　　(D)同質性

- D
- 同一個目標市場,不一定符合同質性,因為同一區隔市場只須 1~3 個特質相似,諸如:中部地區中年男性市場未必年收入皆相同。

12. 以性別、年齡、學歷等做為市場區隔標準的是何種變數？
(A)心理性　　(B)人口統計　　(C)行為性　　(D)地理性

● 　B
● 　個人的基本資料：性別、年齡、學歷、居住地等。

13. 行銷組合中，保險商品與服務由設計者遞送給消費者的一
　　系列過程，稱為：
(A)定價　　(B)商品　　(C)促銷　　(D)通路

● 　D
● 　通路＝銷售管道

14. 企業為了與消費者達到溝通目的，運用廣告、銷售促銷、
　　公共關係、人員銷售與直效行銷等五項工具與消費者進行
　　溝通，這五項工具又稱為：
(A)商品組合　　(B)推廣組合　　(C)廣告組合　　(D)行銷組合

● 　B
● 　促銷推廣組合：包含廣告、銷售促銷、公共關係、人員銷
　　售與直效行銷等各項工具。

15. 業務員透過面對面溝通以了解潛在客戶需求,並透過商品
    與售後服務滿足其需求,稱為:

(A)廣告　　(B)銷售推廣　　(C)人員銷售　　(D)專業報導

● 　C

16. 行銷管理的過程中,下列何者宜先進行?

(A)策略性行銷規劃　　(B)行銷執行
(C)行銷控制　　　　　(D)視情況而定

● 　A
● 　行銷策略層次最高,應最先決定。

17. 學者 Berry 與 Parasuraman 認為「透過滿足員工需求的工
    作設計,以吸引、發展、激勵及留住適格(qualified)的員
    工」稱為:

(A)外部行銷　　(B)互動行銷　　(C)內部行銷　　(D)社會行銷

● 　C
● 　內部行銷近似於內部留才的過程。

18. 下列何者屬於保險業務員的招攬行為？①解釋保險商品內容及保單條款 ②說明填寫要保書注意事項③轉送要保文件及保險單 ④處理保險理賠申請

(A)①②③　　(B)①③④　　(C)②③④　　(D)①②③④

- A
- 處理理賠申請屬於後續保服理賠協助

19. 根據科特勒（Kotler）的分析研究，影響企業市場占有率動向的因素，除了企業對商品價格的選擇性之外，還受到那些客戶因素的影響？①客戶滲透率 ②客戶忠誠度 ③客戶偏好性 ④客戶選擇性

(A)①②③　　(B)①②④　　(C)①③④　　(D)②③④

- B
- 影響企業市場占有率動向的因素：企業對商品價格的選擇性、客戶滲透率、客戶忠誠度及客戶選擇性(非偏好性)

20. 在保險商品的行銷推廣活動中，強調自身保險商品的優點，不再著重拓展新客戶，而以搶奪競爭者的市場占有率做為行銷目標，屬於保險商品生命週期中的那一階段？

(A)導入期　　(B)成長期　　(C)成熟期　　(D)衰退期

- C
- 成熟期：市場接近飽和，只能搶奪同業市佔率。

21. 根據美國行銷協會（American Marketing Association, AMA）對行銷的定義，指出：行銷是一種組織的功能，也是一套遞送給客戶的那些過程？①創造 ②溝通 ③促銷 ④傳遞價值

(A)①②③　　(B)①②④　　(C)①③④　　(D)②③④

● B
● 行銷是一種組織的功能，也是一套遞送給客戶的創造、溝通及傳遞價值的過程。促銷是行銷流程之一而已。

22. 下列對於傳統銷售模式與關係銷售模式的敘述，何者正確？

(A)傳統銷售模式的目的在銷售商品與服務，關係銷售模式的目的在銷售建議與諮詢

(B)傳統銷售模式注重客戶現況的改善，關係銷售模式注重銷售的達成

(C)傳統銷售模式在對客戶的作業範圍進行探討，關係銷售模式在對商品相關需求進行評估

(D)傳統銷售模式以團隊來服務客戶，關係銷售模式以個人來服務客戶

● A
● 傳統銷售模式的目的在銷售商品與服務，關係銷售模式的目的強化與客戶關係並提供銷售建議與諮詢

23. 下列何者可做為「投資型保險商品連結委託投資事業投資帳戶」商品廣告的訴求內容？
(A)對新臺幣匯率走勢之臆測
(B)以全權委託投資經理人作為宣傳
(C)以優於定存、打敗通膨為訴求
(D)以資產撥回或資產撥回比率為訴求

- D
- 與定存比較、臆測等，一定不合規範
- 資產撥回是標的訴求，應揭露

24. 保險經紀人以行動投保的方式招攬業務時，應由何人確認要保人與被保險人的身分？
(A)招攬該保件的業務員　　　(B)招攬該保件業務員的主管
(C)保險經紀人公司的簽署人　(D)保險公司的生調人員

- A
- 通常只有業務員有親自接觸客戶

25. 在保險商品組合的構面中，有關商品線之間的保障內容、銷售通路、費率精算等方面的關連程度指標，稱為：
(A)廣度　　(B)長度　　(C)深度　　(D)一致性

- D
- 一致性愈高，代表商品線間關連程度愈高。

26. 近年有少數保險業者推出弱體保險（如：糖尿病保險、三高保險等），其行銷策略主要是採用何種變數來區隔市場？
(A)行為變數　　(B)心理變數
(C)地理變數　　(D)人口統計變數

- B
- 心理變數包含生活型態等，與疾病攸關。
- 本書依研究期刊與核保實務，增列其他變數，含括疾病相關。

27. 保險經紀人公司所屬業務員透過網際網路從事之商品招攬廣告，以經所屬公司核可的下列那些內容為限？①費率 ②解約金 ③給付範圍 ④分紅保單的分紅率
(A)①②③　　(B)①②④　　(C)①③④　　(D)②③④

- A
- 經壽險公司同意，費率、解約金及給付範圍等 DM 資料可**以公開揭露。分紅率僅為預估，不能強調。**

28. 下列那些屬於保險經紀人辦理網路投保業務時，可販售的保險商品？①微型保險 ②小額終老保險③利率變動型年金保險 ④歲滿期不超過 75 歲之生死合險
(A)①②③④　　(B)①②④　　(C)①③④　　(D)②③④

- 依據最新規定，保險經紀人已可網路販售微型保險及其他選項，因此解答應為 A。與考試院解答不同。

29. 下列對於保險經紀人公司代收轉付保險費作業的敘述，何者正確？
(A)每一代收轉付保險費的收據憑證，不限同一保險公司
(B)要保人可不限金額，以現金方式繳納單張保單當期保險費
(C)業務員收受要保人繳納之保險費，應直接將總額解繳保險公司
(D)應專設帳戶收受及解繳要保人代收轉付之保險費

● D
● 專設帳戶可降低挪用或短少風險
● 每一憑證僅限單一保險公司
● 如以現金方式繳納者，單張保單當期保險費以新臺幣五萬元為上限且需要交由保險經紀人公司統一收付

30. 下列對於以電話行銷方式於電話線上成立保險契約的敘述何者正確？
(A)要保人與被保險人可以不同人
(B)被保險人須年滿 15 歲
(C)限外撥電話（Outbound）的方式
(D)年金保險之保險金額最高為新臺幣 6 百萬元

● C
● 電話線上成交之要件：要保人與被保險人同一人、被保險人須成年、限外撥電話（Outbound）的方式、商品與金額受限，例如：傷害保險之保險金額最高為 6 百萬元

31. 依保險經紀人管理規則規定,個人執業經紀人經營業務時,
    應盡下列何種金融服務業公平待客原則？①告知與揭露原
    則 ②注意與忠實義務原則 ③酬金與業績衡平原則 ④商
    品或服務適合度原則
(A)①② (B)③④ (C)②③ (D)①④

● D
● 個人業務員仍應充分揭露告知及留意 KYC 適合度。
● 注意忠實義務及酬金業績衡平原則,多由總公司主辦。

32. 人身保險經紀人在向保險公司洽訂那些人身保險契約時,
    須向受益人取得其姓名及身分證明文件？①人壽保險 ②
    投資型保險 ③住院醫療費用保險 ④年金保險
(A)①②③ (B)①②④ (C)①③④ (D)②③④

● B
● 儲蓄投資商品限制較多。財產保險、健康保險或不具有保
    單價值準備金之保險商品無須確認。

33. 下列何者是經紀人為被保險人洽訂傷害保險（不包含旅行
    平安險）契約前,應主動提供有關「保險費支出」的分析
    報告內容？
(A)繳交保險費之來源
(B)預估繳交保險費金額
(C)繳交保險費占家庭年收入之比率
(D)繳交保險費之人預估退休剩餘年期

- B
- 保險費金額高低，影響保戶是否願意投保。

34. 為確認要保人之網路投保意願，對於原既有保戶的再投保，在保單寄發要保人前，保險經紀人公司應執行多少比例的電話訪問？

(A) 0%　　(B) 5%　　(C) 10%　　(D) 25%

- B
- 既有客戶再次網路投保，電訪比率只需 5%。新客戶為 10%；投資型年金 100%。

35. 保險經紀人公司在防制洗錢作業的確認客戶身分措施，應以保險公司何種方法來決定其執行強度，並協助處理？

(A)風險值（Value at Risk, VaR）
(B)風險基礎（Risk Based, RB）
(C)風險資本（Risk-Based Capital, RBC）
(D)動態財務分析（Dynamic Financial Analysis, DFA）

- B
- 以風險為基礎(本)，風險高的，應加強審查，風險低者，則採取簡化審查。

36. 下列何者是以一定期間內,新契約保單在衡量脫退率後,
    該保單在未來所產生的經濟收益折現值對當期保費的比值,
    做為業績目標利益管理的方法?
(A)新契約價值(Value of New Business, VNB)
(B)新契約保費管理(First Year Premium, FYP)
(C)續期保費目標管理(Renewable Year Premiums, RYP)
(D)新契約等價保費管理(First Year Premium Equivalent, FYPE)

● A
● 新契約價值=保單在未來所產生的經濟收益折現值/當期保費

37. 保險行銷工作者在維繫客戶關係的生命週期裏,那一階段
    可展開交叉銷售,深化彼此的關係?
(A)注意期   (B)探索期   (C)擴充期   (D)承諾期

● C
● 維繫客戶關係的生命週期:注意期、探索期、擴充期、承諾期

38. 某保險經紀人公司靠著名望、地位、人情等因素，使其他個人執業的保險經紀人願意與之合作，代表著這家保險經紀人公司具有何種權力？

(A)專業的權力　　(B)合法的權力
(C)認同的權力　　(D)獎賞的權力

● 　C
● 　相互認同而合作

39. 根據服務品質管理的 PZB 模式，服務品質的衡量取決於「缺口五」，係指下列何者？

(A)「保險經紀人對保戶預期服務的認知」與「保險經紀人對保戶服務品質的規格」之間的差距

(B)「保險經紀人實際提供的服務」與「保險經紀人對保戶服務品質的規格」之間的差距

(C)「保險經紀人對保戶預期服務的認知」與「保戶預期的服務」之間的差距

(D)「保戶知覺的服務」與「保戶預期的服務」之間的差距

● 　D
● 　服務品質的衡量：「保戶知覺的服務」與「保戶預期的服務」之間的差距

40. 行銷是為了創造、溝通與傳遞價值給客戶，下列有關「價值」的敘述，何者錯誤？
(A)價值必須從消費者的角度來理解與詮釋，又稱為客戶知覺價值，取決於消費者的收益和成本
(B)收益包括期望品質、交易品質、消費品質等
(C)成本包括資訊蒐集成本、購買成本及使用成本等
(D)價格愈高的商品，傳遞的客戶知覺價值愈低，消費者購買意願愈低

● D
● 價格高，不代表價值高，有需要時價值就高

41. 保險消費者購買資訊來源可透過親友的過去使用經驗、同儕所提供的資訊，或是參考群體所提供的資訊和建議。這些訊息來源屬於：
(A)體驗來源　　(B)人脈來源　　(C)公共來源　　(D)商業來源

● B
● 親友、同儕或參考群體所提供的資訊和建議都屬於人脈的意見

42. 壽險經紀人認為要常打廣告、發短訊與多辦公關活動，才能吸引保險消費者以提高投保率。此種想法比較符合何種行銷概念？
(A)行銷導向　　(B)生產導向
(C)銷售導向　　(D)關係行銷導向

● C
● 廣告或公關活動僅為有助於接觸客戶的銷售導向概念。

43. 一句廣告語：「壽險商品除了提供保障，也可以拿來做理財的工具」，是屬於下列何種策略？
(A)市場滲透策略　　(B)市場發展策略
(C)商品發展策略　　(D)多角化策略

● B
● 市場發展策略：將商品功能擴大到其他新市場。

44. 保險業者研發具外溢效果之健康管理保險商品及實物給付
型保險商品,以提升國人對於健康管理的重視,並滿足保
戶保險之多樣需求,是屬於下列那一種策略?
(A)無差異策略　(B)差異化策略
(C)集中策略　　(D)成本領導策略

● 　B
● 　外溢效果之健康管理保險商品及實物給付型保險商品屬於
　　差異化商品。

45. 壽險業者依據消費者的社會階層,推出微型保單規劃出 1
年期之壽險、意外險、實支實付醫療險等不同商品,這是
採取何種區隔變數?
(A)地理區隔變數　　(B)人口統計變數
(C)心理統計變數　　(D)行為變數

● 　B
● 　微型保單之適合對象為低收入或身心障礙者,可透過人口
　　統計變數加以區隔。

46. 影響消費者壽險購買的因素有「環境因素」、「個人因素」、「壽險公司的行銷策略」及「其他因素」等,下列何者不屬於個人因素?①文化 ②他人影響 ③保險知識 ④家庭
(A)①②③　　(B)①②④　　(C)②③④　　(D)①③④

- B
- 影響消費者壽險購買的因素有「環境因素」、「個人因素」、「壽險公司的行銷策略」及「其他因素」等
- 文化、他人影響或家庭背景不屬於個人因素。
- 保戶個人的保險知識高低,屬於個人因素。

47. 壽險商品的廣告場景經常出現三代同堂,或是描繪父母與子女間的互動,請問這是運用何種因素來改變消費者所購買的壽險商品?
(A)年齡　　(B)社會階層　　(C)家庭生命週期　　(D)價值觀

- C
- 三代同堂代表人生不同階段的互動與保險需求,較屬於生命週期與保險需求概念。

48. 投資型壽險強調其兼具投資與壽險的功能,請問這樣的訴求對那一區隔最為有效?
(A)重視投資功能的高涉入消費者
(B)對壽險商品附加功能較不在乎的低涉入消費者
(C)輕度使用者
(D)品牌轉換者

● A
● 強調投資功能的客戶更能較一般客戶更有投資型保險需求

49. 消費者決定要買保險後,便開始詢問朋友意見,也積極蒐集相關的理財雜誌,請問下一步應進入消費者購買決策的那一個階段?
(A)確認問題　　　(B)購買決策
(C)評估可行方案　(D)蒐集情報

● C
● 已經蒐集情報了,下一步就是進行評估,之後購買

50. 人身保險業者藉由內部行銷滿足內部客戶的需求，可以強化滿足外部客戶需求的能力。下列何者不是內部行銷的要件？

(A)提供未來願景給員工

(B)強調團隊精神

(C)要求員工完全依賴 SOP（標準作業流程）手冊照章行事

(D)招募優秀人才進入公司

- C
- SOP 流程應是服務或生產製造流程管理。

51. 人身保險經紀人與保戶關係緊密，提供保戶保單健診、管理與理財資訊的服務，請問人身保險經紀人是透過增加那一種客戶連結來強化客戶關係？

(A)增加長期利益　　　(B)增加短期利益

(C)增加結構利益　　　(D)增加組織利益

- C
- 透過提供多元化服務，可以透過增加結構利益來強化客戶關係

52. 下列何者不是成功的公共關係所帶來的好處？
(A)公共關係的焦點在於商品或服務，較能讓消費大眾了解與接受
(B)以較為低廉的價格獲得壽險公司或壽險商品展露的機會
(C)公司擁有優良的形象，較易於吸引人才前來應徵，而有利於增員
(D)可增進消費者購買壽險商品的機會

● A
● 商品或服務廣告可讓消費者聽聞，但仍有賴進一步解說後才能接受與投保；實務上許多為形象廣告或概念廣告

53. 下列何者不是壽險銷售人員解決服務無形性所帶來問題的對策？
(A)為客戶精心設計提供壽險規劃建議書
(B)展示專業證照，或得獎紀錄等書面證據
(C)由保險客戶現身說法，取得消費者信任
(D)廣設服務據點，以增加消費者購買的便利性

● D
● 服務據點多沒用，因為客戶不會主動上門

54. 下列對於行銷組合效率分析的敘述，何者錯誤？
(A)新商品效率：包括新商品推出的數目、新商品上市成功的比率、新商品的銷售額占全部銷售額的百分比等
(B)通路的效率：包括新通路的增加及通路的成長性、配銷的及時性等
(C)銷售團隊效率：包括每位銷售人員平均每天進行銷售訪問的次數、每進行 1 百次銷售訪問所接下的訂單百分比、每次接洽的平均銷售訪問時間
(D)促銷效率：衡量及評估實際的銷售數值與銷售目標之間的差距

● D
● 促銷的效率應強調促銷前後之差異或成長率。
● 行銷組合效率：
    ■ 新商品效率：包括新商品推出的數目、新商品上市成功的比率、新商品的銷售額占全部銷售額的百分比等
    ■ 通路的效率：包括新通路的增加及通路的成長性、配銷的及時性等
    ■ 銷售團隊效率：包括每位銷售人員平均每天進行銷售訪問的次數、每進行 1 百次銷售訪問所接下的訂單百分比、每次接洽的平均銷售訪問時間

55. 市場服務分析主要是想了解行銷人員對市場的服務績效，下列何者是市場服務分析常見指標？①新客戶開發的數目 ②新舊客戶的比率變動 ③目標市場的忠誠性與偏好度 ④行銷費用與成本分析

(A)①②③　　(B)①③④　　(C)②③④　　(D)①②④

- A
- 行銷人員對市場的服務績效：①新客戶開發的數目 ②新舊客戶的比率變動 ③目標市場的忠誠性與偏好度
- 不包含行銷活動績效：行銷費用與成本分析

56. 2016 年臺灣已有壽險公司推出健康管理外溢保單創新，但 2017 年所有健康管理外溢保單銷售較 2016 年減少約 65%，為什麼有些商品可以很快被消費者接受，而有些商品則遲遲未被接受呢？下列有關可以用來預測及解釋新商品的接受及擴散速度的商品特徵之敘述，何者錯誤？

(A)可嘗試性：是指了解與使用新商品的困難程度。商品愈複雜，擴散速度愈慢。例如健康管理外溢保單規劃複雜，保戶不易了解

(B)相容性：新商品與消費者現存的價值觀、知識、過去經驗及目前需求是否一致的程度。不相容的商品擴展速度較相容商品來得慢。例如健康管理外溢保單促進運動更養生

(C)相對優點性：新商品被認為比現存替代品優秀的程度。例如健康管理外溢保單將健康鼓勵機制與保險結合

(D)易感受性：使用新商品的好處與結果可以被察覺，因此，具

備容易與目標客戶溝通商品的好處。例如保險費可依被保險人之健康狀況或生活習慣調整，只要運動量符合規定，或是健檢數據達標，就能享有保費折扣或獎勵

- A
- 健康管理保單本質仍為既有健康或人壽保險，應不會過度複雜。

57. 假若當前銷售額與市場占有率反映的是經紀人「過去至目前」的表現，那麼下列何者較能預測該經紀人「未來」表現？
(A)客戶權益　　(B)整體市場成長率
(C)獲利能力　　(D)競爭者市場占有率

- A
- 愈重視客戶權益，可能代表客戶更信任業務員

58. 保險推廣（Promotion）的任務為何？
(A)告知、說服、知曉、試探　　(B)試探、說服、促銷、提醒
(C)告知、促銷、提醒、試探　　(D)告知、說服、提醒、試探

- D
- 告知、說服、提醒、試探

59. 客戶關係管理重視與舊有保戶維持良好的關係,下列敘述
    何者錯誤?
(A)日益增加的個人化需求,一對一行銷為終極手段
(B)根據 80/20 原則,找出具有價值的客戶,對壽險業者的獲利
來說更形重要
(C)建立保戶忠誠度即是對壽險業者有高度的認同感
(D)保戶終生價值係指客戶從出生到死亡的購買行為所反映的
市場價值以完成交易為主要目的

● 　D
● 　保戶終生價值並非以完成交易為主要目的;主要強調保戶
　　的終身利潤價值,而非單次交易成交與否。

60. 下列何者為人身保險業者在「行銷觀念」下的行銷管理任
    務?
(A)改善生產技術,並不斷透過提高生產效率以降低成本
(B)生產功能最佳的商品
(C)透過市場調查,並透過消費者導向讓消費者主動購買
(D)重視社會利益,所以行銷活動應在人身保險業者的利潤與社
會利益之間作平衡

● 　C
● 　行銷觀念還是著重於消費者需求的滿足。

61. 下列有關大數據行銷（Big Data Marketing）的敘述，何者錯誤？

(A)大數據具有大量（Volume）、快速（Velocity）、多樣性（Variety）等特性

(B)目的是為了達到一對一行銷

(C)大數據的核心思維是從資料庫或網路上擷取隨機抽樣的資料來做分析與預測

(D)大數據必須先整理成結構化與數值化的資料架構，才能有效率的進行數據分析

- C
- 大數據的核心思維需建立資料庫並透過有效率的挖礦發現商機而提供一對一行銷，而非隨機抽樣。

62. 某壽險公司的保戶已可在全省 5 個服務中心，透過 Apple Pay 輕鬆方便繳費，亦可使用 Apple Pay 購買旅遊保險，保戶大讚其便利性，壽險公司此一新措施，屬於何種商品層次？

(A)核心商品　　(B)期望商品　　(C)潛在商品　　(D)附加商品

- D
- 繳費方式的便利性屬於附加商品，而非核心商品(壽險商品)或其他商品。

63. 定價乃人身保險行銷中的重要議題,試問下列何者不計入人壽保險商品的附加保費中?
(A)行銷成本　　　　　　(B)行政管理成本
(C)被保險人的危險增加　(D)保險公司利潤

● C
● 被保險人危險增加屬於承保風險(死差損風險)

64. 下列對於界定銷售目標之敘述,何者錯誤?
(A)有效的銷售管理開始於訂定銷售目標。銷售目標決定了整個銷售團隊與銷售人員努力的方向
(B)整體銷售組織的目標通常會是以期望的銷售數量、市場占有率或獲利水準來表示
(C)個別銷售人員的目標通常根據配額(Quota)的形式來設計。配額是個別銷售人員單獨所需達成的銷售數量或銷售金額
(D)個別銷售人員的目標還可根據活動或財務目標來設計。根據活動為基礎,則可包括利潤貢獻金額、銷售費用及利潤與費用比率

● D
● 個別銷售人員的目標還可根據活動或財務目標來設計。根據**財務目標**為基礎,則可包括利潤貢獻金額、銷售費用及利潤與費用比率。
● 活動目標為基礎:例如拜訪量,成交率。

65. 保險消費者在接受保險廣告時可能會產生一些認知上的偏誤，而認知偏誤主要來自於選擇性偏誤。請問下列何者不是選擇性偏誤？
(A)選擇性展露　　(B)選擇性預期
(C)選擇性扭曲　　(D)選擇性記憶

● 　B
● 　選擇性偏誤包含選擇性展露(消費者自我篩選過濾資訊)、選擇性扭曲、選擇性記憶

66. 下列關於人身保險商品開發的敘述，何者錯誤？
(A)人身保險商品的新穎程度與市場接受度會影響銷售利潤的結果
(B)人身保險商品的開發過程中可使用腦力激盪術來產生大量的新想法
(C)人身保險商品概念的產生須從人身保險公司的需求出發
(D)人身保險商品開發的過程中，人身保險公司需計算市場需求成本、銷售量及預估利潤

● 　C
● 　商品開發源頭仍應由消費者需求思考。

67. 下列有關我國人身保險商品創新的敘述，何者正確？
(A)我國人身保險商品的創新過程往往是突發性的
(B)我國人身保險商品的創新往往是人身保險公司將現存的人身保險商品導入新市場的一個過程
(C)網路科技發展與目前我國人身保險商品的創新活動息息相關
(D)我國人身保險商品的創新往往是針對現有商品作改變，並將銷售不佳的商品予以廣告包裝後再重新行銷

- C
- 由於壽險商品條款與給付受主管監管及審查限制，銷售不佳商品不見得會予以廣告包裝後行銷、也不會有導入新市場的過程或有突發性構想。但壽險業者仍可發揮創意及搭配網路科技開發具有差異化的商品。

68. 我國人身保險業者從事商品創新的過程中可以運用一些技術來產生有創意的新想法。請問下列何者不是行銷學上提及的創造力技術？
(A)強迫關係法　　(B)結構分析法
(C)腦力激盪法　　(D)市場實驗法

- D
- 市場實驗法已存在較明確的商品創新並透過實驗進一步測試。
- 強迫關係法或強制關聯法透過創意發想後尋找關聯性而產

生新商品或新服務。

● 結構分析法：透過商品或製程的結構分析而尋找出創意。

● 魚骨圖分析法：透過分析主要原因及次要原因而尋找出創意。

● 腦力激盪法：要求成員在有限時間內發想思考出大量構想。

69. 人身保險業者從事新商品上市的時程會因某些原因而有變動。從行銷學的角度看，下列敘述何者正確？

(A)新商品上市時機可以有領先上市、同步上市、落後上市三種選擇

(B)新商品上市後，人身保險公司須將內部行銷的資源轉向外部行銷

(C)正式推出新商品後，人身保險公司就應以模擬試銷來積極拓展市佔率

(D)正式推出新商品後，人身保險公司就應對該商品做重新的市場定位

● A

● A 答案適用各行業，最無爭議

● 上市前後其實都需要內外部行銷

● 上市前就應該研討及模擬試銷、商品定位

70. 下列關於人身保險業者在從事商品定價的說明,何者錯誤?
(A)在從事商品定價時,會考慮投資報酬率
(B)在從事商品定價時,會追求合理的利潤
(C)從事利潤導向定價法時,會要求新保單在商品導入期達成銷售量極大化
(D)從事利潤導向定價法時,會追求利潤極大化

● C
● 從事利潤導向定價法時,不可能要求新保單在商品導入期達成銷售量極大化,而是追求利潤逐漸呈現

71. 下列關於人身保險經紀人的敘述,何者錯誤?
(A)人身保險經紀人必須是其商品與服務的專家
(B)人身保險經紀人的主要任務是提供商品而非顧問服務
(C)對人身保險經紀人而言,了解人身保險商品的發展狀況是一件必要的事
(D)人身保險經紀人需了解各家人身保險商品的內容,並知曉各商品的優勢與劣勢何在

● B
● 人身保險經紀人的主要任務:商品+顧問服務
● 人身保險經紀人必須是其商品與服務的專家
● 人身保險經紀人需了解各家人身保險商品的內容,並知曉各商品的優勢與劣勢何在

72. 下列關於人身保險經紀人工作目標的敘述，何者正確？
(A)人身保險經紀人工作的目標是使客戶接受新的保險商品
(B)人身保險經紀人最適合賣保單內容上較為複雜或是處在商品生命週期導入期與成長期的人身保險商品
(C)人身保險經紀人為維持客戶忠誠度，應銷售創新的保險商品
(D)人身保險經紀人應秉持客戶導向，並可採用拉力行銷策略來開發新客戶

- D
- 人身保險經紀人應秉持客戶導向，並可採用拉力行銷策略來開發新客戶

73. 下列關於「關係銷售」的敘述，何者錯誤？
(A)關係銷售的觀念強調人身保險從業人員與客戶之間的互利夥伴關係
(B)關係銷售強調的是人脈，並透過人脈經營來建立與客戶的關係
(C)在關係銷售的觀念下，人身保險從業人員應扮演客戶的顧問
(D)關係銷售是經由伙伴關係來維持並加強與客戶間的互動

- B
- 關係銷售並非強調人脈經營。關係銷售摘要如下：
  - 強調人身保險從業人員與客戶之間的互利夥伴關係
  - 人身保險從業人員應扮演客戶的顧問
  - 是經由伙伴關係來維持並加強與客戶間的互動

74. 下列對於整合行銷溝通特性的敘述，何者錯誤？
(A)關係行銷：建立並維持與個別消費者之間的網路，並經由長期性、個人化、具有附加價值的接觸來強化此網路，以永續維繫彼此的利益
(B)溝通策略，即是根據行銷策略之內容以規劃接觸消費者之方法，以求能達成行銷策略所希望的結果
(C)行銷人員應在商品已開發完成，通路與價格都已決定後再參與行銷過程
(D)真正能將商品差異化的是存在客戶心目中的知覺價值，而非在短期內容易被競爭對手仿效的商品變數，才能建立知覺價值

- C
- 行銷企劃人員從一開始就需要參與，直到最後。
- 溝通策略，即是根據行銷策略之內容以規劃接觸消費者之方法，以求能達成行銷策略所希望的結果
- 關係行銷：建立並維持與個別消費者之間的網路，並經由長期性、個人化、具有附加價值的接觸來強化此網路，以永續維繫彼此的利益
- 真正能將商品差異化的是存在客戶心目中的知覺價值

75. 下列對於「整合行銷」的敘述，何者錯誤？

(A)整合行銷能協助人身保險業者建立並維持公司與消費者之間的接觸與溝通

(B)整合行銷透過所有的溝通工具傳達更清楚的訊息

(C)整合行銷過程中，人身保險業者應在商品上市後再從事整合行銷活動

(D)整合行銷過程中，人身保險業者必須謹慎使用不同的媒體管道來接觸不同的客戶

- C
- 上市前就要整合行銷活動。
- 整合行銷：透過多元化管道與客戶溝通，使用不同的媒體管道來接觸不同的客戶

76. 人身保險業者為使利潤極大化，並保護市場占有率，在下列那一個商品生命週期階段，可刺激消費者對競爭者品牌轉換的意願，並採強調商品差異和利益的廣告及增加促銷等行銷策略？

(A)成熟期　　(B)成長期　　(C)導入期　　(D)衰退期

- A
- 成熟期行銷策略:可刺激消費者對競爭者品牌轉換的意願，並採強調商品差異和利益的廣告及增加促銷等行銷策略。

77. 人身保險業者可以透過公共關係或公共報導來從事行銷，但下列何者不是人身保險業者從事公共關係或公共報導的正確敘述？

(A)進行公共關係與公共報導的成本最低

(B)一般而言，公共報導會給人較為安全或客觀的感覺

(C)進行公共關係與公共報導會較容易讓群眾相信其訊息內容

(D)可透過公共關係與公共報導來塑造公司的良好形象

- A
- 公共報導會給人較為安全或客觀的感覺、會較容易讓群眾相信其訊息內容並可塑造公司的良好形象，但公關成本也高。

78. 保險客戶的脫退率過高將帶來一些負面影響。請問下列何者不是客戶脫退率對人身保險業者會產生的影響？

(A)高的客戶脫退率會使人身保險業者喪失預期的報酬

(B)高的客戶脫退率會使人身保險業者無法收回初期費用

(C)高的客戶脫退率可能會導致實際理賠多於預期理賠

(D)高的客戶脫退率會降低未來的保險費率

- D
- 客戶脫退率高(保單繼續率過低)會使人身保險業者喪失預期的報酬、無法收回初期費用而且可能造成實際理賠多於預期理賠；最後導致保費須增高。

79. 下列對「推廣組合」的敘述，何者錯誤？
(A)人身保險業執行推廣組合的方式可包含廣告、公共關係、人員銷售與促銷
(B)正確的推廣組合不但可以滿足人身保險市場的需求，也有助於達成人身保險業的行銷目標
(C)競爭者導向是人身保險業執行推廣組合時不可或缺的元素
(D)人身保險業於執行推廣組合的活動時應注意行銷道德

● C
● 推廣組合：廣告、公共關係、人員銷售與促銷。推廣組合有助於達成人身保險業的行銷目標及滿足客戶需求。
● 行銷概念仍應為客戶導向，應了解競爭者但非競爭者導向。
● 執行推廣組合應注意行銷道德規範，不應有違反道德規範的推廣模式，例如：損害妨害醫護人員的形象與專業或攻擊特定族群或同業的名譽形象。

80. 組織進行員工之績效評估時，其評估結果必須能夠反映其工作要求與工作成果，以確實衡量該員工之工作表現。此為績效評估的那一項原理？
(A)有效度（Validity）　　(B)可靠度（Reliability）
(C)公平性（Fairness）　　(D)簡便性（Simplicity）

● A
● 員工績效評估必須能夠反映員工工作成果及工作表現，屬於有效性(度)；可靠度則是精確準確與否。

81. 商品生命週期是追溯商品從導入市場至退出市場的過程。對於進入已成熟期的保險商品,壽險公司可採用下列那一種行銷策略?

(A)減少相關支出　　(B)更新市場區隔

(C)改良行銷組合　　(D)擴增營運據點

● C

● 已進入成熟期的保險商品,可採用改良行銷組合的整體性行銷策略。

● 成長期則應採更新市場區隔及擴增營運據點。

● 衰退期:減少相關支出

● 導入期:加強宣傳廣告及擴增營運據點

82. BCG 矩陣又稱為市場成長率－市場占有率矩陣,用來判斷每個策略事業單位(SBU)的表現與展望,可作為企業在行銷策略與資源分配上的判斷依據。BCG 矩陣依照市場成長率的高低與相對市場占有率的大小,將策略事業單位分為四大類,其中「問題事業」係指下列那一項?

(A)市場成長率高,相對市場占有率高者

(B)市場成長率低,相對市場占有率高者

(C)市場成長率高,相對市場占有率低者

(D)市場成長率低,相對市場占有率低者

● C

市場成長率高， 相對市場佔有率低 (問題)	市場成長率高， 相對市場佔有率高 (明星)
市場成長率低， 相對市場佔有率低 (老狗)	市場成長率低， 相對市場佔有率高 (金牛)

83. 業績預算包括業績目標的訂定與執行時相關費用的編列。
   下列那些項目為壽險公司業績執行時可能產生的基本管銷
   費用？①訓練活動 ②增員活動 ③廣告活動 ④保戶慰問
   活動
   (A)僅①② (B)僅①②③ (C)僅①②④ (D)①②③④

● A
● 業績執行的基本管銷費用：訓練與增員。不一定需要廣告
  或不一定涉及保戶慰問，需要看行銷活動類別。

84. 近期金融監督管理委員會同意多家產壽險公司運用金融科技共同試辦「保全/理賠聯盟鏈」服務，保戶可於任一家參與試辦之公司提出契約變更或理賠申請，透過公會建置之平台，通報其他同業啟動理賠或保全服務之受理。此一服務主要採用何種科技技術？

(A)物聯網（IoT：Internet of Things）

(B)區塊鏈（Blockchain）

(C)資料探勘（Data mining）

(D)人工智慧服務鏈（AI Service chain）

● B

● 區塊鍊屬於產業間的系統整合服務。

85. 保險規劃是企業人身風險管理的重要方法，透過保險金理賠可填補因重要員工身故或失能所導致企業收入減少或費用增加的經濟損失。下列那些商品適用於企業為其高階經理人、董（理）事或重要員工之保險商品規劃？①人壽保險 ②健康保險 ③失能保險 ④利率變動型年金保險

(A)僅②④　　(B)僅①②③　　(C)僅①④　　(D)僅③④

● B

● 既然強調身故或失能的經濟損失，因此退休儲蓄功能的年金保險當然應排除。

86. 數家壽險公司近期推出「弱體外溢保單」，保單設計連結健康管理，以健康回饋保險金或保險費折扣方式鼓勵保戶維持健康不惡化，達到預防併發症、降低理賠的雙贏效果，此為保險商品訂價的那一項原則？
(A)彈性或伸縮性原則　　(B)維持競爭能力原則
(C)穩定性或一致性原則　(D)損失預防誘導性原則

● 　D
● 　外溢保單可透過保費優惠而產生損失預防誘導效果

87. 下列何者屬於保險公司的直接行銷通路？①直屬保險公司的業務員 ②電話行銷 ③櫃檯銷售④銀行保險
(A)僅②④　　(B)僅①③　　(C)僅①②③　　(D)①②③④

● 　C
● 　銀行保險屬於外部間接行銷通路。
● 　壽險公司可自行設立電話行銷部門、櫃台駐點銷售部門或通訊處業務員等直接行銷通路。

88. 下列有關個別消費者與組織型客戶在保險購買決策上的差異，何者正確？
(A)個別消費者的購買決策涉及更大的功能風險
(B)組織型客戶的購買決策較可能受到情緒的影響
(C)個別消費者數量少但個別差異大，更強調客製化與服務品質
(D)組織型客戶強調與保險公司的長期合作關係

●   D
●   個別消費者：個人
●   組織型客戶：企業客戶、公會協會客戶或團體客戶
●   組織型客戶較強調長期合作關係

89. 某保險公司擬推出一壽險商品，強調以單一商品提供多項保險給付，可以同時滿足「小資族」、「夾心族」與「屆退族」在保障、失能與退休理財各方面的需求。該公司主要採用下列那一種市場策略？
(A)無差異行銷策略　　　(B)多區隔市場策略
(C)單一市場集中策略　　(D)差異化行銷策略

●   A
●   無差異行銷策略：一個商品可以滿足所有客戶的需求。
●   多區隔市場策略：一個商品可以滿足多個目標市場的客戶需求，例如：屆退族與退休族皆適合。
●   單一市場集中策略：一個商品僅針對特定一個目標市場推動，例如：退休族群。
●   差異化行銷策略：針對不同目標市場，採取不同的行銷策略。

90. 近年來，企業愈來愈重視社會行銷概念，亦即將社會與道德考量納入行銷實務，監理機關也針對業務員之行銷行為訂定了相關規範。若我們將保險行銷道德分成法律性道德、專業性道德與社會性道德等三個原則，則「業務員經手保戶保費，卻擅自挪用，未於期限內繳交入庫」，違反了下列那些道德原則？

(A)僅專業性道德　　　　　(B)僅法律性道德
(C)專業性道德與社會性道德　(D)法律性道德與專業性道德

- D
- 保險行銷道德分成法律性道德、專業性道德與社會性道德等三個原則。
- 法律性道德：一般法律要求之道德。
- 專業性道德：專業保險業務員額外應遵守的專業倫理道德。
- 社會性道德：一般民眾要求的道德。
- 挪用保費，違背法律與專業，但可能未違背社會性道德要求。

91. 策略行銷規劃（strategic marketing planning）是市場導向的策略發展過程，不但將持續變動的商業環境列入考量，同時也體認到客戶滿意的重要性。下列有關壽險策略行銷規劃流程應採行的程序，何者正確？①經營理念 ②經營目標 ③策略 ④戰術

(A)①②③④　　(B)②①③④　　(C)①②④③　　(D)②①④③

- A
- 策略行銷規劃應由上而下循序漸進完成具體行銷規劃，步驟如下：①經營理念 ②經營目標 ③策略 ④戰術

92. 內部行銷，係以員工為對象，藉由類似行銷的方式，以適當的工作設計，吸引、發展、激勵及留任有能力的員工，進而達到行銷目標與公司任務。下列何者為內部行銷的重點？①商品廣告 ②教育訓練 ③價格競爭 ④人員管理
(A)①② (B)②③ (C)②④ (D)①④

- C
- 內部行銷，以內部員工為對象，透過行銷的方式，以適當的人事制度、訓練、績效考核、獎懲方式管理員工，以利公司進而達到公司目標。
- 員工訓練與人員管理是重點，而非商品或價格。

93. 下列那些保險商品，保險經紀人為被保險人洽訂保險契約前，應主動提供書面分析報告？①微型保險 ②保險金額 1000 萬元之旅行平安保險 ③具保費調整機制之長期健康保險 ④ 1 年期傷害保險續保業務
(A)①② (B)②③ (C)②④ (D)①②③

- B
- 書面分析報告提供時機：保險金額 1000 萬元之旅行平安保險、具保費調整機制之長期健康保險、投資型保險、壽險、年金險等

94. 某外商保險公司進入我國保險市場時,以其業務員之專業訓練及形象為訴求,強調與其他本土保險公司不同之處。企業藉由聘僱與訓練比競爭者更佳的人員,以獲得更強的競爭優勢,係採取下列那一種差異化策略?

(A)商品差異化　　(B)通路差異化

(C)人員差異化　　(D)形象差異化

● C

● 差異化策略包含許多面向,商品差異化、通路差異化、人員差異化、形象差異化等。人員差異化指透過聘僱與訓練更佳的人員,以獲得競爭優勢。

95. 所謂行銷單位,是指可以獨立計算其成本及對總體組織貢獻的一個組織內次級單位。行銷單位的劃分,有助於行銷成本的分析。壽險公司針對個人壽險業務,通常採用下列那一種方式劃分行銷單位?

(A)收費部門別　　(B)商品線別　　(C)客戶別　　(D)銷售地區別

● D

● 國內仍以地理位置區分行銷單位,例如:東區、北部、中部、南部等。

96. 傳統的行銷 4P，是從生產者觀點出發的行銷觀點。隨著市場競爭逐漸激烈、消費者意識抬頭，品牌行銷策略逐漸轉為消費者導向。行銷學者羅伯特‧勞特朋（Robert F. Lauterborn）在 1990 年提出以消費者需求為中心的行銷 4C 理論，除客戶（Customer）、成本（Cost）及便利（Convenience）外，還包括下列那一項？

(A)溝通（Communication）　　(B)合作（Cooperation）
(C)整合（Collaboration）　　　(D)能力（Capability）

- A
- 傳統行銷組合 4P：商品、價格、通路、促銷推廣
- 加上 4C：客戶（Customer）、成本（Cost）及便利（Convenience）、溝通（Communication）

97. 隨著金融科技的發展，保險價值鏈面臨裂解與重組的情況，保險公司所受到的影響，下列何者錯誤？

(A)自我保險模式的業務競爭增加　　(B)客戶忠誠度提高
(C)風險定價模式的轉變　　　　　　(D)商品設計轉為消費導向

- B
- 受到金融科技衝擊，影響如下：客戶自我保險模式的業務競爭增加、客戶忠誠度降低、**風險定價模式的轉變及商品設計轉為消費者導向**

98. 監理機關曾因多家保險公司未落實其財務核保作業，對於公司及所屬核保人員予以裁罰。下列那一項為監理機關要求保險業者落實財務核保機制的主要目的？
(A)提高清償能力　　(B)維持穩定報酬
(C)防範道德危險　　(D)減緩市場競爭

● C
● 財務核保主要目的為防範道德危險，因為財務核保的過程需審閱客戶收入資產及投保目的之合理性。

99. 依現行法令之規定，受人身保險經紀人公司所任用之經紀人，應確實了解要保人之需求及商品或服務之適合度，並應在下列那些文件進行簽署？①代收轉付保險費收據憑證②終止契約申請書③要保人個人資料蒐集、處理及利用告知書　④要保人及被保險人之保險需求、適合度分析評估報告書
(A)①②③　　(B)①②④　　(C)①③④　　(D)②③④

● B
● 經紀人多了須簽署「代收轉付保險費收據憑證」

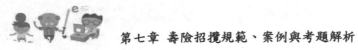

100. 保險業務員銷售投資型保險商品給 65 歲以上之客戶，若未承保，則在銷售過程所保留之錄音或錄影紀錄應於未承保確定之日起，做何處理？
(A)立即銷毀　　(B)保存 6 個月　　(C)保存 5 年　　(D)保存 7 年

● C
● 保險相關紀錄或文件皆須至少保存 5 年。

101. 保險業者常會因極少數不肖業務員的不當銷售，而讓全體業者必須面對「一粒老鼠屎壞了一鍋粥」的效應。造成這種情形的原因，主要是因為保險商品的服務具有下列那一種特性所致？
(A)不可分割性　　(B)不可儲存性　　(C)易變性　　(D)投機性

● C
● 保險服務的「易變性」，主要指影響客戶滿意度的變數很多，服務品質波動大。

102. 針對老年安養與醫療需求，將「長期照顧保險」、「特定傷病保險」及「失能扶助照護保險」三種商品組合行銷的方式，係屬於下列商品組合層面的那一項因素？
(A)深度　　(B)密度　　(C)廣度　　(D)寬度

● A
● 商品深度：表示同一商品的選擇多寡，選擇多表示深度深。

103. 保險經紀人及所屬業務員印發經保險業核可之醫療保險商品銷售招攬廣告時，應加註下列那一種攸關的警語？
(A)理賠金給付　　(B)商品脫退率
(C)告知義務　　　(D)保單猶豫期

● 　A
● 　理賠給付為保險商品的核心商品，須列入廣告內容。

104. 2019 新型冠狀肺炎的流行，使得消費者對於人身保險的風險規劃需求增加。這種情形，主要是屬於下列那一種影響人身保險行銷的敏感因子？
(A)金融科技　　(B)政府政策　　(C)社會態度　　(D)支配所得

● 　C
● 　防疫社會態度改變，導致民眾對於風險與保險規劃之需求增加。

105. 行銷人員在探求銷售利潤最大化時，通常會透過銷售反應函數進行測算。此時，銷售反應函數常用貨幣額來表示，而不是使用銷售量來表示，其目的為何？
(A)找出行銷費用支出的合理範圍　　(B)得出毛利潤函數
(C)得出淨利潤曲線　　　　　　　　(D)找出銷售量與利潤關係

● 　A
● 　銷售反應函數常用貨幣額來表示，而不是使用銷售量來表

示，因為方便求算出合理的行銷費用。

106. 行銷管理人員對於客戶服務品質的管理，可依據金融監督
管理委員會所訂立的「金融服務業公平待客原則」來衡量
保險商品服務品質的那一個構面？
(A)有形性　　(B)可靠性　　(C)反應性　　(D)同理心

● B
● 金融服務業公平待客原則的可靠性，可用以衡量服務品
質。

107. 行銷管理人員想要有效地區隔自家保險商品與同業競爭者
的市場，必須要考慮下列那些條件？①適合性　②足量性
③可接近性　④可衡量性
(A)①②③　　(B)①②④　　(C)①③④　　(D)②③④

● D
● 目標市場區隔應考量因素：
  ■ 可衡量且足量性：客戶數量夠多或業績量須夠多；例
    如：目標市場客戶數達到 5 萬人。
  ■ 可接近性：可能接觸到目標客戶；例如：目標市場客
    戶為國三學生或下個月退伍軍人，需有目標客戶名單
    才能進一步拜訪或聯繫成交。

108. 金融服務業因商品特性不同於一般商品，因此其行銷組合一般採用 7P 模式。除了傳統行銷組合的 4P 之外，另外還有下列那 3P？①實體環境（Physical Environment）②服務人員（ServicePersonnel）③服務過程（Service Process）④商品定位（Product Position）

(A)①②③　(B)①③④　(C)①②④　(D)②③④

- A
- 傳統行銷組合 4P：商品、價格、通路、促銷推廣
- 配合數位時代，加上其他 3P：實體環境、服務人員與服務過程。
- 商品定位仍屬於傳統 4P 中的商品的範圍內。

109. 下列有關保險經紀人公司透過電話行銷中心的電話行銷人員從事招攬保險，確認要保人投保意願並經保險業同意承保後成立保險契約的應注意事項之敘述，何者正確？

(A)外撥電話之對象限年滿 20 歲之要保人，但被保險人的年齡則不限

(B)銷售之人身保險商品不包括年金保險

(C)人壽保險限為免體檢及免告知之保件

(D)傷害保險之最高投保保險金額為新臺幣 500 萬元

- C
- 電話行銷對象，無論要保人/被保險人一定要成年
- 可銷售年金險，但佣獎過低，不划算
- 人壽保險限為免體檢及免告知之保件，因此名單資料須事

第七章 壽險招攬規範、案例與考題解析

先篩選。

● 傷害保險之最高投保金額為 600 萬。

110. 壽險業務人員鼓勵或勸誘客戶以貸款方式購買保險商品，依保險業務員管理規則，將受到下列何種懲處？
(A)停止招攬 3 個月　　(B)停止招攬 6 個月
(C)停止招攬 1 年　　　(D)撤銷登錄

● C
● 擔任壽險業務員責任也不小，勸誘客戶貸款投保將被罰停止招攬 1 年

111. 保險經紀人公司為激勵業務人員積極的將商品推廣給消費者，通常會辦理年度業績競賽，以提升團隊績效。前述做法屬於下列何種行銷策略？
(A)拉的策略　　(B)拖的策略　　(C)推的策略　　(D)拔的策略

● C
● 推的策略：向業務人員推動獎勵，使業務人員加快向客戶推銷。
● 拉的策略：向客戶推動獎勵，鼓勵客戶願意或加快購買公司商品。

112. 保險業務人員以即時通訊平台（例如：Line 或 FB）向客戶定期問候或分享好文章，屬於下列強化客戶關係聯結的何種方法？
(A)財務聯結　　(B)社會聯結
(C)客製化聯結　(D)結構化聯結

● B
● 社交關懷問候屬於社會聯結

113. 下列有關關係行銷模式中，對於行銷四部曲的順序敘述，何者正確？①辨認目標客戶 ②區隔目標客戶 ③與客戶互動 ④提供標準化的商品或服務
(A)①②③④　(B)②①③④　(C)③①②④　(D)③②①④

● A
● ①辨認目標客戶 ②區隔目標客戶 ③與客戶互動 ④提供標準化的商品或服務
● 最後才是提供符合客戶需求的商品或服務

114. 保險主管機關為強化保險經紀人公司健全業務經營，並配合實務作業建立相關作業制度，作為管理階層自我檢測重要依據，依現行法令規定：年度營業收入達新臺幣多少元以上者，應於次 1 年內建立招攬處理制度及程序？
(A) 5 千萬　(B) 1 億　(C) 2 億　(D) 3 億

● D

● 年度營業收入(手續費收入)達 3 億或公開發行公司皆須建
  立招攬處理制度及程序

115. 能有效發揮客戶關係管理的大數據分析的數據資料，必須
   具備狹義定義的 3V 條件。此 3V 是指下列那些條件？①
   Volume（大量） ②Velocity（速度） ③Variety（多樣性） ④
   Value（價值）
(A)①②③　　(B)①②④　　(C)①③④　　(D)②③④

● A
● 大數據的 3V：（大量）、（速度）、（多樣性）
● 價值有賴進一步分析或納入活動設計

116. 以銷售績效為因（Cause），推廣成本為果（Result）所編列
   的推廣預算方法，稱為：
(A)銷售百分比法
(B)目標任務法
(C)競爭對等法
(D)量力而為法

● A
● 銷售百分比法為推廣成本效益評估方式，主要用以計算推
  廣成本除上銷售金額。比率愈高，代表成本過高。

117. 影響客戶關係管理能否順利運作的三大要件，包括下列那些項目？①人力 ②商品 ③流程④科技
(A)①②③　　(B)①②④　　(C)①③④　　(D)②③④

- C
- CRM 運作之成敗與否，與商品較無關係，重點在於人員、流程與科技(技術)

118. 在行銷績效評估中，用來衡量不同因素影響銷售績效相對百分比的方法，稱為：
(A)獲利力分析　　(B)市場服務分析　　(C)行銷變異分析　　(D)行銷組合效率分析

- C
- 行銷變異分析：可衡量不同因素影響銷售績效的相對百分比，可進一步了解影響銷售績效的主要變數。

119. 對於商品生命週期屬於導入期階段，且內容複雜之保險商品，業務人員的銷售目標應設定為：
(A)開發新客戶　　　　(B)維持客戶忠誠性
(C)溝通商品的資訊　　(D)提供技術型服務

● C
● 客戶們不了解商品，因此應該增進客戶對於商品的溝通了解與體驗。

120. 壽險業務員的不當招攬行為可能導致業務員本人或所屬公司遭受那些處罰？　(作者自編/複選)
(A)行政責任　　　　(B)主管機關裁罰
(C)刑事責任　　　　(D)民事責任

● A、B、C、D

貳、問答題考題解析

一、「銀行保險」（Bancassurance）已成為我國壽險市場的重要行銷通路，試分別從客戶利益、保險公司效益之角度說明銀行保險通路之影響？另有關「銀行保險」經營成敗的因素有那些？試說明之。

參考解答：

1.從客戶利益說明銀行保險通路之影響

從客戶財富管理觀點來看，壽險商品之儲蓄投資與保障功能，更增加客戶儲蓄投資與保障規劃。另外，壽險商品通常為長期商品，相較之下，銀行商品多為短期商品，長短期商品之相輔相成，正可提供客戶的最適長中短期財富管理配置。列舉說明如下：

● 人壽保險商品為長期商品，銀行存款商品主要為短期商品，透過長期商品可補銀行商品之不足，滿足客戶長中短期需求。

● 萬能保險、利率變動型年金或躉繳儲蓄保險之儲蓄功能強，而且中長期商品報酬率常高於定期存款利率或活期存款利率，因此頗受存款戶青睞。

● 變額年金保險或投資型保險提供多元化基金商品與壽險或年金保障，商品特質與共同基金各有優劣，可以提供客戶多元化投資退休選擇。

● 透過壽險商品的稅惠，結合信託商品的專業安全管理與投資可讓客戶保險金給付更具彈性與安全性。

2. 銀行保險通路發展佳，對於保險公司而言，有以下影響：

● 增加保費收入規模：透過銀行保險通路，可以增加保險公司的保費收入來源。

● 提高公司商品知名度與增加客戶廣度：銀行客戶廣大且據點多，可以提高商品知名度與客戶的廣度。

● 銀行保險通路之獲利有限且行政服務要求高：經營銀行保險通路，壽險公司必須在行政作業、商品服務、資訊服務與佣金獎勵等各方面，付出相當多資源與研發，成本頗高；另一方面，銀行佣酬高，對壽險公司之獲利相對有限，亦是挑戰。

3. 銀行保險經營成敗的因素：

　　銀行保險經營成功的因素頗多，摘要列舉如下：

● 商品面：商品收益率高且佣金獎勵金佳。

● 行政服務面：行政與資訊系統服務完整、精確又有效率。

● 公司財務與知名度：公司財務穩健且知名度高。

二、以客為尊的行銷觀念已在人壽保險界受到一致的重視，多數壽險公司也不遺餘力地在建構與推展此一理念，請以滿足你的客戶之立場來嘗試架構一個客戶關係管理中心（Customer Relationship Management Center），並說明其詳細職司。

參考解答：

　　就客戶立場而言，客戶通常期望壽險公司能夠提供單一窗口之多元服務並提供多元化服務管道，因此為滿足客戶需求，可以架構一個客戶關係管理中心，分項說明該單位與其職司如下：

1. 提供單一窗口多元服務：

● 客戶臨櫃辦理事務或委由業務人員代辦事務時,應該可以同時辦理契約、保服、保費、理賠與申訴等各項業務,不需多次分別臨櫃辦理並填寫各種保單,這樣才能節省客戶時間或節省業務人員時間,並能快速完成客戶服務,提升客戶滿意度。

● 客戶申訴案件,應該及時處理與訂立標準作業流程,並可透過櫃台完成,避免客戶四處申訴抱怨。

2. 提供多元化服務管道：

● 民眾工作家庭忙碌,針對部分保戶服務項目,可以改採電話服務、網路服務與郵寄服務,而不需客戶親臨辦理,也不需業務人員親自辦理。

● 針對保單貸款或簡易旅平險投保,應可提供限額內 ATM 保單貸款與電話語音貸款等服務,以利客戶多元貸款需求。

● 針對保戶續期保費繳納與理賠申請流程與文件,網站應有口語化說明,另外客服人員與業務人員應能夠及時提供補充與說明。

● 客戶服務相關表單建議與網站揭露,便於民眾自行下載。

3. 其他：行銷優惠活動提醒、客戶滿意度調查、客戶申訴調查與記錄、保單文件流程規劃與管理等。

三、說明保險代理人的定義及分類方式？

參考解答：

1. 依據保險代理人管理規則，保險代理人可依照個人職業或設立公司分為個人執業代理人與代理人公司。

● 個人執業代理人，指以個人名義執行保險代理業務之人。

● 代理人公司，指以公司組織經營保險代理業務之公司。

2. 依據保險代理人管理規則，保險代理人可依照經營的險種，區分為財產代理人及人身代理人。

四、保險金額在何種情況下作為被保險人之遺產或課稅？

參考解答：

1. 死亡保險金未指定受益人時，須列為遺產。

2. 適用實質課稅原則之個案：如果個案有鉅額投保、高齡投保、重病投保、短期密集投保、躉繳投保、舉債投保、保險費相當於保險給付之儲蓄保險、投保年金保險或投資型保險等情況，可能被國稅局依照實質課稅原則，就該保險給付併課遺產稅。

3. 受益人與要保人非屬同一人之人壽保險及年金保險，若受益人受領之保險給付金額超過三千萬元部分，需要計算基本所得額計算最低稅負。

五、在國內若企業為員工安排團體保險計劃，其在相關稅法上有何優惠？

參考解答：

依據營利事業所得稅查核準則，營利事業為員工投保之團體人壽保險、團體健康保險、團體傷害保險及團體年金保險，其由營利事業負擔之保險費，以營利事業或被保險員工及其家屬為受益人者，准予認定。每人每月保險費合計在新臺幣二千元以內部分，免視為被保險員工之薪資所得；超過部分，視為對員工之補助費，應轉列各該被保險員工之薪資所得。

六、請舉一個壽險商品為例，說明下列區隔變數：人口統計、心理統計以及行為變數。請就上述商品提出其目標市場的選擇方式，並為該目標市場發展商品定位。

參考解答：

(一)區隔變數說明

舉例來說，可以透過以下區隔變數，研發高齡壽險保單(senior life policy)：

1. 人口統計變數-高齡人口：65-80 歲年齡。
2. 心理統計變數-不留債心態：已退休而有最後費用的保障需求客群。
3. 行為變數-購買保險少的低使用客群：尚未擁有足夠壽險保障例如：壽險保障低於 50 萬元。

(二)目標市場發展商品定位

高齡保單已依照人口統計、心理統計與行為等區隔變數找到目標市場，目標市場為65~80歲且缺乏保險保障的退休老人。

可進一步將商品定位在傳達留愛不留債與最後費用的準備,並以 65 歲以上也能買得壽險保單為商品訴求及特色。

同樣地若再依高齡者生活型態,可以看出高齡者頻繁活動範圍擴大及醫院,而其醫療需求可以由一個提供健保不給付項目的費用定額給付的醫療保險來部分補助,以減輕自身或家人負擔。

七、互聯網保險是一種新興的保險行銷模式,請說明其行銷意義。互聯網保險雖然是創新,但仍然秉持保險業的基本性質與內涵,請說明互聯網保險應有的定位。並以保險經紀人立場說明如何善用互聯網保險平臺商業模式。

參考解答:

(一)互聯網保險行銷意義

互聯網保險屬於網路保險,可透過電腦、手機或平板電腦等相關設備透過網路連結到社群媒體、影音媒體、購物網站、搜尋引擎或保險業網站,而透過介紹或分享保險商品方式,進一步在網路上選購相關商品。

(二)互聯網保險應有的定位

互聯網保險具有隨時隨地取得接受資訊及消費的特性,互聯網保險應定位為以簡單、易懂、不須體檢的保險需求為主,如旅行平安險、房貸保險、意外險、年金險、汽機車責任險等。尤其考量商品複雜風險、保戶服務需求、保險利益風險與道德風險等,對於仰賴解說的複雜商品或擁偶高額保障或儲蓄投資需求的客戶,保險公司仍以面對面銷售為主,並結合網路保險

及互聯網保險通路，二者相輔相成以提供消費者最妥善規劃及建立更廣的客戶關係。

(二)互聯網保險平臺商業模式

　　保險經紀人向來主要職責為代表客戶與保險公司洽談後，為客戶規劃最符合客戶需求的商品方案。面對互聯網保險的潮流，保險經紀人仍應秉持面對面銷售服務的優勢，再輔以虛擬的銷售與服務，以提供更多元化的服務。例如：透過網路或互聯網平台教育客戶並了解客戶需求後，進一步發掘潛在客戶並開發業務，應是兩全其美策略。

八、傳統保險價值鏈因新科技、新業者的出現而裂解，請說明網路及行動科技的快速發展，保險商品的銷售通路將做如何轉變？又平台經濟模式興起，如何提高與客戶關係的連結？

參考解答：

(一)保險商品的銷售通路將做如何轉變

　　網路及行動科技提供了客戶可以不用與業務員面對面，也可自行購買保險的通路途徑，客戶可以在無業務人員解說下，做出購買決定。保險業為解答潛在客戶的疑問，另提供線上留言回覆或電話詢問以服務客戶。這種由客戶主動詢問而協助處理的拉式銷售，降低了客戶面對推式銷售的壓力，備受許多客戶之歡迎。不同於傳統保險時代，網路及行動科技提供更快速的互動並留下軌跡，這些軌跡透過大數據分析後，可以協助找出接觸客戶之最佳時機及掌握潛在客戶特徵，並結合人員銷售而完成銷售與服務。

(二)如何提高與客戶關係的連結

　　保險公司可以依平台特性選擇加入既有平台或與相關業者合作成立平台或獨立開發平台。諸如公司加入 facebook, line, Instagram, Youtube 並製作相關圖文影音分享，並可設立 APP，並以消費者關心或需求角度來經營其平台內容。例如銀行業者開發可加入房屋買賣平台，並適時提供房貸服務及火災保險及壽險或意外險服務，以確保房屋財產不會因事故而繳不出房貸。

　　又消費者使用平台經驗若是良好的，將會為業者帶來口碑效應，並透過數據分析，有利業者分析以改善服務、找出客戶關注的議題、強化客戶體驗與客戶關係的連結。

九、現在的消費者喜歡且擅長在社群媒介上和廠商溝通、消費和發現新商品，(一)請說明 社群行銷的內容與發展趨勢？(二)同時，社群行銷能為保險經紀人帶來什麼 優勢？(三)又如何應用？

參考解答：

(一)社群行銷內容與發展趨勢

1. 社群行銷係指透過社群平台或社群媒介進行行銷，其在平台上流通之內容是社群行銷的根本核心。不同社群平台有其特色，透過平台成員彼此間溝通與傳遞訊息，建立共鳴共同喜好，進而吸引潛在客戶群(目標客戶群)轉換為忠實客戶。

2. 單純以官網訊息已無法滿足消費者，而以針對不同類型客戶喜好及其關心之議題來製作內容訊息的社群行銷，並為企業

品牌塑造差異化將為趨勢之一。

3. 溝通呈現方式亦趨向文字結合圖像及影片模式：以影音、圖像等視覺性強的方式提升連結互動及點閱率，吸引潛在客戶。

4. 在社群媒體留下的軌跡搭配 AI 數據分析，將協助了解客戶 (KYC)的真實需求。

(二)社群行銷能為保險經紀人帶來甚麼優勢

　　保險經紀人若能善用社群行銷平台，傳遞民眾所關心及所需要的人身財務安全觀念及可能解決方式，逐漸建立品牌或口碑行銷，可以是保險經紀人開發潛在客戶及建立或維持關係的利器，進而引導至下一階段進行保險服務或實際解決人身財務安全問題，也可以降低推式銷售所引起客戶的排斥。

(三)如何應用

　　保險經紀人可針對目標族群設立社群媒體，再以目標族群需要及關心的主題做為溝通內容，如：成立退休分享平台，分享退休數字足夠嗎？如何好好退休？在平台上可以分享自己的答案或方法。隨後並可進一步引導潛在客戶至相關頁面，如：官網或諮詢方式，進行提供量身訂做之退休理財規劃。

十、請比較獨立代理人、專屬代理人與經紀人的異同。

參考解答：

就間接招攬制度之經營管道獨立代理人、專屬代理人與經紀人三者比較異同說明如下：

(一)相同處：三者皆屬於保險仲介人的間接行銷制度，也皆本於保險專業提供招攬及相關服務。

(二)相異處：

1. 角色立場不同：

◇ 獨立代理人(Independent agent)：指同時代理多家保險公司商品之一般保險代理人。獨立代理人可依據客戶需求，為客戶挑選適合的商品或保險公司。例如：A銀行保代部門販售10家人壽公司多元化商品。

◇ 專屬代理人(Exclusive agent)：僅代理某一特定保險公司或金控/集團之保險業務，其行政或業務資源大多倚賴所代理之保險公司，並且能配合保險人之行銷業務目標。例如：A銀行保代部門僅販售A人壽公司商品。

◇ 保險經紀人：指基於被保險人之利益，洽訂保險契約或提供相關服務而收取佣金或報酬之人。簡言之，經紀人以客戶角度向保險公司洽訂安排保險者。

因此保險經紀人代理對象是要保人及被保險人，其任務為代要保人向保險人洽訂保險契約。獨立或專屬代理人的代理對象為保險人，其任務是代理保險公司辦理招攬等業務。

2. 業務內容不同：

◇ 保險經紀人：可以向保戶推薦洽訂保險契約而向保險公

司收取佣酬或提供保戶相關服務而向保戶收取報酬；因此
保險經紀人的服務範圍較廣，收入來源也較多元。

◇ 保險代理人：獨立或一般保險代理人代理契約主要以招攬
保險業務為主。但專屬代理人的代理契約範圍可能較廣泛
例如：協助處理部分核保、保服及理賠行政事務。

**十一、近日許多保險公司配合經濟環境，調降部分商品的宣告
利率。應如何向客戶解釋宣告利率的意義，以及這類商品與傳
統壽險商品在運作上的差異？**

參考解答：

(一)可向客戶解釋宣告利率的意義：

1.向客戶解釋宣告利率的非保證概念：

　　首先須向保戶說明宣告利率並非保證，可能調低、維持不
變或未來也可能調高。另外，宣告利率係利率變動型保險商品
於當月所宣告並用以計算期間內增值回饋分享金金額的指標利
率；宣告利率通常都高於預定利率，因此仍有增值回饋分享金。

**2.增值回饋分享金每年結算，本期宣告利率調降只影響後續一
期的回饋金**

　　市場上利變型壽險保單，通常為每年計算，而且已經過年
度的增值回饋分享金已固定，將不會隨未來的宣告利率波動而
受影響，本期宣告利率調降只影響後續一期的回饋金。

(二)利率變動型保險商品與傳統壽險商品在運作上的差異

項目/商品別	利率變動型壽險	傳統壽險
商品概念	傳統壽險(定期壽險、終身壽險或養老壽險) + 利差回饋	定期壽險、終身壽險、養老壽險
保單價值準備金累積	● 傳統壽險部分：依照預定利率等變數累積 ● 利差回饋：依照宣告利率扣除預定利率計算累積	依照預定利率等變數累積(預定利率固定不變)
保費繳納	定期繳納保費、躉繳	定期繳納保費、躉繳
費用揭露	費用未明確揭露	費用未明確揭露
保險金額	傳統壽險 保額固定	保額固定
其他差異處	利差回饋若選擇增額繳清保額，保額將增加	可以設計為分紅或不分紅保單

　　通常利變型壽險商品的宣告利率高於預定利率，並透過二者的利差乘上保單價值準備金，以計算當期保戶可以額外領取的增值回饋分享金金額。增值回饋分享金前六年內僅能用以抵繳保費或購買增額繳清保險，第七年度起則可選擇儲存生息或現金給付；運作上與傳統不分紅壽險明顯不同。

十二、請說明壽險經紀人或代理人業者應建立的招攬處理制度及程序，需包括那些內容？(作者自編)

參考解答：

壽險代理人公司應建立的招攬處理制度及程序，至少應包括以下內容：

1. 從事保險招攬之業務人員資格、招攬險種、招攬方式、在職訓練、獎懲及權利義務。
2. 從事保險招攬之業務人員酬金與承受風險及支給時間之連結考核，招攬品質、招攬糾紛等之管理。
3. 從事保險招攬之業務人員代收或代繳要保人保險費之作業及管理。
4. 保險商品主要內容與重要權利義務之說明及相關資訊揭露。
5. 廣告、文宣及營業促銷活動及管理。
6. 瞭解並評估要保人或被保險人保險需求及適合度之作業。
7. 招攬後至送件前之檢核機制與簽署作業。
8. 招攬文件之控管與保存。
9. 保戶申訴。
10. 其他經主管機關指定之事項。

十三、保險具有高度的射倖性質，容易被有心人士利用做為詐欺犯罪的工具。試列舉五項在保險契約訂立的過程中，疑似保險詐欺的事前（招攬）、事中（核保）及事後（理賠）出現的跡象。依前述跡象分別說明在招攬、核保及理賠各階段的防制措施有那些？

參考解答：

1.疑似保險詐欺的事前（招攬）、事中（核保）及事後（理賠）出現的跡象：

(1)年收入低、卻舉債投保高額保單。

(2)投保後，短期多次就醫情況或發生意外事故。

(3)治療方式或治療費用，明顯不符常規。

(4)同時向多家保險公司密集投保高額意外險保單。

(5)罹患重病且積極關心投保是否成功。

2.招攬、核保及理賠各階段的防制措施：

(1)招攬：招攬人員可透過親晤客戶、了解客戶需求了解客戶財務狀況與體況等角度，進一步探知疑似保險詐欺情況，並於業務人員報告書中提出說明與可疑跡象。

(2)核保：核保人員透過要求客戶體檢、填具健康告知書、相關問卷或財務報告書、照會詢問可疑問題、生調或電訪等方式，確認可疑跡象是否屬實，若可疑跡象屬實，則可採拒保方式因應。

(3)理賠：針對可疑理賠案件，可透過理賠調查、調閱病歷或就醫紀錄、生存調查或電訪等相關方式處理，若確認存有詐欺情況，則於蒐證後拒賠或減少理賠金額方式因應。

十四、我國自邁入高齡化社會以來，65 歲以上老人所占比率持續攀升。試說明當前高齡化社會面臨那些社會問題？如何透過商業保險的規劃來因應這些社會問題？

參考解答：

1.高齡化社會面臨下列社會問題：
(1)老年退休金不足問題
(2)失能失智老人照護問題
(3)獨居或寡居老人安養問題
(4)醫療費用攀升風險問題

2.可透過商業保險的規劃來因應：
(1)老年退休金不足問題：透過規劃個人傳統年金保險或還本型壽險、利率變動型年金、變額年金或即期年金保險，以因應退休金不足問題。
(2)失能失智老人照護、獨居或寡居老人安養問題：透過規劃長期照護保險、特定傷病保險或終身醫療保險、實物給付型保險等商業保險商品，以因應老人健康醫療及照護問題。
(3)醫療費用攀升風險問題：全民健康保險之財務虧損壓力升高部分負擔項目或不給付項目所造成的民眾負擔也隨之提高，可透過投保一年期醫療及意外醫療保險、定期或終身醫療保險、癌症或重大疾病保險，因應醫療費用攀升風險。

十五、購買未經本國主管機關核可之保險單可能遭遇到那方面的問題，您要如何向潛在保戶宣導？

參考解答：

1.投保境外保單可能遭受以下問題：
(1)無法受台灣政府機關的法令保護。
(2)無法受到他國主管機關的法令保護。
(3)後續理賠與保服作業耗時且繁複。

2.如何向客戶宣導：
(1)風險高與索賠無門或作業繁複：各項給付可能無法順利領取，造成求償無門問題。另外，申辦各項理 賠或保服作業可能耗時且作業繁複冗長。
(2)無法受保險業安定基金的保障。
(3)不適用保險稅惠，包含保險費列舉扣除額、人身保險給付免納所得稅與指定受益人之身故保險給付免納遺產稅。

3.違法行為與罰則：
　　依據保險法第一百六十七條之一，為非本法之保險業或外國保險業代理、經紀或招攬保險業務者,處三年以下有期徒刑，得併科新臺幣三百萬元以上二千萬元以下罰金；情節重大者，得由主管機關對保險代理人、經紀人、公證人予以勒令停業或廢止其許可，並註銷執業證照。法人犯前項之罪者，處罰其行為負責人。

十六、人身保險主要是保障人的生老病死等風險，其重要性如同民生必需品一般。然而，在實務上，人身保險市場會受到各項經濟、社會、法令以及科技上之革新，而產生相對應之變化。試剖析人壽保險商品之發展方向。

參考解答：

競爭與威脅	商品方向	說明
經濟成長或衰退	●經濟成長：可加強推動投資型與儲蓄型商品。 ●經濟衰退：可加強推動儲蓄型與保障型商品。	● 經濟成長：民眾所得相對較高，可加強推動投資型與儲蓄型商品。 ● 經濟衰退：民眾擔心財富縮水，可加強推動儲蓄型與保障型商品。
人口高齡化與少子化	長期看護保險、重大疾病保險、利率變動型年金與變額年金保險	針對中老年人，推動高齡保險理財專案
科技進度	簡易型商品設計	推動e化行銷、網路行銷、電視行銷與電話行銷
社會文化	●民眾偏好保本與儲備退休金 ●民眾樂於自行投資理財	●推動還本終身保險與各種年金保險，提供活的愈久、領得愈多保障。 ●推動自選標的投資型保險

附 錄 模擬考題與考題解析

壹、人身保險經營概要模擬考題

一、選擇題：

1. 金融監督管理委員會為強化壽險業經營體質，自 109 年 4 月 1 日起將下列何項指標，納入資本適足率等級之劃分標準，期能藉此健全壽險業之財務結構？
(A)淨值比率　　　　　　　(B)槓桿比率
(C)股東權益對負債比率　　(D)運用資本對資產總額比率

2. 保險業為落實內部控制制度之推動，應建立內部控制三道防線，其第二道防線包括下列那些項目？①自行查核制度 ②法令遵循制度 ③風險管理機制 ④內部稽核制度
(A)①②　　(B)②③　　(C)③④　　(D)②④

3. 依保險業內部控制及稽核制度實施辦法，人壽保險業內部稽核單位對財務、業務、資訊及其他管理單位，至少多久應辦理一次一般查核？
(A)每月　　(B)每季　　(C)每半年　　(D)每年

4. 保險公司違反保險法令經營業務，致資產不足清償債務時，有那些人應對公司之債權人負連帶無限清償責任？①董事長 ②董事 ③監察人 ④總經理 ⑤負責決定該項業務之經理
(A)僅①③④　　(B)僅①②④⑤
(C)僅①③④⑤　　(D)①②③④⑤

5. 下列對於內部控制制度與內部稽核制度的敘述，何者正確？
(A)內部控制制度強調事前審核的功能，內部稽核制度以事後查核為主
(B)內部控制制度在確保制度的實施，內部稽核制度在促使公司健全發展
(C)內部控制制度是由財務單位設計，內部稽核制度是由管理階層設計
(D)內部控制制度著重於定期查核檢討，內部稽核制度著重於不定期專案查核檢討

6. 若保障期間相同，那一種壽險帶給保險人的利率風險較高？
(A)定期壽險
(B)生死合險
(C)變額壽險
(D)利變型壽險

7. 淨危險保額（Net Amount at Risk）是指？
(A)保單價值準備金減保險成本
(B)保險金額減保單價值準備金
(C)保險金額減保險費
(D)保險金額減保險成本

8. 有關變額型投資型保險之敘述，下列何者錯誤？
(A)可由要保人自行選擇投資標的
(B)要設置專設帳戶管理
(C)要保人無須承擔投資風險
(D)保險金額及現金價值由投資績效而定

9. 依保險法第 64 條規定，保險人得解除契約須具備的要件有
(A)要保人故意隱匿或過失遺漏，或為不實之說明
(B)須足以變更或減少保險人對於危險之估計
(C)要保人之不實告知，須在契約訂立時所為
(D)以上皆是。

10.若要保人交付保險費後，隔天發生保險事故，而且壽險公司
的核保標準為承保但尚未發單，此時壽險公司是否應予理
賠？
(A)賠　(B)不賠　(C)退還所繳保費　(D)賠一半

11.下列有關利率變動型年金保險在年金累積期間責任準備金的提存方式，何者正確？

(A)採年金保單價值準備金全額提存為原則

(B)採年金保單價值準備金部分提存為原則

(C)採平衡準備金制計提為原則

(D)採 1 年定期修正制計提為原則

12.下列對於年金保險給付期間之敘述，何者正確？

(A)年金給付期間，要保人不得終止契約

(B)年金給付期間可以保單貸款

(C)年金給付期間被保險人身故，保險公司退還已繳保費或保單價值準備金

(D)年金保險給付期間乃指被保險人不論生存與否，保險公司保證給付年金的期間

13.張先生為自己投保新台幣 100 萬元保額的定期壽險，若其在契約有效期間內因意外事故而致十足趾缺失，則可獲得的失能保險金為新台幣多少元？

(A)無給付　(B) 10 萬元　(C) 50 萬元　(D) 100 萬元

14.下列何者為傷害保險的構成要素：(1)須由外來原因所觸發；(2)須為第三人行為所致；(3)須為身體上的傷害；(4)須非故意誘發：

　(A)1234　(B)234　(C)134　(D)24。

15.死亡率之計算公式為下列何者？
(A)年底死亡人數/年底生存人數
(B)年度內死亡人數/年度初生存人數
(C)年度內死亡人數/年底生存人數
(D)年初死亡人數/年度初生存人數

16.依照壽險公會訂定的自律規範，下列有關保險契約審閱期的
　　規定，何者正確？
(A)審閱期包含在保險契約猶豫期（撤銷期）10 日內
(B)要保人不可以主動放棄審閱期
(C)審閱期需要超過 3 日
(D)要保人應在收到保單後三日內審閱

17.張先生投保 100 萬元終身壽險，此保單條款有 30 天寬限期
　　間的規定，每年的 3 月 11 日為續年保費應繳日期。保單生
　　效後 5 年，張先生於 4 月 1 日死亡，當年之保險費尚未繳交，
　　此時受益人可以得到的保險給付多少元？
(A)保險公司不給付
(B)保險公司只退還所繳保費
(C)100　萬元扣除應付未付之保險費
(D)100　萬元

18.投資型保險契約所提供連結之投資標的發行或經理機構破
　　產時，應由何人向該機構積極追償？
(A)受益人
(B)要保人
(C)銷售商品之保險公司
(D)投資標的之保管銀行

19.壽險公司對於次標準體，通常採取那些方式承保？

1.加費承保

2.限制承保地區

3.削減給付

4.延後承保

(A) 1,3,4

(B) 2,3

(C) 3,4

(D) 1,2,3

20.依照目前人身保險及財產保險安定基金計提標準之規定，人身保險業所提撥之人身保險安定基金，應以經會計師核閱之總保險費收入為基礎，並按那二項風險指標核算之差別提撥率計提？

(A)經營管理績效指標評等及資本適足率

(B)國際財務報告準則（IFRS）風險及投資風險資產指標

(C)投資風險資產指標及資本適足率

(D)國際財務報告準則（IFRS）風險及資產配置風險指標

二、問答題:

1.為促進保險業之健全經營,我國保險法中規範壽險公司應建立內部控制制度並另訂實施辦法,為能有效達成內部控制與健全經營的目標,試說明壽險公司內部控制制度需包括的原則與配合的措施。

2.請說明金管會對於投保新契約之保費資金來源來自於解約金或貸款,所採取的管控措施包含哪些?

3.請說明保險業內部控制及內部稽核的三道防線?

4.以客為尊的行銷觀念已在人壽保險界受到一致的重視,多數壽險公司也不遺餘力地在建構與推展此一理念,請以滿足你的客戶之立場來嘗試架構一個客戶關係管理中心(Customer Relationship Management Center),並說明其詳細職司。

參考解答：

一、選擇題：

1.(A)　　2.(B)　　3.(D)　　4.(D)　　5.(D)
6.(B)　　7.(B)　　8.(C)　　9.(D)　　10.(A)
11.(A)　12.(A)　13.(A)　14.(C)　15.(B)
16.(C)　17.(C)　18.(C)　19.(A)　20.(A)

二、問答題：

1. 參考解答
(一)保險業之內部控制制度，至少應包括下列各項原則：
(1)管理階層之監督及控制文化：董事會應負責核准並定期覆核整體經營策略與重大政策並對於確保建立並維持適當有效之內部控制制度負有最終責任。
(2)風險辨識與評估：有效之內部控制制度須可辨識並持續評估所有對保險業目標之達成可能產生負面影響之重大風險。
(3)控制活動與職務分工：應設立完善的控制架構及訂定各層級之內控程序。
(4)資訊與溝通：應保有適切完整之財務、營運及遵循資訊。
(5)監督活動與更正缺失：保險業內部控制整體之有效性應予持續監督。

(二)保險業之內部控制制度，應配合以下措施：
(1)內部稽核制度
(2)法令遵循制度
(3)自行查核制度

(4)會計師查核制度
(5)風險控管機制

2. 參考解答

　　保險業就繳交保險費之資金來源為解約、貸款或保險單借款，且購買有保單價值準備金之保險商品(包含投資型保險)，應另指派非銷售通路之人員，於銷售保險契約後且同意承保前，再以電話訪問確認或告知商品重要事項及風險，並應保留電話訪問錄音紀錄備供查核，且應保存至保險契約期滿後五年或未承保確定之日起五年。

3.參考解答

　　保險業內部控制制度涵蓋三道防線，列舉如下說明：
(1)第一道防線：保險業各單位就其功能及業務範圍，承擔各自日常事務所產生的風險。
(2)第二道防線——法令遵循、風險管理及專職單位：第二道防線包含風險管理、法令遵循及其他專職單位；依其特性協助及監督第一道防線辨識及管理風險。
(3)第三道防線——內部稽核：協助董事會及高階管理階層查核與評估風險管理及內部控制制度是否有效運作。

4. P.388　第二題

貳、人身保險行銷概要模擬考題

一、選擇題

1. 下列何者是保險電話行銷可銷售人身保險商品？
①傳統型人壽保險 ②健康保險 ③傷害保險
④年金保險 ⑤投資型人壽保險
(A)②③
(B)①②③④
(C)①③④⑤
(D)①②

2. 壽險業務員從事保險招攬時，不得有哪一項的行為？
(A)贈送禮券
(B)採現金繳納保費時，給予利息補貼
(C)退佣
(D)以上皆是

3. 監理機關曾因多家保險公司未落實其財務核保作業，對於公司及所屬核保人員予以裁罰。下列那一項為監理機關要求保險業者落實財務核保機制的主要目的？
(A)提高清償能力　　(B)維持穩定報酬
(C)防範道德危險　　(D)減緩市場競爭

4. 隨著金融科技的發展，保險價值鏈面臨裂解與重組的情況，保險公司所受到的影響，下列何者錯誤？
(A)自我保險模式的業務競爭增加
(B)客戶忠誠度提高
(C)風險定價模式的轉變
(D)商品設計轉為消費導向

5. 針對老年安養與醫療需求，將「長期照顧保險」、「特定傷病保險」及「失能扶助照護保險」三種商品組合行銷的方式，係屬於下列商品組合層面的那一項因素？
(A)深度　　(B)密度　　(C)廣度　　(D)寬度

6. 壽險業務人員鼓勵或勸誘客戶以貸款方式購買保險商品，依保險業務員管理規則，將受到下列何種懲處？
(A)停止招攬 3 個月　　(B)停止招攬 6 個月
(C)停止招攬 1 年　　(D)撤銷登錄

7. 保險主管機關為強化保險經紀人公司健全業務經營，並配合實務作業建立相關作業制度，作為管理階層自我檢測重要依據，依現行法令規定：年度營業收入達新臺幣多少元以上者，應於次 1 年內建立招攬處理制度及程序？
(A) 5 千萬　　(B) 1 億　　(C) 2 億　　(D) 3 億

8. 在行銷績效評估中,用來衡量不同因素影響銷售績效相對百分比的方法,稱為:

(A)獲利力分析　　(B)市場服務分析

(C)行銷變異分析　　(D)行銷組合效率分析

9. 下列對於保險經紀人公司代收轉付保險費作業的敘述,何者正確?

(A)每一代收轉付保險費的收據憑證,不限同一保險公司

(B)要保人可不限金額,以現金方式繳納單張保單當期保險費

(C)業務員收受要保人繳納之保險費,應直接將總額解繳保險公司

(D)應專設帳戶收受及解繳要保人代收轉付之保險費

10. 依保險經紀人管理規則規定,個人執業經紀人經營業務時,應盡下列何種金融服務業公平待客原則?①告知與揭露原則 ②注意與忠實義務原則 ③酬金與業績衡平原則 ④商品或服務適合度原則

(A)①②　　(B)③④　　(C)②③　　(D)①④

11. 保險經紀人公司在防制洗錢作業的確認客戶身分措施,應以保險公司何種方法來決定其執行強度,並協助處理?

(A)風險值（Value at Risk, VaR）

(B)風險基礎（Risk Based, RB）

(C)風險資本（Risk-Based Capital, RBC）

(D)動態財務分析（Dynamic Financial Analysis, DFA）

12. 壽險經紀人認為要常打廣告、發短訊與多辦公關活動,才能吸引保險消費者以提高投保率。此種想法比較符合何種行銷概念?
(A)行銷導向　　(B)生產導向
(C)銷售導向　　(D)關係行銷導向

13. 在保險商品的行銷推廣活動中,強調自身保險商品的優點,不再著重拓展新客戶,而以搶奪競爭者的市場占有率做為行銷目標,屬於保險商品生命週期中的那一階段?
(A)導入期　　(B)成長期　　(C)成熟期　　(D)衰退期

14. 麥克波特(Michael Porter)提出的三項基本競爭策略型態,不包括下列何者?
(A)成本領導策略　　(B)差異化策略
(C)集中策略　　　　(D)商品領導策略

15. 下列有關大數據行銷(Big Data Marketing)的敘述,何者錯誤?
(A)大數據具有大量(Volume)、快速(Velocity)、多樣性(Variety)等特性
(B)目的是為了達到一對一行銷
(C)大數據的核心思維是從資料庫或網路上擷取隨機抽樣的資料來做分析與預測
(D)大數據必須先整理成結構化與數值化的資料架構,才能有效

率的進行數據分析

16. 下列對「推廣組合」的敘述，何者錯誤？
(A)人身保險業執行推廣組合的方式可包含廣告、公共關係、人員銷售與促銷
(B)正確的推廣組合不但可以滿足人身保險市場的需求，也有助於達成人身保險業的行銷目標
(C)競爭者導向是人身保險業執行推廣組合時不可或缺的元素
(D)人身保險業於執行推廣組合的活動時應注意行銷道德

17. BCG 矩陣又稱為市場成長率－市場占有率矩陣，用來判斷每個策略事業單位（SBU）的表現與展望，可作為企業在行銷策略與資源分配上的判斷依據。BCG 矩陣依照市場成長率的高低與相對市場占有率的大小，將策略事業單位分為四大類，其中「問題事業」係指下列那一項？
(A)市場成長率高，相對市場占有率高者
(B)市場成長率低，相對市場占有率高者
(C)市場成長率高，相對市場占有率低者
(D)市場成長率低，相對市場占有率低者

18. 下列關於人身保險經紀人的敘述，何者錯誤？
(A)人身保險經紀人必須是其商品與服務的專家
(B)人身保險經紀人的主要任務是提供商品而非顧問服務
(C)對人身保險經紀人而言，了解人身保險商品的發展狀況是一件必要的事
(D)人身保險經紀人需了解各家人身保險商品的內容，並知曉各商品的優勢與劣勢何在

19. 近期金融監督管理委員會同意多家產壽險公司運用金融科技共同試辦「保全/理賠聯盟鏈」服務，保戶可於任一家參與試辦之公司提出契約變更或理賠申請，透過公會建置之平台，通報其他同業啟動理賠或保全服務之受理。此一服務主要採用何種科技技術？

(A)物聯網（IoT：Internet of Things）

(B)區塊鏈（Blockchain）

(C)資料探勘（Data mining）

(D)人工智慧服務鏈（AI Service chain）

20. 下列那些保險商品，保險經紀人為被保險人洽訂保險契約前，應主動提供書面分析報告？①微型保險 ②保險金額 1000 萬元之旅行平安保險 ③具保費調整機制之長期健康保險 ④ 1 年期傷害保險續保業務

(A)①② (B)②③ (C)②④ (D)①②③

二、問答題：

1.請舉一個壽險商品為例，說明下列區隔變數：人口統計、心理統計以及行為變數。請就上述商品提出其目標市場的選擇方式，並為該目標市場發展商品定位。

2.為避免年齡太大客戶購買投資風險高之投資型保單，無法承受投資損失而屢生申訴問題，在「投資型保險商品銷售應注意事項」以及「投資型保險商品銷售自律規範」當中，訂有所謂「六十五條款」，試說明「六十五條款」的規範及其相關應包括

事項。

3.新型冠狀病毒疫情衝擊全球，請問因新型冠狀病毒造成病患的各項保險事故，是否可獲得理賠？

4.近日許多保險公司配合經濟環境，調降部分商品的宣告利率。應如何向客戶解釋宣告利率的意義，以及這類商品與傳統壽險商品在運作上的差異？

5.據報載失能扶助保險為烏龍保單，不僅保費應調漲還需懲罰精算師，請論述商品設計缺失主要問題及建議調整方向？
(作者自編)

解答：

(一)選擇題；

1.(B)	2.(D)	3.(C)	4.(B)	5.(A)
6.(C)	7.(D)	8.(C)	9.(D)	10.(D)
11.(B)	12.(C)	13.(C)	14.(D)	15.(C)
16.(C)	17.(C)	18.(B)	19.(B)	20.(B)

(二)問答題：

一、P.391 第六題。

二、
參考解答：
關於六十五條款之規範事項摘列如下：
(一)目的：考量客戶適合度及避免銷售風險過高，因此金管會針對銷售投資型保險商品予以額外限制。
(二)投保客戶：要保人或被保險人保險年齡達 65 歲以上。
(三)控管措施：
　　銷售投資型保險商品之對象為 65 歲以上客戶，經客戶同意後應採以下方式保留紀錄：
1. 將銷售過程以錄音或錄影方式保留紀錄或以電子設備留存軌跡。
2. 應由適當之單位或主管人員進行覆審，確認客戶辦理交易之適當性後，始得承保。
(四)銷售過程內容及控管至少應包含以下項目：
1. 招攬業務員出示其合格登錄證，說明其所屬公司及獲授權招攬投資型保險商品。
2. 告知保戶其購買之商品類型為投資型保險商品、保險公司名稱及招攬人員與保險公司之關係、繳費年期、繳費金額、保單相關費用(包括保險成本等保險費用)及其收取方式。

三、
參考解答：

1. 因罹患新型冠狀病毒身故：投保定期壽險、終身壽險或養老壽險身故可獲得理賠；但投意外險不能獲得理賠；因為新型

冠狀病毒屬於疾病、並不符合意外之定義。

2. 因新型冠狀病毒之住院醫療費用或日額可獲得理賠：現行之健康保險皆可獲得；另對於民國 87 年之前將法定傳染病列為除外事項的醫療保險而言，許多壽險公司依從新從優原則仍予理賠。

3. 因新型冠狀病毒，傷害醫療保險不能獲得理賠：因為新型冠狀病毒屬於疾病，並不符合意外之定義。

四、P.397 第十一題。

五、
參考解答：
1.商品設計缺失：

其實是因事故發生率及平均失能成本統計數值偏低，造成保費低估，並非烏龍保單問題。另外商品設計的缺失，包含可將未來數十年的失能扶助給付提前一次給付、疾病造成失能皆會理賠或理賠過於寬鬆疑慮，其實可調整修訂。

2.建議商品修訂方向：
(1)配合規範改成被保險人持續處於失能狀態，才能領取失能扶助金；刪除提前一次給付。
(2)部分給付項目調整為意外造成的失能才能理賠。
(3)修訂商品期間或給付項目：縮短期間為 1~20 年、給付項目修訂為意外失能 1~3 級才能理賠等。
(4)其他：保費可定期調整。

參考文獻

1. 方明川，商業年金保險概論，作者自行出版，2011 年 3 月
2. 中壽、富邦、新光與國泰等壽險公司商品簡介、要保文件與條款，搜尋日期 2013 年~2020 年 7 月
3. 宋明哲，人壽保險，三民書局，1993 年 9 月
4. 呂廣盛，個人壽險核保概論，作者發行，1995 年 5 月
5. 考選部，人身保險代理人經紀人命題大綱，搜尋日期：2020 年 9 月
6. 考選部，考選統計數據、考題與解答，搜尋日期：2020 年 6 月
7. 金管會保險局與保險事業發展中心，保險市場重要指標，2020 年 6 月~12 月
8. 風險管理學會，人身風險管理與理財，智勝文化，2001 年
9. 保發中心、保險局、壽險公會網站資訊及會計研究發展基金會、KPMG 等機構網路公開資訊，IFRS 與保險會計，搜尋日期：2020 年 9 月~12 月
10. 柯木興，社會保險，中國社會保險學會，1993 年
11. 徐璧君，壽險數理實務，華泰文化，2013 年 1 月
12. 許秀麗，保險數學，三民書局，2012 年 3 月
13. 許文彥，保險學-風險管理與保險，新陸書局，2012 年 2 月
14. 許長田，行銷學，揚智文化，2000 年 8 月
15. 袁宗蔚，保險學，三民書局，1993 年 3 月
16. 凌氤寶、康裕民與陳森松，保險學理論與實務，華泰文化，2008 年
17. 鄔政下，保險會計，作者自行出版，1996 年
18. 壽險公會網站，壽險相關法規，搜尋日期：2020 年 7~12 月
19. 壽險公會與保險事業發展中心，近年人壽保險業概況與近年保費數據，1995~2020 年
20. 壽險公會、金管會、保險事業發展中心，保險法令彙編或網

站法令條文

21.壽險公會，人身保險業務員資格測驗統一教材，臺北：自行出版，2012 年，2018 年

22.壽險管理學會，人壽保險，自行出版，2011 年

23.賀冠群、廖勇誠，人身保險商品與法規精要，2020 年 4 月

24.賀冠群、廖勇誠，人身保險經營與實務，鑫富樂文教，2017 年 1 月

25.廖勇誠，個人年金保險商品實務與研究，2012 年 9 月

26.廖勇誠，輕鬆考證照：人身與財產風險管理要點與考題解析，鑫富樂文教，2013 年 1 月

27.廖勇誠，輕鬆考證照：外幣保單與保險理財，2014 年 1 月

28.謝劍平，投資學基本原理與實務，智勝文化，2012 年

29.謝淑慧、黃美玲，社會保險，華立圖書公司，2012 年 9 月

30.鄭鎮樑，保險學原理，五南圖書出版公司，2009 年 10 月

31.Kotler 著，吳文清譯，行銷管理，第 3 章及第 15 章，西書出版社，1989 年 5 月

32.Clive W. bonny, The Salesperson's Pocketbook, Management Pocketbooks Ltd, 1999

33.Hallman & Jerry, Personal Financial Planning, 1993

34.Harvey W. Rubin, Dictionary of Insurance Terms, Fourth Edition

35.Kenneth Black, JR., Harold Skipper, JR.,Life Insurance, Prentice-Hall Inc, 1994

36.Mary C. Bickley, J.D., Ernest L. Martin, Marketing, Distribution and Uses of Annuities, Life Office Management Association, 2000

37.Neil Rackham,王泱琳/吳佩芬譯，銷售巨人：教您如何接到大訂單，McGraw-Hill, 1997

38.Tony Fletcher & Neil Russell-Jones, The Marketing Pocketbook, Management Pocketbooks Ltd, 1996

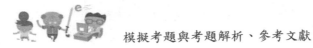
國家圖書館出版品預行編目(CIP)資料

人身保險行銷與經營 / 郟慈惠、廖勇誠著– 初版.－
臺中市：鑫富樂文教, 2021.01
ISBN 978-986-98852-0-1 (平裝)
1.人身保險　2.人壽保險　3.保險行銷
563.74　　　　　　　　　　　　　　109020881

人身保險行銷與經營

作者：郟慈惠、廖勇誠
編輯：鑫富樂文教事業有限公司編輯部
美術設計：楊易達、林大田
發行人：林淑鈺

出版發行：鑫富樂文教事業有限公司　有著作權·侵害必究
地址：402台中市南區南陽街77號1樓
電話：(04)2260-9293　　傳真：(04)2260-7762

總經銷：紅螞蟻圖書有限公司
地址：114台北市內湖區舊宗路二段121巷19號
電話：(02)2795-3656　　傳真：(02)2795-4100
2021年1月31日　初版一刷
定　價：新台幣480元
ISBN 978-986-98852-0-1